Pferdeführerschein Umgang mit dem Pferd

Bibliografische Information der Deutschen Nationalbibliothek
Die Deutsche Nationalbibliothek verzeichnet diese Publikation in der Deutschen Nationalbibliografie; detaillierte bibliografische Daten sind im Internet über http://dnb.dnb.de abrufbar.

6. Auflage 2026

Haftung
Die Benutzung dieses Buches und die Umsetzung der darin enthaltenen Informationen erfolgt ausdrücklich auf eigenes Risiko. Alle textlichen, tabellarischen, grafischen und bildlichen Darstellungen in diesem Buch, insbesondere Angaben, Anregungen und Empfehlungen zu Thematik und Sachverhalt des Werkes erfolgen nach bestem Wissen und Gewissen. Sie sind als Beispiele zu verstehen und entbinden alle, die mit Pferden umgehen, nicht von jeglicher Eigenverantwortung. Jede Umsetzung muss individuell und aktuell geprüft werden.
Verlag und Autor übernehmen keine Gewähr für die Aktualität, Korrektheit, Vollständigkeit und Qualität der bereitgestellten Informationen. Druckfehler und Falschinformationen können nicht vollständig ausgeschlossen werden. Verlag und Autor übernehmen keinerlei Haftung für Schäden die sich aus solchen ergeben.

Hinweis
Wenn die männliche Form verwendet wird, meint sie die Funktion und nicht die konkrete Person und spricht gleichberechtigt Angehörige jeden Geschlechts an. Alle erwähnten Bestimmungen gelten für Pferde und Ponys, sofern für Ponys nicht ausdrücklich eine andere Regelung aufgeführt ist.

Autorin/Herausgeber
Isabelle von Neumann-Cosel, Mannheim
Deutsche Reiterliche Vereinigung e.V. (FN)

Fachlektorat/Lektorat
Deutsche Reiterliche Vereinigung e.V. (FN)
Teams Ausbildung und Pferdesportentwicklung

Korrektorat
Korrekturbüro G. und W. Kirchhoff, Büren-Brenken

Titelfoto
Archiv der Deutschen Reiterlichen Vereinigung e.V. (FN), Warendorf (© Thoms Lehmann)

Gestaltung Vignetten
Ute Schmoll, Captain Pixel, Bad Schwalbach

Gesamtgestaltung
Ute Schmoll, Captain Pixel, Bad Schwalbach

Druck und Verarbeitung
Meinders & Elstermann GmbH & Co. KG, Belm

ISBN 978-3-88542-816-9

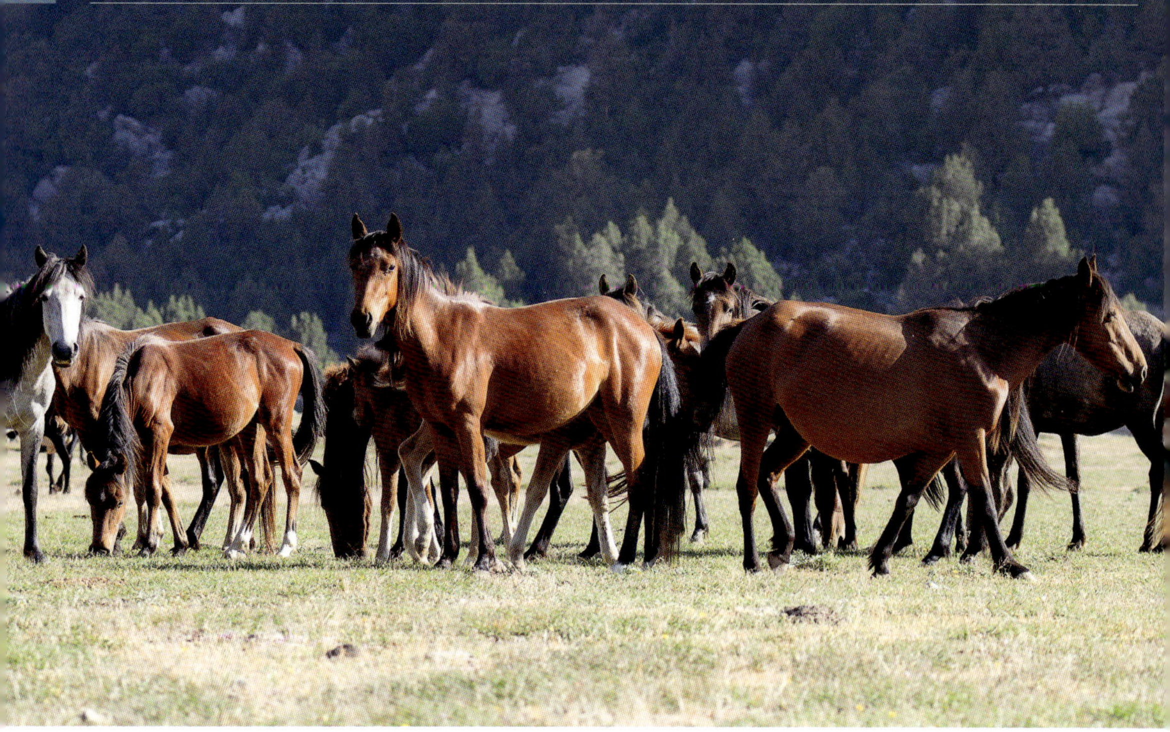

Pferde sind in ihrem natürlichen Verhalten vom Leben in einer Herde geprägt.

1 Pferdeverhalten und genereller Umgang

Pferde verhalten sich nie willkürlich, sondern sind geprägt durch ihre natürlichen Instinkte und ihr genetisch vererbtes und individuell erlerntes Verhalten. Sie verständigen sich vorrangig durch Körpersprache. Um mit Pferden in jeder Situation angemessen umzugehen, müssen Menschen das natürliche Verhalten der Pferde kennen und die Kommunikation durch Körpersprache lernen.

Die Sprache der Pferde besteht aus **Körpersprache, Mimik** und **Wiehern**.
Das **Wiehern** wird eher selten eingesetzt. Pferde wiehern zur Begrüßung, zum Beispiel eines Artgenossen, zur Kommunikation mit einem anderen Pferd oder die Stute ruft ihr Fohlen. Auch bei **Aufregung, Freude** oder **Angst** ist das Wiehern zu hören. Es äußert sich in ganz unterschiedlicher Weise (Tonlage, Lautstärke).

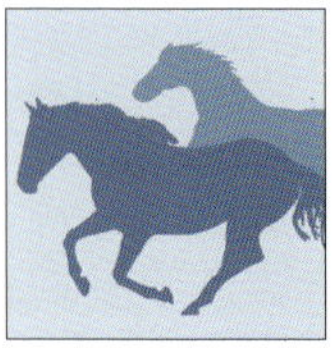

Pferde haben eine **ausdrucksvolle Mimik** und können sich durch **Körperhaltung** und **-bewegungen** deutlich ausdrücken. Die besondere Position ihrer Augen erlaubt ihnen eine sehr schnelle **Wahrnehmung** von Bewegungen in jeder Distanz. Wer die Pferdesprache erlernen möchte, muss sich zunächst auf die besondere Wahrnehmung der Pferde einlassen. Das kann nur annäherungsweise gelingen, denn die Sinnesleistung der Pferde – Sehen, Hören, Riechen, Fühlen – übertrifft die der Menschen bei Weitem. Die unterschiedlichen **natürlichen Feinde** des ehemaligen Steppenbewohners Pferd waren große Raubkatzen, Wölfe, Hyänen und Giftschlangen. Diese Angst vor Feinden ist nach wie vor in den Genen verankert. So lässt sich zum Beispiel die Angst eines Pferdes

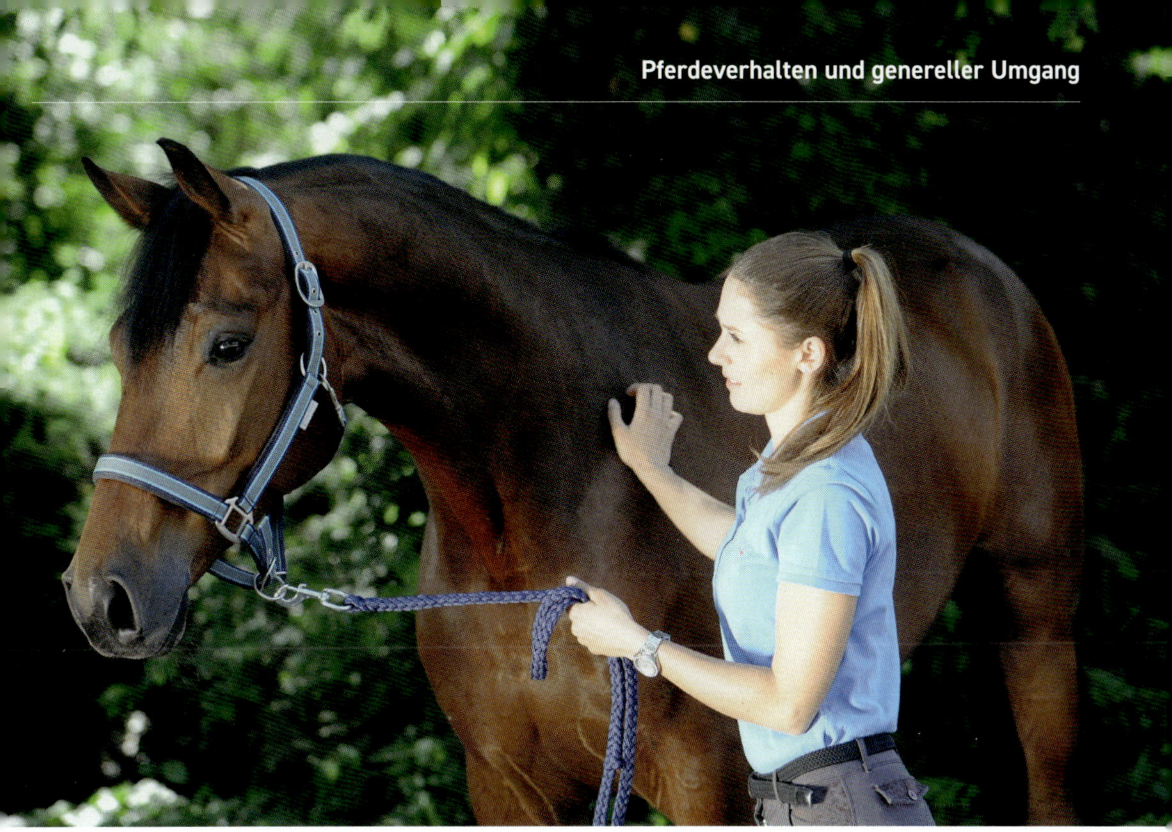

Um mit Pferden zu kommunizieren, müssen Menschen lernen, ihre Sprache zu verstehen.

vor einem am Boden liegenden Wasserschlauch möglicherweise auf die Angst vor Schlangen zurückführen.

Wer sich so gut wie möglich auf den Versuch einlässt, mit Pferdeaugen zu sehen und mit Pferdeohren zu hören, wird viel seltener von manchmal scheinbar unerklärlichen Reaktionen der Vierbeiner überrascht.

Ein Pferd in Obhut des Menschen muss diesen als **ranghöheres Lebewesen** akzeptieren. Diese Rangordnung muss ohne Aggression geklärt werden. Das entscheidende Stichwort heißt **Vertrauen.** So, wie alle Herdenmitglieder im Zweifelsfall den Anweisungen von Leithengst und Leitstute vertrauensvoll folgen, sollte auch ein Pferd dem Menschen in einer Konfliktsituation vertrauen. Dieses Vertrauen kann nicht erzwungen, sondern muss erworben werden. Die Grundlage hierfür wird schon im Fohlenalter und in der Jungpferdeaufzucht gelegt. Hier lernt das junge Pferd den Menschen als souveränes, freundliches, verständnisvolles, fürsorgliches, aber auch konsequentes Gegenüber kennen. Diese Art des Umgangs zieht sich durch das ganze Pferdeleben und gilt für jede Situation.
Im Umgang mit Pferden als sensiblen Fluchttieren ist **Sicherheit** das höchste Gebot. Alle Probleme bis hin zu vielen vermeidbaren Unfällen lassen sich auf Konflikte zwischen dem natürlichen Verhalten des Pferdes und den Forderungen des Menschen zurückführen.
Ein besseres **Verständnis** für das Pferdeverhalten kann helfen, mögliche Reaktionen vorherzusehen und entsprechend darauf zu reagieren. Für den fachgerechten und zugleich sicherheitsbewussten Umgang gibt es bewährte Vorgehensweisen, die es zu erlernen gilt. Aber auch die eigenen Erfahrungen lassen das Verständnis für das Pferd immer weiter wachsen.

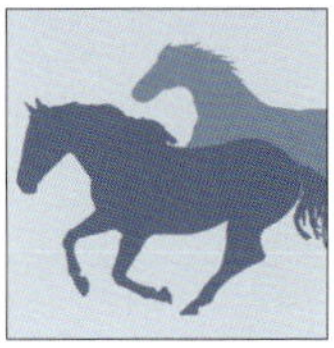

Im Überblick:

Natürliches Pferdeverhalten

- Als **Herdentiere** fühlen sich Pferde in der Gesellschaft von Artgenossen sicher. Sie orientieren sich am Verhalten anderer Pferde und passen sich gegebenenfalls an – auch wenn ihnen diese fremd sind.
- Ranghohe Pferde übernehmen in der Herde das Wächteramt. Deswegen fühlt sich ein rangniederes Pferd in der Gesellschaft eines ranghöheren Pferdes sicher und folgt einem respektierten **Leitpferd** vertrauensvoll.
- Die **Rangordnung** in einer Herde ist keine festgeschriebene Reihenfolge, sondern kann sich je nach Situation ändern. Die sozialen Strukturen einer Pferdeherde ähneln denen einer lebhaften Großfamilie.
- Das **Sexual- und Fortpflanzungsverhalten** ist bei wild lebenden Pferden der wichtigste Faktor für die Rangordnung. Leithengst und Leitstute führen die Herde an. Stuten signalisieren alle drei Wochen ihre Paarungsbereitschaft durch die Rosse.
  (Auch Wallache können noch Reste des ursprünglichen Hengstverhaltens zeigen, also um die Gunst einer Stute konkurrieren.)
- Als friedliebende **Grasfresser** kämpfen Pferde nur, wenn es ihnen unvermeidlich scheint. Oftmals wird die Rangordnung durch souveränes Auftreten des ranghöheren Pferdes ohne jedes aggressive Verhalten geklärt.
- Als **Lauftiere** haben Pferde ein großes Bewegungsbedürfnis. In ihrem natürlichen Lebensraum sind sie bis zu 16 Stunden pro Tag mit der Suche nach Nahrung beschäftigt. Diesem Bewegungsbedürfnis müssen wir auch heute noch gerecht werden, damit unsere Pferde ausgeglichen und zufrieden sind.
- Die Angst vor ihren **einstigen natürlichen Feinden** (große Raubtiere, im Rudel jagende Wölfe und Hyänen, Schlangen) ist nach wie vor in den Genen des Fluchttieres verankert.
- Als **Fluchttiere** wollen Pferde einen Sicherheitsabstand zu anderen Lebewesen und möglichen Gefahrenquellen selbst bestimmen können. Die Situation, nicht flüchten zu können (angebunden sein, eingesperrt sein) kann Panik auslösen.
- Die abgemilderte Variante der Flucht ist das **Meideverhalten**. Pferde meiden potenzielle Gefahrenquellen, aber auch Orte und Situationen, die mit unangenehmen Erfahrungen verbunden sind.
- Ihr **Neugier- und Erkundungsverhalten** bildet das Gegengewicht zum Flüchten. Pferde verfügen über einen außerordentlich guten Orientierungssinn und ein sicheres Heimfindevermögen.
- **Bewegungen** in nächster Nähe und **Berührungen** dulden Pferde nur von ranghöheren oder befreundeten Pferden.
- Sie kommunizieren untereinander vorrangig durch **Gestik und Mimik**. Dabei nehmen sie Veränderung von Körperspannung (Ankündigung von Bewegung) deutlich wahr.

1.1 Pferdeverhalten verstehen

Alle Pferde - unabhängig von ihrer Rasse - zeigen ein vergleichbares **arttypisches Verhalten**, das noch vom ursprünglichen Herdenleben in der Steppe geprägt ist. Allerdings sind dabei die Unterschiede zwischen Vertretern verschiedener Rassen, aber auch zwischen einzelnen vierbeinigen Individuen sehr groß. Aufmerksame Beobachtung kann helfen, die Reaktionen eines Pferdes früher vorherzusehen und besser einzuschätzen. Bei jedem sicheren, sachgemäßen Umgang mit dem Pferd müssen Menschen mit der **Natur des Pferdes** arbeiten.

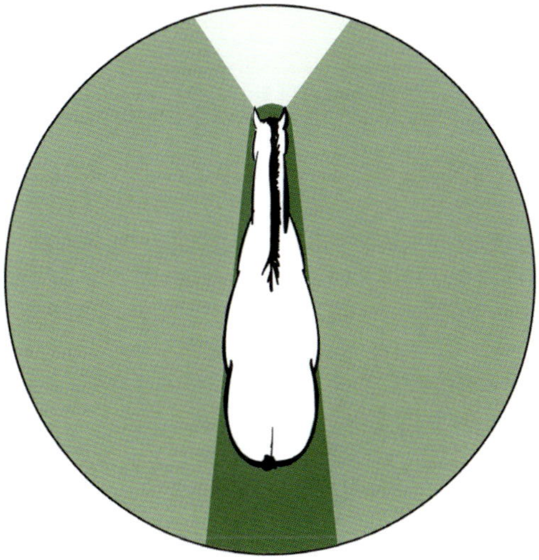

□ Scharf sehen
■ Bewegungssehen mit je einem Auge
■ Toter Winkel

Pferdeverhalten und Tierschutz

Das Tierschutzgesetz besagt: Wer ein Tier hält, betreut oder zu betreuen hat, muss über die für eine angemesssene Ernährung, Pflege und verhaltensgerechte Unterbringung des Tieres erforderlichen Kenntnisse und Fähigkeiten verfügen.

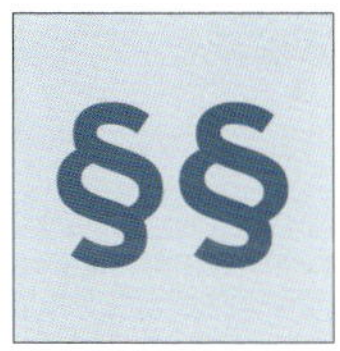

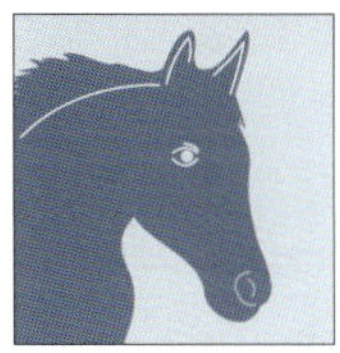

Verarbeitung von Sinneseindrücken

Für das ehemalige Leben in der Steppe sind Pferde mit äußerst leistungsfähigen **Sinnesorganen** ausgerüstet, die der menschlichen Wahrnehmung bei Weitem überlegen sind. Viele Konflikte zwischen Mensch und Pferd sind der Tatsache geschuldet, dass Pferde Dinge sehen, hören oder riechen, die menschlichen Sinnen verborgen bleiben. Für die angemessene menschliche Reaktion auf scheinbar unerklärliches Verhalten eines Pferdes hilft es, sich klarzumachen, dass Pferde nie grundlos agieren - sie folgen ihren Instinkten und leben ihr natürliches Verhalten aus.

Für den sicheren Umgang mit dem Pferd ist es von entscheidender Bedeutung, ihre „im wörtlichen Sinn" besondere **Sichtweise** zu verstehen. Die seitliche Anordnung der Augen am Kopf erlaubt ihnen eine fast komplette **Rundumsicht** mit zwei **toten Winkeln** direkt hinter dem Körper und vor dem Kopf (in einem Bereich von rund 50 bis 80 cm). Auf direkte Annäherungen oder gar Berührungen in diesen Bereichen reagieren sie mit instinktiver Abwehr. Was Pferde **mit nur einem Auge** wahrnehmen, sehen sie **unscharf.** Nur im Bereich eines Winkels von 15 bis 20 Grad überschneiden sich die Gesichtsfelder beider Augen. Innerhalb dieses Ausschnitts können Pferde schärfer und gleichzeitig räumlich sehen, also Entfernungen abschätzen. Daher versuchen sie instinktiv, ihren Kopf so zu bewegen, dass sie **unbekannte Objekte** möglichst mit **beiden Augen zugleich** mustern können.

Im Überblick:
Die Sicht des Pferdes

- Eine Annäherung an das Pferd, plötzliches Berühren oder eine Bewegung außerhalb des Sichtfeldes des Pferdes (im Bereich des toten Winkels), vor allem direkt von hinten, ist zu vermeiden
- Die Wahrnehmung mit nur einem Auge können Pferde oft nicht eindeutig zuordnen. Ein Objekt kann mit dem rechten oder linken Auge gesehen unterschiedlich bedrohlich wirken.
- Pferde brauchen im Zweifelsfall die Chance mit beiden Augen zugleich sehen zu können.

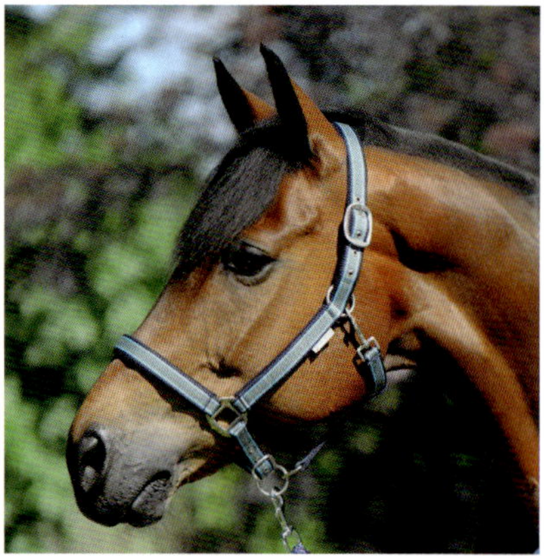

Interesse – Kennzeichen: gespitzte Ohren, wacher Blick

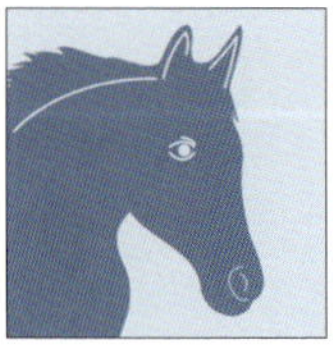

Wortlose Verständigung
Obwohl Pferde sich überwiegend lautlos verständigen, beherrschen sie eine ganze Reihe von hörbaren **Lauten**. Schmerzen erdulden sie bis auf extreme Ausnahmen allerdings stumm.

Mienenspiel
Pferde verfügen über ein außerordentlich deutliches Mienenspiel. Lebhaftes **Ohrenspiel**, ausdrucksvolle **Augen** und große, weit zu öffnende **Nüstern** (Nasenlöcher) bestimmen den Gesichtsausdruck. Er ist in den meisten Fällen leicht zu interpretieren. Flach am Kopf angelegte Ohren beispielsweise sind eine eindeutige **Drohung**, weit aufgerissene Augen und Nüstern verraten Angst, nach vorn gespitzte Ohren signalisieren **Aufmerksamkeit**. Beim entspannten **Dösen** hängt die Unterlippe leicht herunter. Besonders wichtig ist es, die Signale für **Schmerz,** abzulesen an zusammengekniffenen Augen (dreieckige Augenform), gekräuselten Nüstern und einer deutlichen Anspannung

Im Überblick:
Lautäußerungen

- **Leises Schnobern**: Begrüßungslaut, Erwartung von Futtergabe
- **Langes Schnauben, Abschnauben:** innere Gelöstheit
- **Kurzes Schnauben:** Erregung
- **Prusten**: Zufriedenheit
- **Quietschen**: Drohen, Abwehr gegenüber Artgenossen
- **Wiehern:** aufgeregtes Rufen, Begrüßung von Artgenossen
- **Gebrüll:** Kampfgeschrei von Hengsten
- **Stöhnen:** Behaglichkeit (etwa beim Wälzen) bis Schmerzäußerung

Drohung – Kennzeichen: flach angelegte Ohren

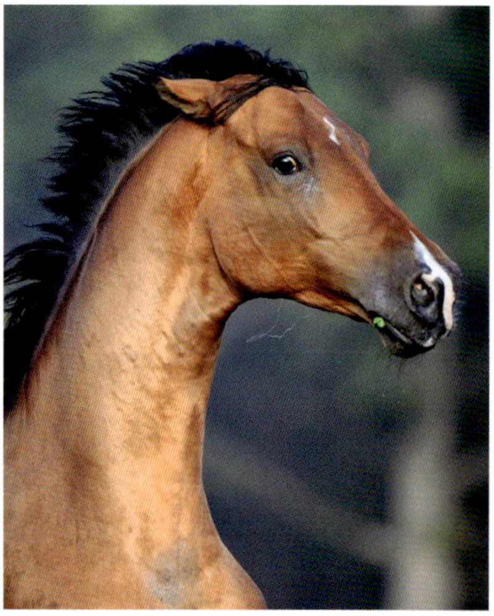

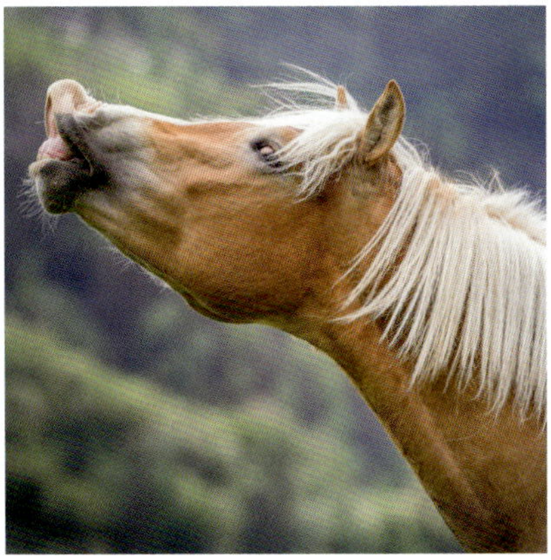

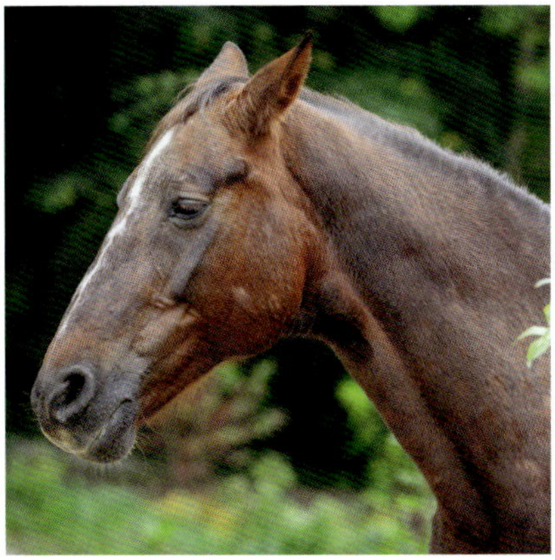

links: Flehmen – Kennzeichen ist die hochgezogene Oberlippe

rechts: Schmerz – Kennzeichen sind zusammengekniffene Augen, Anspannung im Gesicht

im gesamten Gesicht, sensibel wahrzunehmen. Auch das **Flehmen** – ein Hochziehen der Oberlippe, das Pferde bei der Wahrnehmung extremer Gerüche zeigen – kann ein Schmerzanzeichen sein.

Spezialisten für Körpersprache

Pferde erkennen sich schon von Weitem gegenseitig an ihrer typischen **Silhouette.** Die vorrangige Wahrnehmung von Umrissen und Bewegungen hängt mit der speziellen Position ihrer Augen am Kopf zusammen. Als Spezialisten für Körpersprache sehen sie zudem jedem anderen Pferd an, in welcher **Stimmung** und **Absicht** es sich nähert.

Dem Imponiergehabe sehr ähnlich ist die **dominante Körperhaltung** mit weit untergeschobenen Hinterbeinen und aufgewölbtem Hals. Ein unterwürfiges Pferd dagegen senkt den Kopf und weicht aus. Ein **drohend** angewinkeltes und leicht vom Boden abgehobenes Hinterbein signalisiert deutlich: Ich bin bereit auszuschlagen!

Beim **entspannten** Grasen hält ein Pferd den Kopf tief. Ein **aufgeregtes** Pferd dagegen hebt den Kopf hoch und versucht, die gesamte Umgebung regelrecht zu scannen; die höhere innere Anspannung bringt eine erhöhte muskuläre Spannung mit sich. Junge Pferde zeigen gegenüber älteren

Die Drohung des Schimmels ist unmissverständlich: Der Braune stoppt seinen Annäherungsversuch.

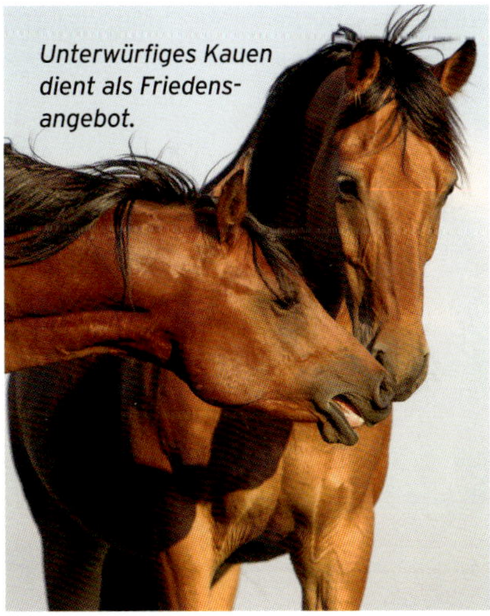

Unterwürfiges Kauen dient als Friedensangebot.

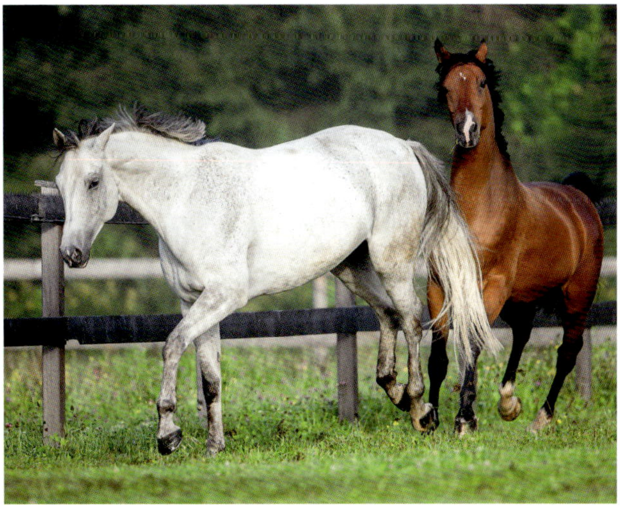

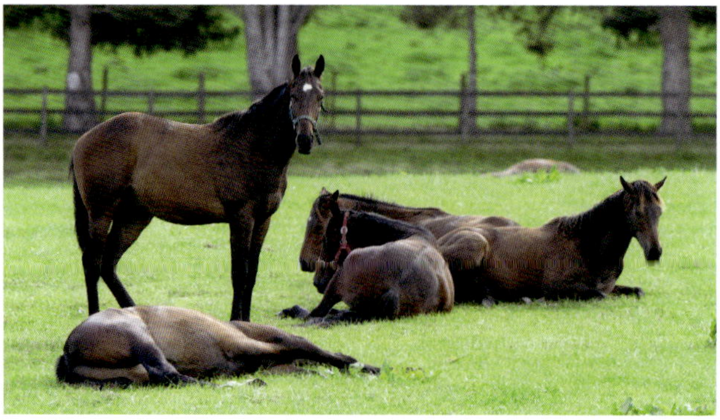

Pferde legen sich nur dann zum Ruhen, Dösen oder Schlafen hin, wenn sie sich sicher fühlen.

Pferden ein **unterwürfiges Kauen** mit leicht geöffnetem Maul, das offensichtlich der Beschwichtigung dient. Der Mensch kann dieses Kauen auch beim Umgang mit dem Pferd in der Frei- und Bodenarbeit beobachten.

Als Fluchttiere kommen Pferde mit wenig Schlaf aus. Ihre Dös-, Ruhe- und Schlafphasen verteilen sie innerhalb von 24 Stunden auf mehrere kürzere Einheiten. Nur Tiere, die sich sicher fühlen, legen sich hin. Pferde können **im Stehen dösen** und sogar tief **schlafen** – sie entlasten dabei ein Hinterbein. Überwiegend schlafen Pferde im Liegen mit aufgestütztem Kopf; nur für die Traumschlaf-Phase (REM-Schlaf) müssen sie sich mit ausgestreckten Beinen auf die Seite legen können.

Pferdefreunde betreiben gern **soziale Fellpflege**, das heißt, sie beknabbern sich gegenseitig vorzugsweise im Bereich von Kopf, Hals und Widerrist. Ein weiterer Freundschaftsdienst besteht darin, sich gegenseitig die Fliegen aus dem Gesicht wegzuwedeln. Dazu stellen sich die Pferde in gegenläufiger Richtung nebeneinander auf.

Natürliches Verhalten und Ausbildung

Geschickte Ausbilder haben zu allen Zeiten das **instinktive Bewegungsverhalten** der Pferde für ihre Ausbildung genutzt. So lässt sich beispielsweise das Imponiergehabe, das wild lebende Pferde oder Pferde auf der Weide in perfektionierter Form demonstrieren, in den Lektionen der höheren Dressur wiederfinden. Bei der Westerndisziplin Cutting wird die natürliche Fähigkeit der Pferde ausgenutzt, anderen Tieren (in diesem Fall Rindern) oder Feinden den Weg zu versperren oder sie zu vertreiben.

Pferde handeln immer im **Einklang mit ihrer Natur**: Sie erfüllen ihre natürlichen Bedürfnisse und zeigen dabei im biologischen Sinn **typische Verhaltensweisen.** Sie machen weder absichtliche Fehler noch können sie wie auch immer geartete Hintergedanken hegen.

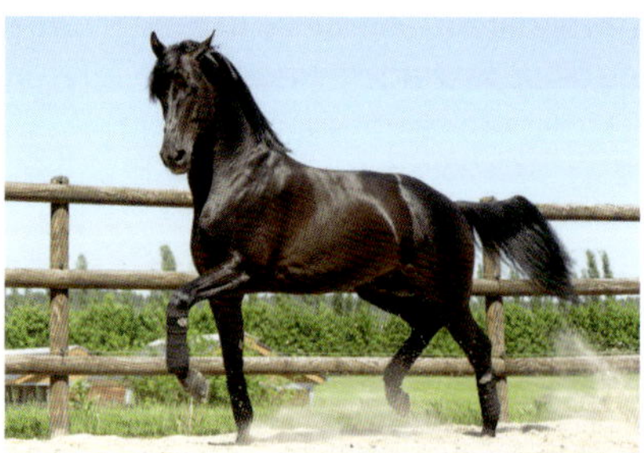

Vielen höheren Dressurlektionen liegen natürliche Bewegungen aus dem Imponierverhalten zugrunde.

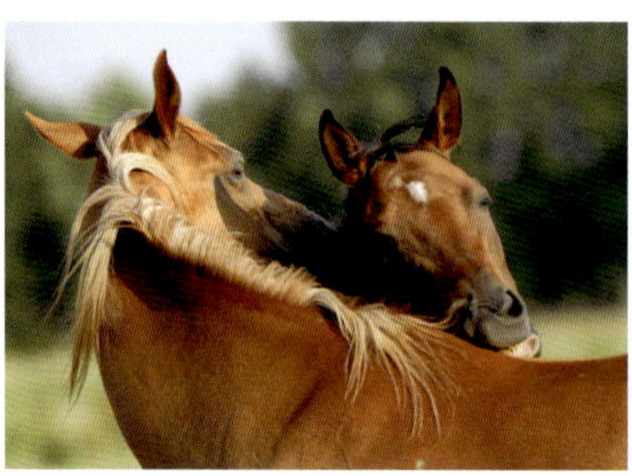

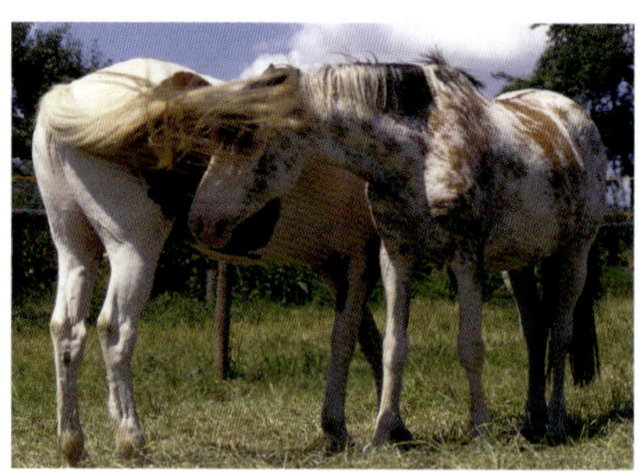

links: Fellkraulen bestätigt die gegenseitige Sympathie.

rechts: Befreundete Pferde wehren gegenseitig Insekten ab.

Im Überblick:

Mimik und Körpersprache

- **Aufmerksamkeit:** nach vorn gespitzte Ohren
- **Drohung:** angelegte Ohren, geöffnetes Maul, angedeutetes Ausschlagen
- **Neugier:** Beschnuppern mit langem Hals
- **Schmerz:** angespanntes Gesicht, zusammengekniffene Augen, gekräuselte Nüstern
- **Gähnen:** entspanntes Öffnen des Mauls
- **Erregung:** aufgerissene Augen, weit geöffnete Nüstern, deutliche Anspannung
- **Dösen:** entspannte Körperhaltung, evtl. ein auf die Spitze gestelltes Hinterbein, entspannter Gesichtsausdruck mit halb geschlossenen Augen und herabhängender Unterlippe
- **Unterwürfigkeit:** Kauen mit leicht geöffnetem Maul
- **Freundschaftsbeweis:** gegenseitiges Fellkraulen

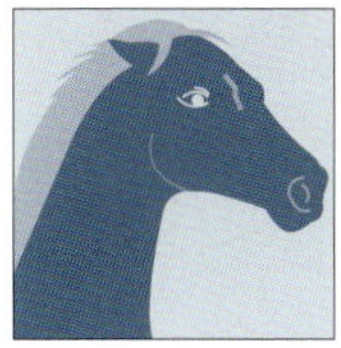

1.2 Kommunikation mit Pferden lernen

Pferde haben eine außerordentlich sensible Wahrnehmung für die **menschliche Körpersprache.** Sie können den menschlichen Gesichtsausdruck deuten und wechselnde Stimmungen ihrer Bezugspersonen sicher erkennen. Daher erfordert der Umgang mit Pferden ein gutes Maß an Selbstbeherrschung.

Menschliche Körpersprache

Die menschliche Körpersprache ist für die Verständigung mit Pferden das wichtigste Instrument. Pferde haben ein untrügliches Gespür dafür, ob sich ihnen ein selbstbewusstes oder ängstliches Lebewesen nähert. Auf Signale, die von der **Körperhaltung** und von **Bewegungen** ausgehen, reagieren sie sensibler als viele Menschen.

Unsicherheit, Anspannung, Angst und Unbehagen verraten sich durch menschliche Körperhaltungen und Bewegungen. Wer vor einem Pferd Angst hat, versucht beispielsweise instinktiv sich bei einer Annäherung zu schützen. Das heißt, er streckt die Hände vor und hält mit eingezogenem Bauch den Körper möglichst weit weg von der potenziellen Gefahrenquelle. Einen solchen Menschen kann ein Pferd nicht als ranghöheres Lebewesen akzeptieren. In freier Wildbahn würde es das Eindringen eines rangniederen Pferdes in seine unmittelbare Nähe nicht dulden.

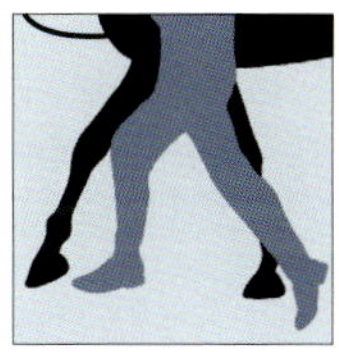

Respekt statt Dominanz

Da Pferde permanent auf alle Artgenossen in ihrer Umgebung reagieren, sind ihnen unaufmerksame und unkonzentrierte Menschen fremd und unangenehm. Sie respektieren denjenigen am besten, der sich ihnen ruhig zuwendet und **innere Sicherheit** ausstrahlt. Konzentrierte, flüssige Bewegungen ohne unnötiges Zögern, aber auch ohne unerwartete heftige Aktionen, vermitteln dem Pferd Sicherheit. In **Mimik** und **Gestik** muss dabei die Erwartung zum Ausdruck kommen,

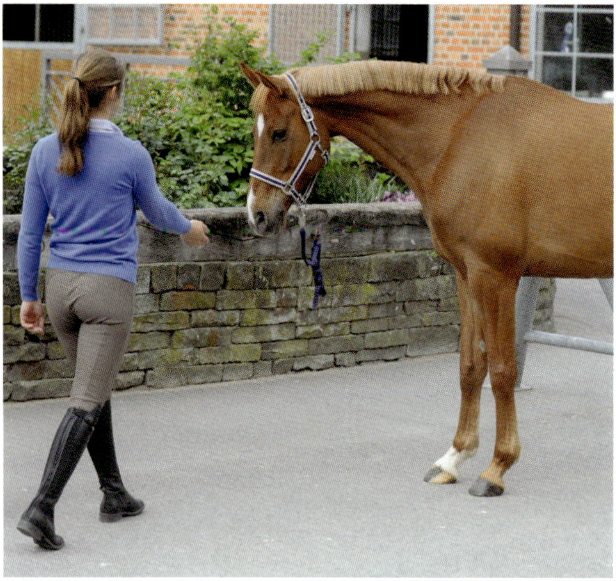

Aufrechte Haltung und entschlossene Schritte signalisieren dem Pferd: Hier kommt ein vertrauenswürdiger Partner auf mich zu.

dass ein Pferd sich vertrauensvoll dirigieren lässt. Die Idee, ein Pferd ständig dominieren zu müssen, zeugt dagegen von innerer Unsicherheit und untergräbt Vertrauen und Gehorsam. Aggressives Verhalten ist gegenüber den sensiblen Fluchttieren in keinem Fall angebracht.

Selbstsicheres, bestimmtes Auftreten in Körperhaltung, Schritt und Stimme lässt sich **trainieren** – aber nur bis zu einem gewissen Grad. Wer allzu viel Angst hat, wird kein Pferd vom Gegenteil überzeugen können, denn die Körperhaltung wird zum großen Teil unwillkürlich gesteuert. Tiefsitzende Angst lässt sich vor einem Pferd nicht verbergen.

Um Pferden gegenüber Selbstsicherheit zu gewinnen, ist es entscheidend, sich anfangs einen braven, gut erzogenen und menschenfreundlichen vierbeinigen Partner auszusuchen.

Mit Pferden sprechen

Besonders wichtig für den Umgang mit dem Pferd ist die menschliche **Stimme**, da Pferde die Art der Ansprache auf Anhieb verstehen und richtig interpretieren können. Bestimmte, energische Kommandos, freundliches **Lob** und deutlicher Tadel können einem Pferd am einfachsten mithilfe der Stimme vermittelt werden.

Pferde reagieren am besten auf gleichbleibende, kurze und eindeutige **Kommandos**, die mit möglichst ruhiger, tiefer Stimme gegeben werden, zum Beispiel: „Gib Huf!", „Steh!" oder „Geh rum!". Hohe Lautstärke und eine schrille Tonlage sind Pferden unangenehm. Ein kurzes, deutliches „Nein!" oder „Halt!" reicht oft schon aus, um unerwünschtes Verhalten zu stoppen.

Zur Sicherheit

- Jedes auch noch so „brave" Pferd kann plötzliche Flucht- und Abwehrreaktionen zeigen – darin besteht das sogenannte Tierrisiko. Hundertprozentige Sicherheit kann es im Umgang mit Pferden nicht geben. Das aussichtsreichste Mittel zur Vermeidung von Problemen und Unfällen ist Konzentration: auf die Botschaften des Pferdes in Gesichtsausdruck und Körperhaltung, auf die Umgebung und auf den eigenen **sachgerechten Umgang**. Ablenkung, zum Beispiel durch gleichzeitige Bedienung des Handys, ist ein Sicherheitsrisiko.

Gewöhnung und Rituale

Pferde sind ausgeprägte Gewohnheitstiere, die sich schnell an feste, immer wiederkehrende Rituale gewöhnen und geduldig alle **bekannten Abläufe** wie Anbinden, Putzen und Satteln akzeptieren.

Auf alle **Neuerungen** reagieren sie dagegen mit instinktiver **Skepsis**. Wer ein Pferd mit einer unbekannten Situation konfrontiert, sollte stets sehr umsichtig planen und die mögliche Aufregung des Pferdes mit einkalkulieren.

Verknüpft ein Pferd erst einmal unangenehme Erinnerungen mit einer bestimmten Situation, dann muss mit Angst und Gegenwehr gerechnet werden, wenn das Pferd wieder mit derselben Situation konfrontiert wird. Verknüpft das Pferd dagegen angenehme, zumindest neutrale Erinnerungen an eine Situation, legen sich Anfangsprobleme ganz von selbst.

Gewöhnung gibt Pferden **Sicherheit**. Daher ist es wichtig, dass der Umgang mit dem Pferd, soweit es geht, in festen, gewohnten Bahnen verläuft. Alle Handgriffe, alle Abläufe beim täglichen Versorgen und Pflegen eines Pferdes sollten möglichst in der **gleichen Reihenfolge** und in der gleichen Weise gehandhabt werden. Nur ein Pferd, das sich sicher fühlt, ist lernbereit und aufnahmefähig für neue Anforderungen. Ein nervöses, verängstigtes Pferd lässt sich am schnellsten in vertrauter Umgebung und mit gewohnten Anforderungen beruhigen.

Wie Pferde lernen

Mit **Vorausschau, Ruhe, Umsicht** und der Situation angepasstem Handeln lässt sich erwünschtes Verhalten am besten erreichen. Wenn ein Pferd ein bestimmtes Verhalten erlernen soll, können zwei unterschiedliche Strategien zum Erfolg führen: **erwünschtes Verhalten** angenehm oder unerwünschtes Verhalten weniger angenehm zu machen. In beiden Fällen sorgt ein schnelles und eindeutiges **Lob** für die nötige Bestätigung. Dieses Lob kann unterschiedliche Formen annehmen, wie die Zustimmung in der Stimme oder Klopfen am Hals, Streicheln, aber auch sofortiges Reduzieren der Anforderungen, Einlegen einer Pause oder das Beenden einer Übung. Durch **Wiederholung** setzt sich das gewünschte Verhalten fest und wird zur guten Gewohnheit.

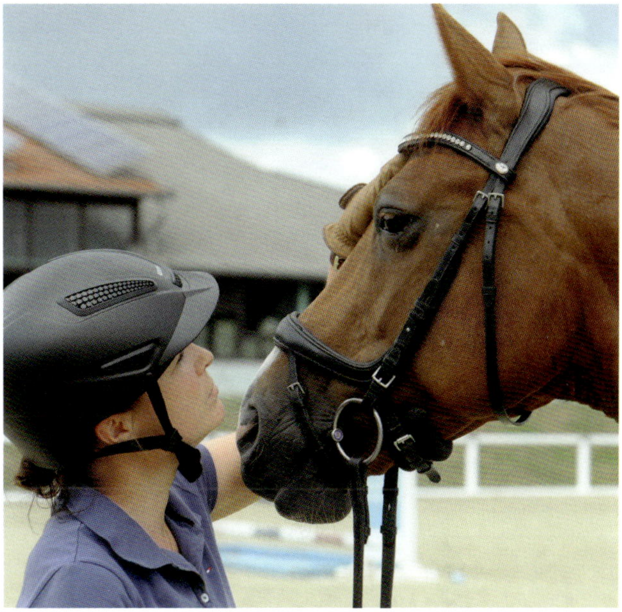

Pferde sind sehr empfänglich für jedes Lob.

Lob und Korrektur

Lob ist das wichtigste Instrument in der Pferdeausbildung. Es bestätigt die sichere, positive Verbindung zwischen Mensch und Pferd und bildet damit die Grundlage für gegenseitiges **Vertrauen**. Lob hilft, in Lernsituationen die Psyche eines Pferdes zu **entspannen** und negativen Stress zu vermeiden. Bei extrem hoher innerer Anspannung schaltet das Gehirn in den Stress-Modus, in dem nur noch bekannte Verhaltens- und Bewegungsmuster abgerufen werden. Neues zu erlernen ist dann nicht mehr möglich.

Der strenge Einsatz der Stimme reicht bei vielen Pferden schon aus, um unerwünschtes Verhalten zu verhindern. Wenn das Pferd trotzdem nicht wie gewünscht reagiert oder sogar deutlichen Ungehorsam zeigt, helfen **Strafen** in aller Regel nicht weiter. Im Gegenteil: Strafen sind Pferden gegenüber mit äußerster Vorsicht anzuwenden. Pferde können eine Strafe nur dann zuordnen, wenn sie in direktem zeitlichem und inhaltlichem Zusammenhang mit dem unerwünschten

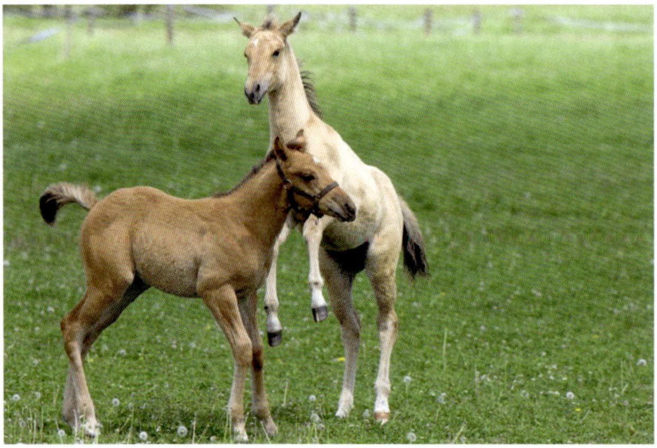

Fohlen probieren Rangordnungskämpfe spielerisch aus.

Verhalten angewendet wird. Es muss also schnell und unmittelbar reagiert werden (3 bis 5 Sek.). Spätere Strafen erscheinen dem Pferd als reine Willkür und gefährden die **Vertrauensbasis** zwischen Mensch und Pferd.
Es gilt, ein Pferd nicht für unerwünschtes Verhalten in der Vergangenheit zu bestrafen, sondern so zu korrigieren, dass es in der Zukunft möglichst nicht wieder vorkommt. Dafür sind Wissen, Besonnenheit und Erfahrung im Umgang mit Pferden nötig.

Das Pferd als ängstliches Fluchttier braucht Zeit, Sicherheit und Wohlbefinden, um Vertrauen zum Menschen zu finden. Dieses Vertrauen kann nur langsam aufgebaut, aber schnell zerstört werden. Wer Pferdeverhalten beeinflussen will, muss sich selbst konsequent verhalten.

1.3 Umgang mit Herden- und Rangordnungsverhalten

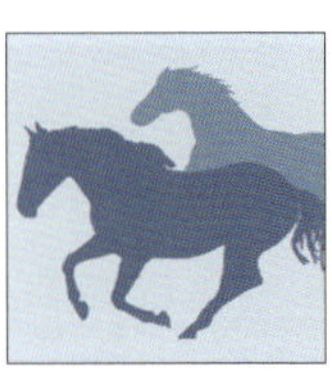

Die sozialen Bedürfnisse der Pferde sind geprägt vom Leben in der Herde. Das Zusammenleben der Pferde ähnelt einer lebhaften **Großfamilie**, in der eine strenge Ordnung herrscht. Dafür verlassen sich jüngere und schwächere Pferde auf die Erfahrung der ranghohen Tiere. An der Spitze steht allen voran die **Leitstute**, sie führt die Herde. Der Leithengst unterstützt die Leitstute dabei, sorgt aber vor allem dafür, dass die Herde zusammen bleibt und vor äußeren Angriffen geschützt wird. Dafür genießen Leitstute und Leithengst Vorrang an begehrten Futter- und Wasserplätzen.
Pferde schließen sich zwar schnell einander an, dennoch sind nicht alle Pferde miteinander befreundet. Auch bei Pferden gibt es Abneigungen gegenüber Artgenossen. In der Stall- und Weidehaltung schließt ein Pferd oft eine besonders enge Freundschaft mit einem anderen Pferd, zum Beispiel durch die direkte Boxennachbarschaft, gemeinsame Paddock- beziehungsweise Weideaufenthalte, gemeinsame Fahrten auf dem Anhänger, Ausritte oder Turnierbesuche.

Kämpfe um die Rangordnung

Kämpfe um die Rangordnung gehören zum wichtigen **Sozialverhalten** des Pferdes, das schon im Fohlenalter spielerisch eingeübt wird.
Es handelt sich allerdings nicht um Kämpfe auf Leben und Tod. In der Regel gehen diese Auseinandersetzungen unblutig vor sich und enden mit dem Zurückweichen des rangniederen Pferdes. Dennoch können sich Pferde gegenseitig empfindliche **Verletzungen** zufügen. Für das Auslösen einer Auseinandersetzung genügt die simple Begegnung zweier Pferde. Jeder Pferdehalter, der fremde Pferde gemeinsam auf eine Koppel oder in einen Auslauf entlässt, muss mit Auseinandersetzungen rechnen. Sind die Pferde beschlagen, erhöht sich das Verletzungsrisiko.
Jedes **neue Herdenmitglied** wird zunächst als Eindringling behandelt. Ein

sekundenschnelles **Beschnuppern** genügt in der Regel, um das grundlegende Verhältnis zum Neuankömmling abzuklären. Manchmal entstehen spontane **Freundschaften**, manchmal nimmt jeder respektvoll einen **Sicherheitsabstand** ein und manchmal werden im **Kampf** Hufe und Zähne eingesetzt.

In den meisten Fällen leben die Pferde nach Abklärung der Rangordnung friedlich miteinander. Es gibt aber auch hartnäckige Kampfhandlungen zwischen Pferden. Vor allem **Konkurrenzsituationen** sollten daher vermieden werden, wenn zwei oder mehrere Pferde einen gemeinsamen Bewegungsraum (Weide, Auslauf) teilen: zum Beispiel, wenn an einer Futterraufe zu wenig Fressplätze vorhanden sind.

Gegenseitige **Duldung** oder gar Freundschaft kann nicht erzwungen werden; hartnäckige **Abneigungen** oder Rivalitäten können manches gut geplante Konzept für Pferdehaltung in der Gruppe scheitern lassen (siehe Seite 69 f.). Pferde, die sich gleichgültig sind oder sich gegenseitig nicht mögen, halten in der Herde einen natürlichen Abstand voneinander ein. Zu **wenig Raum**, um sich aus dem Weg gehen zu können (begrenzter Platz im Auslauf oder auf der Koppel), provoziert direkte Auseinandersetzungen.

Die imaginäre Herde

Geschützt in der Herde fühlen sich Pferde wohl und sicher. Daher schließen sich Pferde schnell an bekannte Gefährten im Stall oder auf der Weide an. Das kann so weit führen, dass **Pferdefreunde** regelrecht aneinanderkleben und sich nur unter größten Schwierigkeiten trennen lassen. Intensive Pferdefreundschaften können den Umgang deutlich erschweren, wenn die Pferde unabhängig voneinander versorgt, gepflegt oder bewegt werden sollen. **Kleben** kann sich auch auf die gesamte gewohnte Umgebung ausdehnen, dann weigern sich Pferde möglicherweise, allein die Box, den Stall oder die Anlage zu verlassen.

Pferde können sogar intensiv auf Tiere reagieren, die sie nur vom Sehen kennen. Durch Artgenossen in Sichtweite fühlen sich Pferde in Gesellschaft; bekannte Pferde wirken dabei in der Regel beruhigend; Das gilt im Stall wie auf dem Paddock und auf der Weide, in der Halle und auf dem Platz wie im offenen Gelände.

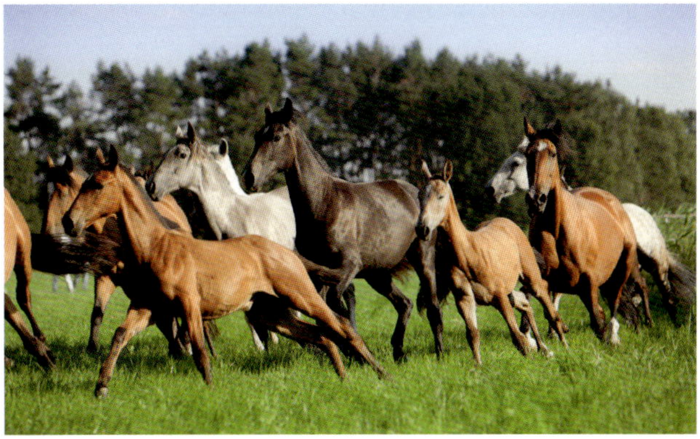

Wie von einem geheimen Kommando gesteuert, fliehen die Mitglieder einer Pferdeherde gleichzeitig.

Ansteckendes Verhalten

In einer Herde reagieren Pferde fast wie auf ein geheimes Kommando mit **gemeinsamer Flucht** – so genau haben sie ihre Artgenossen im Blick und so schnell können sie ihre eigenen Bewegungen mit denen ihrer vierbeinigen Nachbarn **synchronisieren.**

Pferde fliehen, weil ein anderes Tier flüchtet – auch ohne den Grund für diese Flucht zu kennen. Ein aufgeregtes Pferd steckt das andere regelrecht an. Allein das Geräusch aufgeregter Pferde, auch außer Sichtweite, kann ausreichen, um ein einzelnes Pferd nervös werden zu lassen. Im Gegenzug dazu kann ein ruhiges, gelassenes Pferd in einer hektischen Situation wie der sprichwörtliche Fels in der Brandung wirken.

Kein Mensch kann ein Pferd so schnell und wirkungsvoll beruhigen wie ein vertrauenswürdiger Artgenosse.

Alleinsein

Allein zu sein stellt insbesondere für das junge Pferd eine **Ausnahmesituation** dar, an die es im Laufe der Ausbildung behutsam **gewöhnt** werden muss. Ein Pferd, das ohne Sichtkontakt zu Artgenossen in einem Stall gehalten wird, reagiert schreckhafter und ängstlicher auf Außenreize als Pferde in einer Gruppe. Als Herdentier sucht es den Schutz der Artgenossen, insbesondere in unbekannten Situationen, in fremder Umgebung oder bei Stress.

Nach einer Zeit der Gewöhnung und der **Ausbildung** kann das Pferd durchaus vorübergehend allein sein. Grundlage dafür ist das **Vertrauensverhältnis** zum Menschen.

Häufig ist in kritischen Situationen die Begleitung eines erfahrenen **Führpferdes** sehr hilfreich und beruhigend, zum Beispiel im Straßenverkehr, beim Verladen auf den Anhänger, beim Anreiten, bei den ersten Ausritten oder Turnierbesuchen. Die Situation, allein zurückbleiben zu müssen, während alle übrigen Artgenossen zum Beispiel den Stall oder die Reithalle verlassen, kann bei Pferden Panik auslösen: Ein allein zurückbleibendes Pferd wäre in freier Natur die prädestinierte Beute natürlicher Feinde.

Aus **Pferdesicht** ist es viel weniger gefährlich, sich selbst von anderen Pferden zu entfernen – also dem Neugier- und Erkundungsverhalten Rechnung zu tragen – als zurückgelassen zu werden. Daher kann es einen Unterschied machen, ein unerfahrenes Pferd, das zusammen mit einem erfahrenen Kumpel im Anhänger aufs Turnier gefahren wurde, zunächst mit dem Stallgefährten auszuladen.

Sobald es sich mit der ungewohnten Umgebung vertraut gemacht und entsprechend beruhigt hat, wird es wieder aufgeladen. So lernt es ohne vorhergehende Stress- und Angstsituation, allein im Anhänger zu bleiben – anfangs nur unter Aufsicht und für einen nicht zu langen Zeitraum. Ein Heunetz kann helfen, dem Pferd das Alleinsein im Anhänger im wörtlichen Sinn „schmackhaft" zu machen.

Zur Sicherheit

- Kein Pferd sollte in ungewohnter Umgebung oder in einer mit Stress behafteten Situation allein zurückgelassen werden.

Begegnung mit fremden Pferden

Jedes Pferd in Sichtweite ist für ein Pferd ein **potenzielles Herdenmitglied**; bei einer direkten Begegnung stellt sich die Rangordnungsfrage, die gegebenenfalls geklärt werden muss. Deswegen müssen Pferde in der Obhut des Menschen lernen, diesem unbedingt als ranghöherem Lebewesen zu vertrauen. Nur so kann es unbekannten Pferden neutral begegnen, ohne sich unsicher zu fühlen. Auch in der Herde ist es das Leitpferd, das über die Akzeptanz eines Neulings entscheidet.

Zur Sicherheit

- Pferde dürfen, solange sie geführt werden oder angebunden sind, keinen direkten Kontakt mit fremden Pferden haben und schon gar keine Rangordnungsstreitigkeiten austragen.

Stuten und Hengste

Das Sexualverhalten der Pferde prägt in hohem Maß natürliche Herden, kommt aber in Reitställen nur sehr reduziert zum Ausdruck. Da für eine systematische Zucht nur besonders ausgesuchte Vatertiere infrage kommen und der Umgang mit **Hengsten** viel Erfahrung erfordert, werden männliche Tiere überwiegend kastriert. **Wallache** sind weniger dominant als Hengste, ordnen sich dem Menschen leichter unter und sind verträglicher mit anderen Pferden.

Stuten sind alle drei Wochen paarungsbereit; sie signalisieren dies, imdem sie die Nähe zu anderen Pferden suchen. Oftmals wird auch der Schweif zur Seite gelegt oder schleimiger Harn abgesetzt. Während der **Rosse** kann sich das Verhalten der Stuten gegenüber anderen Pferden ändern: Auf dem Höhepunkt der Rosse suchen sie den Körperkontakt, zu Beginn und gegen Ende schwankt das Verhalten zwischen Annäherung und Abwehr. Im Umgang und beim Training zeigen manche Stuten ein **verändertes Verhalten** gegenüber menschlichen Signalen.

Hengste konkurrieren während der Rosse um die Gunst der Stuten. Einen Rest dieses Hengstverhaltens können auch Wallache zeigen, die vorher völlig verträglich waren.

Im Überblick:
Herdenverhalten

- Pferde fühlen sich in **Gemeinschaft** wohl und sicher. Jede Trennung von Artgenossen muss behutsam eingeübt werden.
- **Pferdegesellschaft** oder ein sicheres Führpferd sind das beste Mittel, ein ängstliches Pferd zu beruhigen.
- Pferde bestimmen untereinander eine feste **Rangordnung**. Bei jeder Begegnung fremder Pferde muss mit Streitigkeiten um die Rangordnung gerechnet werden.
- Es existieren sowohl **Sympathien** als auch **Abneigungen** der Pferde untereinander; diese bleiben oft dauerhaft bestehen.
- Stuten zeigen während der im dreiwöchigen Zyklus wiederkehrenden **Rosse** ein verändertes Verhalten gegenüber anderen Pferden, manchmal auch gegenüber Menschen.
- Zur **Vermeidung gefährlicher Konflikte** sollte ein Pferd den Menschen stets als ranghöheres Lebewesen anerkennen.

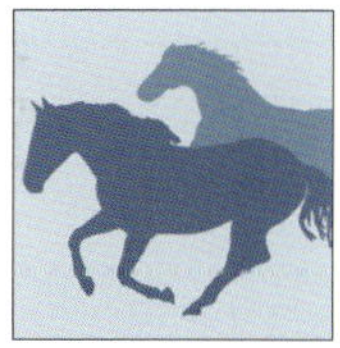

1.4 Umgang mit Flucht-, Meide- und Neugierverhalten

Als **friedliebende Pflanzenfresser** versuchen Pferde, Begegnungen mit unbekannten und unangenehmen Objekten zu vermeiden. Wo sie Gefahr wittern, reagieren sie mit rascher **Flucht**. Damit nicht jede unvorhergesehene Begegnung mit Flucht endet, sind Pferde mit einer guten Portion **Neugier** ausgestattet. Wenn sie ein bedrohlich wirkendes Objekt beschauen und beriechen, können sie sich am besten von dessen Ungefährlichkeit überzeugen. Dafür müssen sie sich allerdings erst einmal in dessen Nähe wagen und dafür muss das Vertrauen zum begleitenden Menschen greifen. Mit **Verständnis**, **Geduld** und behutsamer **Steigerung der Anforderungen**

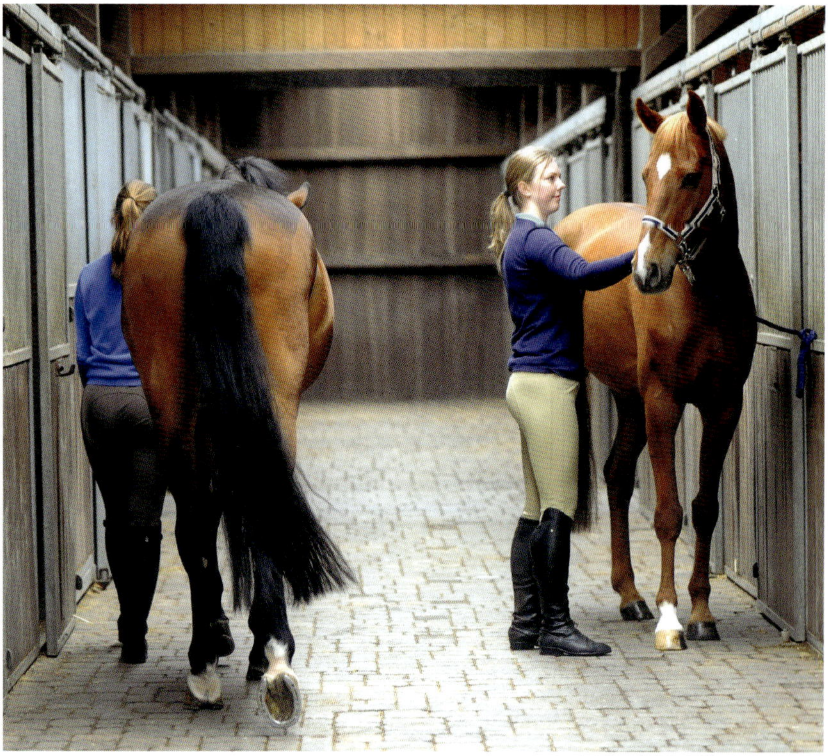

Sicherheitsabstand beim Begegnen in der Stallgasse

kann es gelingen, Pferde an zunächst Angst auslösende Objekte und Situationen sicher zu gewöhnen.

Fluchtdistanz, kritische Distanz

Oft genügt für das Sicherheitsbedürfnis eines Pferdes ein selbst definierter **Sicherheitsabstand** zwischen sich und der vermeintlichen Gefahr. Man spricht daher von der **Fluchtdistanz** des Pferdes. Wird sie unterschritten, reagiert das Pferd mit Flucht.

Erst wenn sich das Pferd in die Enge getrieben fühlt (oder etwa angebunden ist) und nicht mehr fliehen kann, kommt die **kritische Distanz** zum Tragen. Sie ist die Schwelle für Gegenwehr. Innerhalb dieser kritischen Distanz dulden Pferde nur ranghöhere oder befreundete Artgenossen, den Sexualpartner oder Stuten ihre Fohlen. Fühlt sich das Pferd innerhalb seiner kritischen Distanz angegriffen, dann setzt es seine Hufe und Zähne zur Verteidigung ein. Solche instinktiven **Abwehrreaktionen** gegen andere Pferde können auftreten, wenn ein Pferd sich durch ein anderes bedrängt fühlt. Typische Situationen sind das Vorbeiführen in der Stallgasse oder das Begegnen beziehungsweise Überholen in der Reitbahn.

Zur Sicherheit

- Beim Begegnen zweier Pferde muss stets ein genügend großer Sicherheitsabstand eingehalten werden.

Im Umgang mit dem Pferd bewegt sich ein Mensch ständig in der kritischen Distanz des Pferdes. Ein anderes Lebewesen völlig selbstverständlich in nächster Nähe zu dulden ist ein eindeutiger **Vertrauensbeweis** des Pferdes. Jeder, der mit einem Pferd umgeht, sollte sich dieses Vertrauens würdig erweisen: durch Ruhe und freundliche Zuwendung.

Platzangst

Pferde meiden in der Regel enge Durchgänge, in denen sie keinen Platz zum **Ausweichen** haben. Diese Furcht kann sich bis zur intensiven Platzangst steigern.

Scheuen

Der Instinkt rät Pferden, vor furchterregenden **Gegenständen, Geräuschen** und **Gerüchen** zu fliehen. Dieses sogenannte Scheuen ist eine häufige Ursache für Konflikte zwischen Mensch und Pferd. Wovor es sich erschreckt und wie heftig es dabei reagiert, ist von einem Pferd zum anderen sehr unterschiedlich. Ausschlaggebend sind rassetypisches und individuelles Temperament, aber auch Erfahrung und Gewöhnung. Die **Schreck- und Ausweichreaktionen** können sehr verschiedene Formen annehmen: von kurzem Stutzen bis zu heftiger Flucht, von einer schnellen Kehrtwendung bis zur aggressiven Widersetzlichkeit gegen Forderungen des Menschen.

Scheuen kann man Pferden nicht abgewöhnen. Damit man aber nicht von jeder Schreckreaktion überrascht wird, kann man lernen, sich in die Seh- und Hörweise eines Pferdes einzufühlen.

Bodenarbeit hilft am besten, einen guten grundsätzlichen Gehorsam des Pferdes beim Führen sowie Vertrauen aufzubauen (Führtraining, Seite 128ff.) und den Umgang mit Angst auslösenden Reizen einzuüben (Desensibilisierung, siehe Seite 136 ff.).

Panik

Der Extremfall der Flucht ist eine unkontrollierbare Panik. Bei panischer Flucht ist die Außenwahrnehmung der Pferde praktisch außer Kraft gesetzt – schlimmstenfalls rennen sie panisch auf eine belebte Straße oder direkt in ein Feuer.

Es macht keinerlei Sinn und ist höchst gefährlich, sich einem Pferd in Panik entgegenzustellen oder es mit körperlicher Kraft festhalten zu wollen.

Umgang mit Angst auslösenden Situationen

Bei der direkten **Konfrontation** mit einem furchterregenden Gegenstand versuchen Pferde vor allem ihren Kopf von der Gefahr fernzuhalten, aber auch ihren Körper wegzudrängen. Sie stoppen, stutzen, bleiben stehen, weichen seitlich oder rückwärts aus, bocken oder machen blitzschnell kehrt und fliehen im Galopp. Wer ein Pferd an einer Gefahrenquelle vorbeiführen will, muss sich auf eine dieser Reaktionen gefasst machen.

Unvorhergesehenes Scheuen der Pferde wird durch ihre enorme Sinneswahrnehmung ausgelöst; dabei spielen Augen und Ohren die Hauptrolle. Gefühlte Bedrohungen für Pferde sind in erster Linie nicht klar auszumachende **Bewegungen** in weiter Ferne, unheimliche **Geräusche** (z.B. Motorräder), die Annäherung eines Lebewesens außer Sichtweite (z.B. stöbernde Hunde); sehr große, laute oder schnelle Objekte (z.B. Lastwagen). Aber auch ein Wasserschlauch am Boden, der sich plötzlich bewegt, kann an eine Schlange erinnern.

Regelrecht überfordert fühlen können sich Pferde vom **Zusammentreffen vieler neuer Reize** auf einmal; sie verlieren dann den Überblick. In einer solchen Anspannungssituation kann eine Kleinigkeit wie ein knapp kalkulierter Sicherheitsabstand eine ungewöhnlich heftige Reaktion auslösen. Da im Rudel jagende Wölfe und Hyänen die natürlichen Feinde der Pferde waren, müssen Hundehalter, die **Pferd und Hund** miteinander vertraut machen wollen, sehr behutsam und sicherheitsbewusst vorgehen. Auf kei-

Hilfe, ein Ungeheuer! Nichts wie weg!

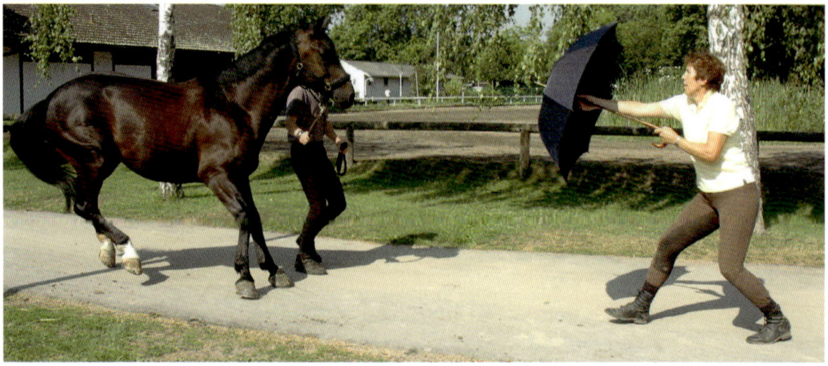

nen Fall darf ein Hund unkontrolliert die Beine und Hufe eines Pferdes beschnuppern; andererseits muss jede Situation vermieden werden, in der sich ein Pferd als flüchtende mögliche Beute für einen Hund präsentiert.

Reiz- und Reaktionsschwellen

Scheuen ist einerseits natürliches Verhalten aller Pferde, nimmt aber **individuelle Formen** an. Manche Pferde lassen sich mehr von dem irritieren, was sie sehen: sie sind guckig. Andere reagieren empfindlich auf jedes unbekannte Geräusch. Auch die zuvor genannten typischen Reaktionen sind individuell ausgeprägt. Außerdem hat jedes Pferd seine eigene **Reizschwelle** - also die Grenze zwischen Normalität und Anlass zur Flucht. Manche Pferde kommen mit **besseren Nerven** auf die Welt als andere. Wer ein Pferd im Umgang intensiv beobachtet und es behutsam unterschiedlichen Reizen aussetzt, kann **wiederkehrende Muster** entdecken und **individuelles Scheuverhalten** besser vorhersehen.

Typisch für alle Pferde ist die Veränderung der Reizschwelle unter **Stress**: Aufgeregte Pferde mit einem hohen Pegel des Stresshormons **Adrenalin** reagieren schneller und heftiger auf Außenreize.

Das **Wetter** kann ebenfalls zur Veränderung der Reizschwelle beitragen: sich ankündigendes Gewitter oder heftiger Wind, bei dem Pferde die mögliche Annäherung eines natürlichen Feindes nicht mehr aus den Geräuschen in der Umgebung herausfiltern können.

Viele Pferde sind bei höheren Temperaturen gelassener. Bei **Kälte**, insbesondere Frost, kann es sein, dass das Pferd längere Zeit benötigt um loszulassen. Manche Pferde können bei Kälte sehr munter werden.

Neugierverhalten

Mithilfe ihrer natürlichen Neugier können Pferde auftretende Ängste selbst am besten überwinden. Anders als beim Menschen ist beim Pferd die **Wahrnehmung mit beiden Augen** voneinander relativ unabhängig. Daher sollte man dem Pferd erlauben, einen angstauslösenden Gegenstand von beiden Seiten ansehen und beschnuppern zu können. So können sie sich von der Ungefährlichkeit eines fremdartigen Gegenstandes überzeugen.

Im Umgang mit scheuenden Pferden hilft die Strategie, an das Neugierverhalten zu appellieren. Aus dem Mustern und Beriechen eines fremden Gegenstandes kann auf diese Weise ein Ritual werden, in dem das Pferd seine Sicherheit wiederfindet.

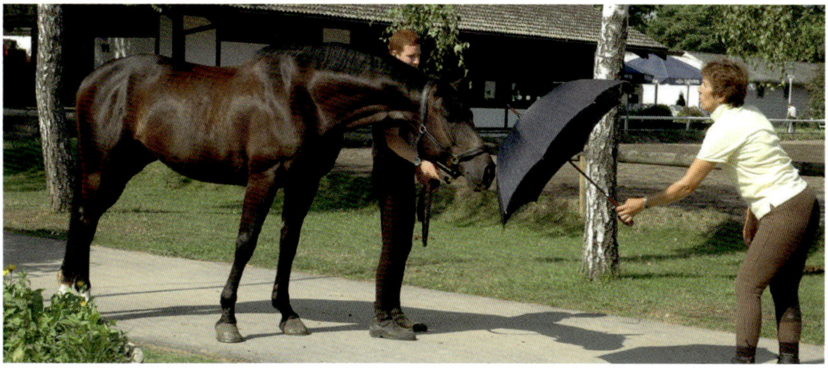

Aber vielleicht ist es doch nicht so gefährlich...

Desensibilisierung

Pferde scheuen weniger, wenn sie systematisch mit furchterregenden Gegenständen und Geräuschen konfrontiert werden. Mit Behutsamkeit und Geduld können sie durchaus an schwierige Situationen, zum Beispiel das Betreten einer Plane oder die Begegnung mit lauten Traktoren, gewöhnt werden. Polizeipferde etwa lernen auf diese Weise sehr große Menschengruppen, Schusswaffengebrauch oder Feuer zu akzeptieren. **Systematische Desensibilisierung** ist ein hilfreicher Aspekt der Bodenarbeit für jedes Pferd (siehe Seite 136 ff.).

Pferde dagegen, die streng von Außenreizen abgeschottet in einer immer gleichen Umgebung, zum Beispiel in der Reithalle, bewegt werden, reagieren auf kleinste Änderungen in den gewohnten Abläufen. Ohne regelmäßiges Training für die Sinneswahrnehmung und Verarbeitung von Außenreizen werden sie ängstlich und schreckhaft.

Zur Sicherheit

- Der wirksamste Schutz vor Unfällen besteht darin, die Sicherheitsregeln für den Umgang mit dem Pferd konsequent einzuhalten.

Im Überblick:
Scheuen

- Scheuen ist ein **natürliches Instinktverhalten** des Pferdes. Pferde scheuen vor unbekannten, möglicherweise unangenehmen Gegenständen, Geräuschen und Gerüchen.
- Die **Anlässe für das Scheuen** liegen oft außerhalb der Grenzen menschlicher Wahrnehmung. Der Fluchtinstinkt, der bei Pferden mehr oder weniger stark ausgeprägt ist, kann beeinflusst werden indem sich der Mensch das Neugierverhalten zunutze macht, zum Beispiel mit Unterstützung der Desensibilisierung.
- **Wie kann man Scheuen vorbeugen:** Herstellen einer Vertrauensbasis zwischen Mensch und Pferd, vorausschauendes Handeln, Ausnutzen eines sicheren Führpferdes, Einhalten eines Sicherheitsabstandes, behutsame Gewöhnung an vielfältige Außenreize, konsequente Erziehung zum Gehorsam an der Hand.

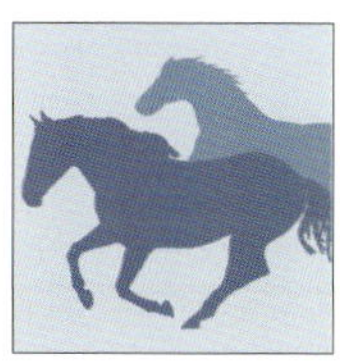

Zur Vorbereitung auf die Prüfung

Diese Themen werden an praktischen Beispielen vor Ort geprüft.

Pferde gelten als Lauftiere, Herdentiere und Fluchttiere.

- Was bedeutet die Charakterisierung als Lauftier für ihr natürliches Verhalten? In welchen alltäglichen Situationen kann man dieses Verhalten beobachten? Was bedeutet das Bewegungsbedürfnis für den Umgang mit dem Pferd?
- Was bedeutet die Charakterisierung als Herdentier für ihr natürliches Verhalten? In welchen alltäglichen Situationen kann man dieses Verhalten beobachten? Was bedeutet Herdenverhalten für den Umgang mit dem Pferd?
- Was bedeutet die Charakterisierung Fluchttier für ihr natürliches Verhalten? In welchen alltäglichen Situationen kann man dieses Verhalten beobachten? Was bedeutet das Fluchtverhalten für den Umgang mit dem Pferd?

Das Scheuverhalten erfordert besondere Aufmerksamkeit.

- Wovor können Pferde beispielsweise scheuen?
- In welchen Situationen muss man vermehrt mit dem Scheuen eines Pferdes rechnen?
- Wie kann man möglichem Scheuen vorbeugen?

Pferde sehen anders als Menschen.

- Was hat die seitliche Anordnung der Augen am Kopf zur Folge?
- In welchen Bereichen können Pferde scharf sehen, in welchen nur unscharf und in welchen können sie nichts sehen?
- Was können Pferde besser sehen als Menschen?
- Wie kann man sich im Umgang mit dem Pferd auf ihre spezielle Sehfähigkeit einstellen?
- Welche anderen Sinnesorgane nutzen die Pferde für ihre Orientierung?

Pferde sind leise Tiere. Sie wiehern nur selten, dennoch können sie eine Reihe von Lauten von sich geben.

- Was bedeutet es, wenn Pferde wiehern?
- Welche anderen Laute können Pferde äußern – und was bedeuten sie?
- Was können Pferde mit ihrer Körpersprache ausdrücken (Beispiele)?

Pferde haben eine sehr ausdrucksvolle Mimik und Körpersprache.

- Was sind typische Körperhaltungen und Bewegungen, mit denen Pferde ihre Stimmungen und Absichten mitteilen?
- Woran kann man typische Gesichtsausdrücke von Pferden ablesen?
- Wie zeigen sie positive Stimmung?
- Wie äußern sie Aggression?
- Wie drücken Pferde Schmerz aus?
- Was sind typische Anzeichen für das Dösen eines Pferdes?
- Wie reagieren Pferde auf die Mimik und die Körperhaltung von Menschen?

Notizen

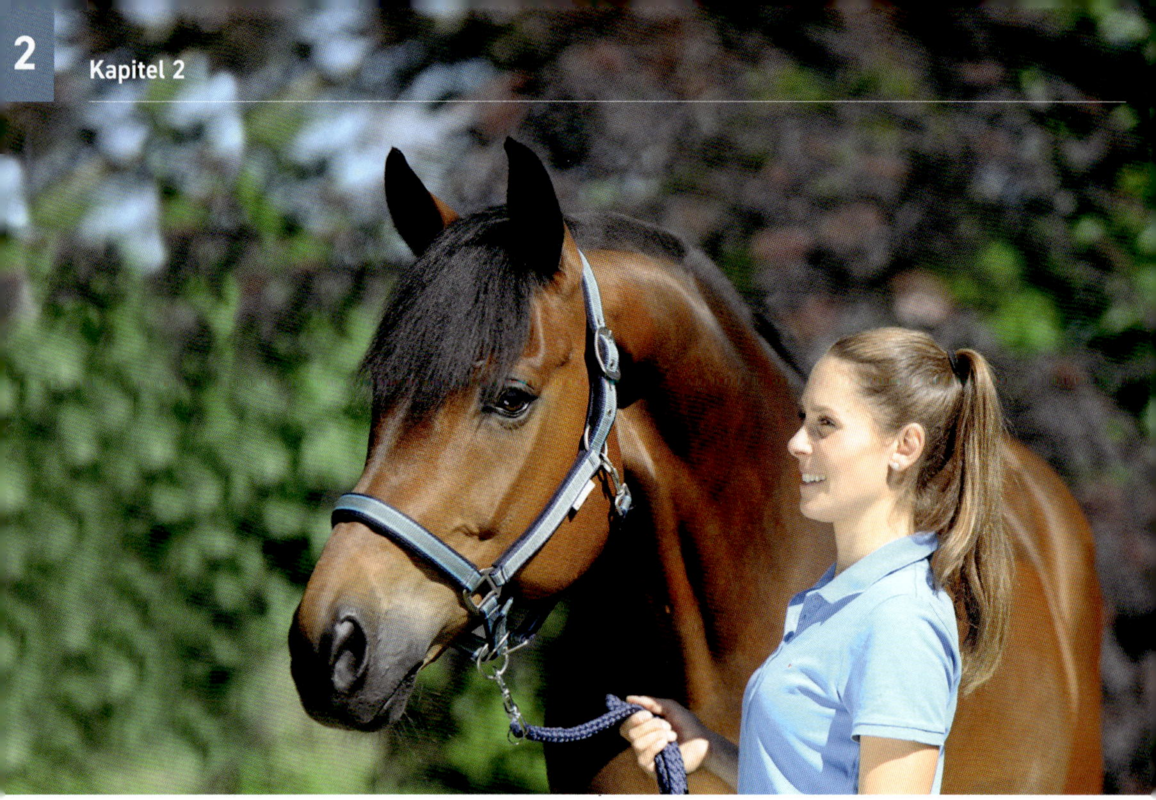

Jedes Pferd ist ein unverwechselbares Individuum, geprägt durch äußere und innere Eigenschaften.

2 Das Pferd: Exterieur, Interieur, Rassen

Alle Pferde, so unterschiedlich sie auch aussehen mögen, haben ein gemeinsames genetisches Erbe. Die wichtigsten biologischen Grundlagen aller Pferde sind gleich und führen zu artspezifischen Bedürfnissen.

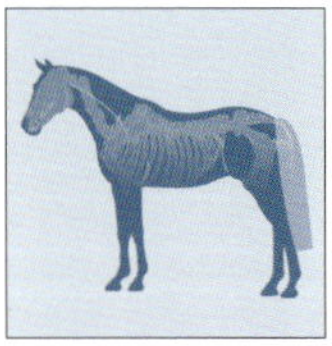

Im biologischen Sinn gelten Pferde als Fernwanderwild ohne festen Standort. In freier Wildbahn leben sie in **Herden** zusammen und legen auf der Suche nach Nahrung täglich weite Strecken zurück.

Pferde sind nicht nur vom Körper, sondern auch von ihrem natürlichen Verhalten her auf **Bewegung** angelegt. Als friedliebende **Fluchttiere** sind sie reine **Pflanzenfresser**. Ihr ursprünglicher Lebensraum ist die **Steppe**. Dort steht ihnen frisches oder auf dem Halm getrocknetes, mageres Steppengras zur Verfügung; genau für dieses Nahrungsangebot ist ihr Verdauungssystem konzipiert.

Diese biologischen Grundlagen teilen alle heutigen Pferde unabhängig von ihrer Rasse, ihrem Geschlecht oder ihrem Alter. Dennoch zeigen Pferde große Unterschiede in ihrem **Aussehen**, ihren **natürlichen Bewegungen**, ihrem **Charakter** und **Temperament**. Je nach ihren spezifischen Erfahrungen in der Aufzucht und Gewöhnung an den Umgang mit Menschen sind in ihrem **Verhalten** ebenfalls große individuelle Unterschiede zu beobachten. Sie stellen eine große Anpassungsfähigkeit unter Beweis – selbst bei widrigen Haltungsbedingungen, nicht fachgerechter Behandlung oder unsachlichen Trainingsmethoden.

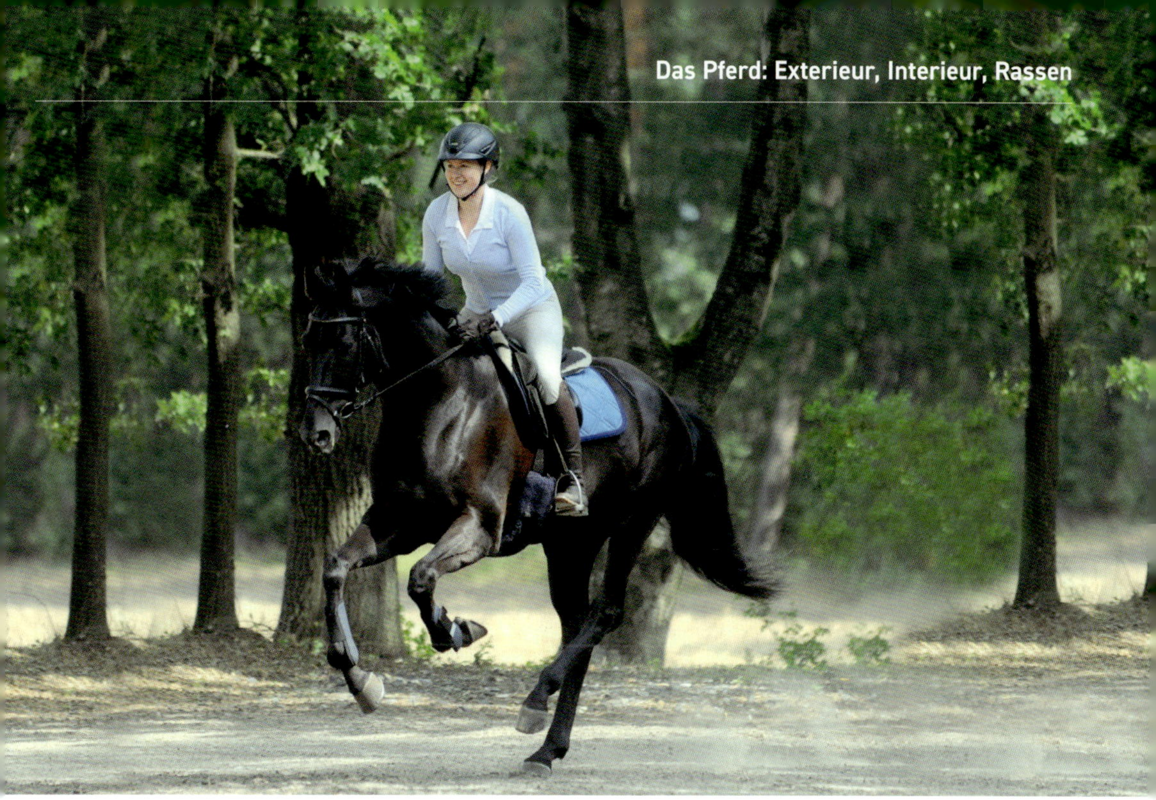

Freude an der gemeinsamen Bewegung: Hier greifen Bewegungstalent und Ausbildung perfekt ineinander.

Exterieur und Interieur, Bewegungstalent, Ausbildung und gute oder schlechte Erfahrungen machen die individuellen Eigenschaften eines jeden einzelnen Pferdes aus.

Viele unterschiedliche, aber eindeutige Kennzeichen sorgen dafür, dass ein Pferd vom anderen treffsicher unterschieden werden kann.

Im Überblick:

Eindeutige Kennzeichnung eines Pferdes

- **Rasse** (wenn vorhanden: ausgeprägte rassetypische Merkmale)
- **Geschlecht**
- **Exterieur** (Formen und Proportionen der Körperteile)
- **Größe** (abhängig vom Alter)
- **Farben** von Fell und Langhaar
- **Weiße Abzeichen** im Gesicht und an den Beinen, **abweichende Farbflächen** am Körper
- Evtl. vorhandene **Brandzeichen** am Hinterschenkel, in der Sattellage oder am Hals
- Evtl. **Kennzeichnung** durch unter der Haut eingesetzten Mikrochip
- Anordnung der **Wirbel** im Fell, Lage und Form der **Kastanien**
- **Alter** (Altersanzeichen im Körper, Abnutzung der Zähne)
- Spezifisches **Bewegungstalent** (natürliche Gangarten, Trittsicherheit, Springvermögen)
- **Interieur** (Charakter, Temperament und Leistungsbereitschaft)

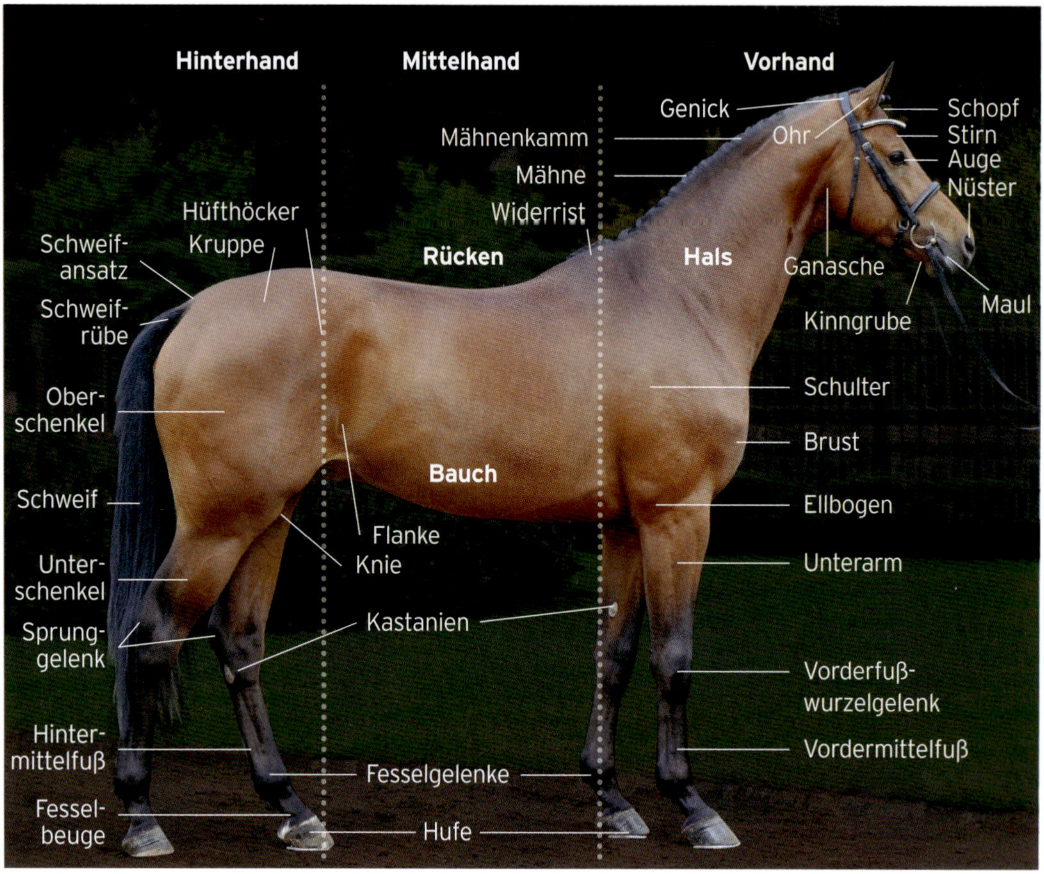

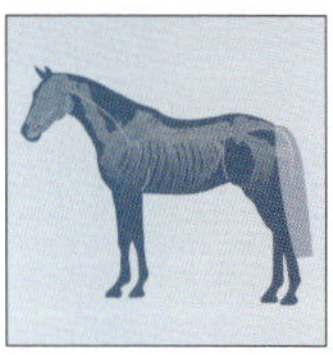

2.1 Exterieur und Interieur

Alle Pferde, so unterschiedlich sie auf den ersten Blick auch sein mögen, haben eine vergleichbare Anatomie und einen zumindest vergleichbaren Umriss. Ob groß oder klein, Stute oder Wallach, leicht oder schwer, alt oder jung, sie haben die gleichen Körperteile, inneren Organe und körpereigenen Strukturen zur Fortbewegung – wenn auch in unterschiedlicher Ausprägung.

Äußeres Erscheinungsbild

Ihr individuelles äußeres Erscheinungsbild – gekennzeichnet durch die Farben von Fell und Langhaar, die Größe, Formen und Proportionen der Körperteile sowie die natürliche Bemuskelung – wird als **Exterieur** bezeichnet. Pferde derselben Rasse zeigen typische Ähnlichkeiten im Exterieur, aber auch große Unterschiede in der jeweils individuellen Ausprägung. Abhängig von Rasse, Alter und Verwendungszweck eines Pferdes gibt es bestimmte **Kriterien**, die für ein gutes Exterieur Voraussetzung sind, zum Beispiel die **Form** und **Länge** von Rücken und Hals, die **Stellung** der Gliedmaßen, die **Winkelung** der großen Gelenke in der Hinterhand oder die **Ausprägung** der Schulter. Pferde, die diese ausgewählten Kriterien an das Exterieur erfüllen, können spezielle sportliche Herausforderungen oft leichter meistern oder eignen sich besser für einen bestimmten Verwendungszweck.

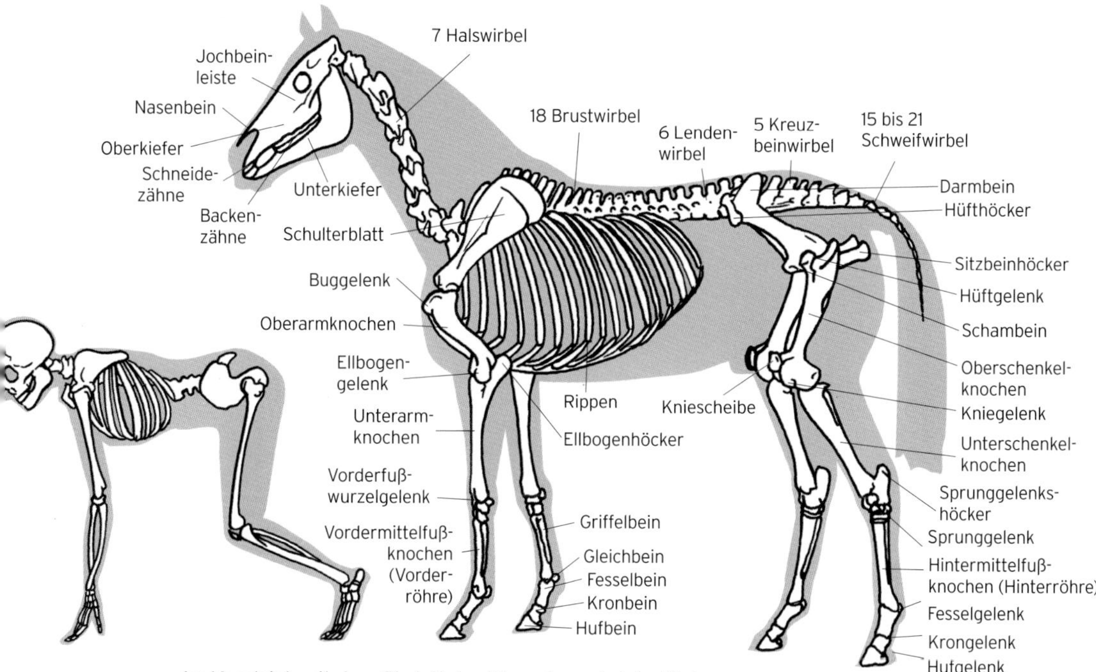

Im Vergleich mit dem Skelett des Menschen wird deutlich, dass Pferde Zehenspitzengänger sind.

Grundgangarten und natürliche Bewegungen

Die drei Grundgangarten **Schritt, Trab** und **Galopp** sind jedem Pferd angeboren. Einige Pferderassen - beispielsweise die Islandpferde - verfügen zusätzlich über **Spezialgangarten** wie Tölt oder Pass (siehe Seite 37).

Alle Pferde teilen dieselben **Bewegungsmuster**, allerdings in unterschiedlicher Ausprägung: Sie können sich hinlegen und wieder aufstehen, sich wälzen, scharren, rückwärts und seitwärts treten, Hindernisse im Sprung überwinden, mit Vorder- und Hinterbeinen ausschlagen, bocken und steigen.

Ungeachtet der Gemeinsamkeiten gibt es einige Beurteilungs- und Unterscheidungskriterien, die jedes Pferd zu einem **Individuum** werden lassen.

Bewegungstalent

Das spezifische Bewegungstalent eines Pferdes ist von weiteren Faktoren geprägt: der Elastizität, Weichheit oder Festigkeit der Muskeln, Sehnen und Bänder und von der natürlichen Koordination. **Systematisches Training** kann die individuellen Bewegungsmuster festigen und den gesamten Bewegungsablauf verbessern. Die **Grenzen** der erreichbaren Athletik sind aber genetisch vorgegeben. Ein künftiges Dressurpferd muss von Geburt an gute, korrekte Grundgangarten mitbringen, ein Springpferd Springvermögen, ein Rennpferd Schnelligkeit, ein Geländepferd Trittsicherheit, ein Westernpferd besondere Wendigkeit. Zur Verantwortung für das **Tierwohl** gehört es, ein Tier im Rahmen seines speziellen natürlichen Talents auszubilden und einzusetzen.

Der Körperbau des Pferdes

Zwischen dem **Skelett** eines Pferdes und dem eines Menschen bestehen viele Ähnlichkeiten, aber auch grundlegende Unterschiede. Pferde sind sogenannte **Zehenspitzengänger**. Die großen Gelenke in der Mitte ihrer Gliedmaßen – Vorderfußwurzelgelenke und Sprunggelenke – entsprechen den Hand- beziehungsweise Fußgelenken im menschlichen Skelett. Ellbogen und Knie der Pferde liegen entsprechend höher, also dicht am Körper. Schultern und Hüftgelenke sind im Körper des Pferdes verborgen.

Bei Menschen ist der Schultergürtel über die Schlüsselbeine mit zwei kleinen Gelenken am Brustbein fixiert. Bei Pferden fehlt eine knöcherne Verbindung der Vordergliedmaßen zum übrigen Skelett, sie haben keine Schlüsselbeine.

Die inneren Organe

Das **Herz-Kreislaufsystem** eines ausgewachsenen Großpferdes pumpt rund 30 bis 50 Liter Blut durch den Körper. Bei der relativen Größe eines Pferdes und der damit verbundenen grundsätzlichen Leistungsfähigkeit des Herzmuskels gibt es große Unterschiede zwischen den Vertretern einzelner Rassen.

Auf athletische Leistung hin gezüchtete Vollblüter verfügen beispielsweise über ein besonders großes und bis zu 4 kg schweres Herz. Die Herzschlagfrequenz – der **Puls** – des Pferdes ist im Ruhezustand weit niedriger als der des Menschen. Für Menschen gelten rund 60 bis 100 Schläge pro Minute als normal, für Pferde 28 bis 40; bei Jungpferden sind, wie auch bei Kindern, bis doppelt so hohe Werte normal (Hinweise zum Messen des Pulses auf Seite 106 f.). Unter Höchstleistung, zum Beispiel in Pferderennen oder bei Vielseitigkeitsprüfungen, kann sich der Puls des Pferdes erhöhen.

Das **Lungenvolumen** eines ausgewachsenen Pferdes beträgt in Ruhe rund 5 Liter Luft pro Atemzug; insgesamt hat die Lunge eine Höchstkapazität von etwa 55 Liter. Unter Anstrengung kann ein trainiertes Pferd pro Atemzug 15 bis 20 Liter Luft ein- und ausatmen. Damit ist die Pferdelunge ein Hochleistungsorgan. Allein im Ruhezustand verarbeitet eine Pferdelunge in 24 Stunden rund 90.000 Liter Luft. Diese immense Zahl macht ersichtlich, wie abhängig Pferde von genügend **Luftzufuhr** sind und wie sehr mit Fremd- und Schadstoffen (z.B. Ammoniak, Staub, Pollen) belastete Luft die Pferdegesundheit beeinträchtigen kann (Hinweise zum Überprüfen der Atemwerte siehe 106 f.).

Neben genügend Frischluftzufuhr ist es für den Erhalt der Lungenfunktion wichtig, dass die Pferde im Training regelmäßig ihre Atemkapazität erhöhen, sodass ihr Lungenvolumen ausgenutzt wird.

Herz- und Kreislauf-System greifen in ihren Funktionen eng ineinander; Beeinträchtigungen in einem System stören auch das andere System.

Das Interieur

Die individuellen inneren Eigenschaften eines Pferdes, also **Charakter**, **Temperament** und die damit verbundene **Leistungsbereitschaft** werden Interieur genannt. Eine spezifische Ausprägung des Temperaments gehört zu den **rassetypischen Eigenschaften**.

So gelten Pferderassen, wie zum Beispiel Haflinger, Fjordpferde, Islandpferde, aber auch Kaltblüter als gelassen, während Pferde mit einem höheren Vollblutanteil (gemeint sind englische oder arabische Vollblüter; siehe Seiten 36 f., 39 f.) generell leichter erregbar sind und auf Umwelteinflüsse sensiblere Reaktionen zeigen.

Bei Rassen, die als Arbeitspferde eingesetzt werden (z.B. Haflinger, Fjordpferde oder Quarter Horses) sind Umgänglichkeit und unkompliziertes Verhalten ein Selektionsmerkmal für die Zucht - einer der Gründe für die Beliebtheit dieser Rassen im Breitensport (siehe Seiten 35 f., 38 f.).
Der **höhere Vollblutanteil** in der **Warmblutzucht** sichert deren Vertretern neben einer ausgeprägteren Athletik den bei Bedarf nötigen, höheren Adrenalinschub für sportliche Herausforderungen.
Auch spezielle **Charaktereigenschaften** werden den unterschiedlichen Rassen zugesprochen: So gelten Kaltblüter trotz ihrer Masse als sensibel, Araber oder Friesen als besonders menschenfreundlich, iberische Pferde als besonders intelligent und lernbereit. Darüber hinaus zeigen aber auch Vertreter derselben Rasse große Unterschiede in ihren inneren Eigenschaften, die sich besonders in der Konfrontation mit neuen Aufgaben im Training zeigen. Jeder einzelne Vierbeiner kann mehr oder weniger sensibel, selbstbewusst, hektisch oder unbeteiligt reagieren. Übermotivierte Pferde kommen dem Menschen oft zuvor, phlegmatische brauchen mehr und deutliche Aufforderungen. Pferde mit guten Nerven lassen sich generell weit weniger von Außenreizen beeindrucken als nervöse Artgenossen.

Für ein erfolgreiches Zusammenspiel von Mensch und Pferd sind nicht nur die äußeren, sondern auch die inneren Eigenschaften von Bedeutung.

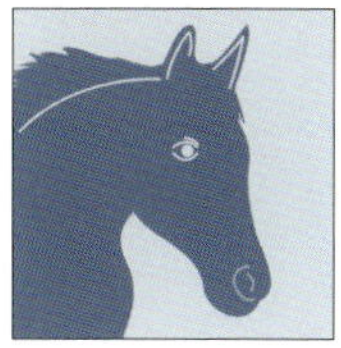

2.2 Die Sinnesorgane

Die außerordentlich leistungsfähigen Sinnesorgane der Pferde sicherten ihren Vorfahren das Überleben in der Steppe. Sie sind aber auch verantwortlich für das Scheuverhalten (siehe Seiten 19 und 21) und damit für typische Konflikte zwischen ihrem natürlichen Verhalten und den Forderungen des Menschen.

Wacher Blick

Besonders leistungsfähige **Sinnesorgane** waren für die Urpferde in der Steppe überlebenswichtig. Auch heutige Pferderassen verfügen in allen Bereichen über eine äußerst scharfe und differenzierte **Sinneswahrnehmung.** Eine besondere Bedeutung kommt dabei dem **Sehen** zu. Durch die seitliche Anordnung der Augen am Kopf überblicken die Pferde einen sehr großen Bereich ihrer Umwelt; durch leichtes Drehen, Heben und Senken des Kopfes können sie sich eine fast **komplette Rundumsicht** verschaffen.
Allerdings sehen sie nur in dem Bereich **scharf**, den sie **mit beiden Augen** gleichzeitig wahrnehmen (siehe Sichtbereich des Pferdes Seite 7 f.).
Pferde können **Bewegungen** in weiter Ferne, aber auch in der Nähe viel besser sehen als Menschen. Oft reagieren sie mit Angst- und Fluchtverhalten auf Dinge, die Menschen nicht wahrnehmen. Sie sehen in der Dämmerung und bei starker Helligkeit sowie im Dunkeln besser; allerdings brauchen sie längere Zeit zur **Umstellung von Hell auf Dunkel** und umgekehrt. Daher sollten Reithallen und -plätze stets gleichmäßig ausgeleuchtet sein. Die optische Orientierung bei **Flutlicht** stellt die Pferdeaugen vor eine besondere Herausforderung.
Pferde können **Farben** unterscheiden; aus Studien weiß man, dass die Far-

ben Gelb und Blau intensiver gesehen werden als Rot. Die Farbe Rot (etwa bei Sprüngen im Parcours) hat für Pferde nicht die gleiche Signalwirkung wie auf uns Menschen.

Erblinden

Einige typische Pferdekrankheiten können zum Erblinden führen, zum Beispiel die Periodische Augenentzündung. Oft können Pferde die fehlende Sehkraft auf **einem Auge** ganz gut **kompensieren.** Völliges Erblinden kann sie dagegen hilflos werden lassen.

Gutes Gehör

Pferde haben gute Ohren, die sie in einem **großen Radius** bewegen können, um noch genauer zu lauschen. Dabei hören sie **Geräusche**, die dem menschlichen Gehör verschlossen bleiben, also Töne im Bereich unter- und oberhalb menschlicher Schallwahrnehmung. Analog zum Sehen gilt, dass unerklärliches Scheuen oder Widerstand von Pferden oft von Geräuschquellen ausgelöst wird, die wir Menschen nicht wahrnehmen. Sehr **hohe** und **laute Töne** sind Pferden **unangenehm.**

Auch für Geräusche gilt: Pferde lassen sich an vieles gewöhnen. Die **Toleranzgrenze für Lautstärke** ist allerdings individuell; nicht jedes Pferd kann lernen, beispielsweise einen laufenden Traktor in nächster Nähe zu erdulden.

Riechen und Schmecken

Geruchs- und Geschmackssinn sind bei den Pferden sehr gut entwickelt. Aus Erfahrung weiß man, dass Pferde den Geruch von Blut, toten Tieren und stark riechenden Medikamenten meiden. Ob ihr **Geruchssinn** allerdings analog zur menschlichen Wahrnehmung funktioniert, ist nicht wissenschaftlich belegt. Denkbar wäre auch, dass Pferde nicht nur besser, sondern auch andere Substanzen riechen als Menschen. Wie schon beim Sehen und Hören gilt, dass auch das Riechen Anlass für ein scheinbar unbegründetes Scheuen des Pferdes sein kann. Eine deutliche Reaktion der Pferde auf starke Gerüche ist das sogenannte **Flehmen,** ein Hochziehen der Oberlippe (Anm.: Flehmen kann auch Ausdruck von Schmerzen sein; Foto Seite 9). Man kann es häufiger beobachten, wenn Pferde sich beschnuppern, geschlechtsspezifische Gerüche eines Artgenossen oder Gerüche aus der Umgebung wittern.

Mit dem Geruchssinn eng verbunden ist der **Geschmackssinn.** Übelriechendes, verdorbenes Futter, aber auch fremd riechende Medikamente werden von Pferden verweigert oder aussortiert. Ebenso bevorzugen beziehungsweise meiden Pferde auf der Weide bestimmte Stellen.

Vergiftungen sind bei Weidepferden seltener als bei im Stall gehaltenen Pferden, die mit übergroßem Appetit an allem Grünzeug knabbern, das sie erreichen können (Giftpflanzen siehe Seite 71 f.; Vergiftungsanzeichen siehe Seite 114).

Tasten, schwitzen, Berührungen und Schmerz empfinden

Pferde haben einen gut ausgeprägten **Tastsinn**; sie können **Wärme, Kälte, Berührungen** und **Schmerz** empfinden.

Das größte Sinnesorgan ist die **Haut**, die im Bereich der Unter- und Oberlippe, unterstützt durch die sogenannten **Tasthaare** (auch in den Ohrmuscheln), besonders sensibel ist. So sortieren Pferde mit erstaunlicher Sicherheit auch kleine Fremdkörper aus ihrem Futter. Das Abrasieren dieser Haare - in manchen traditionellen Präsentationswettbewerben für spezielle

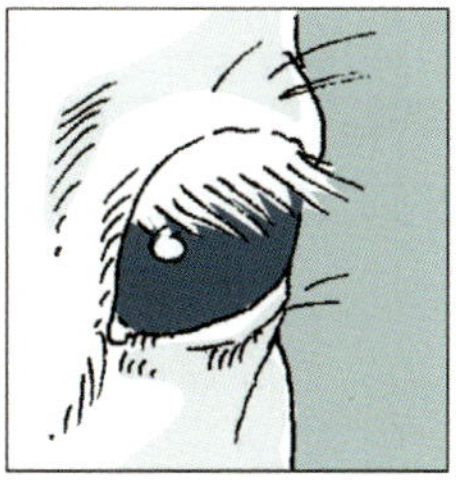

Wimpern

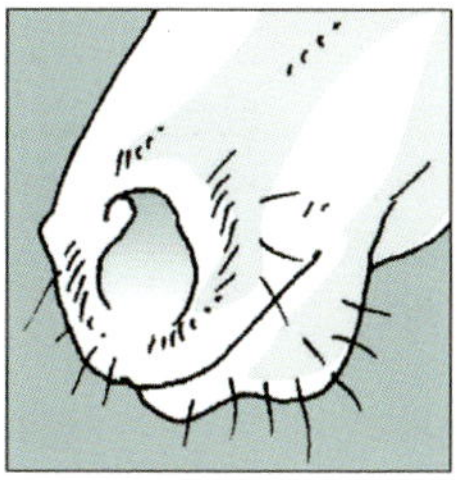

Tasthaare

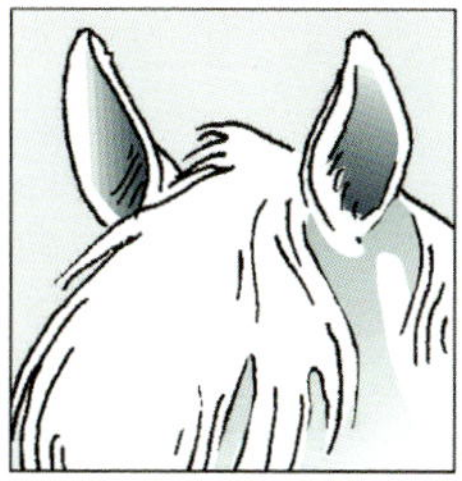

Schopf

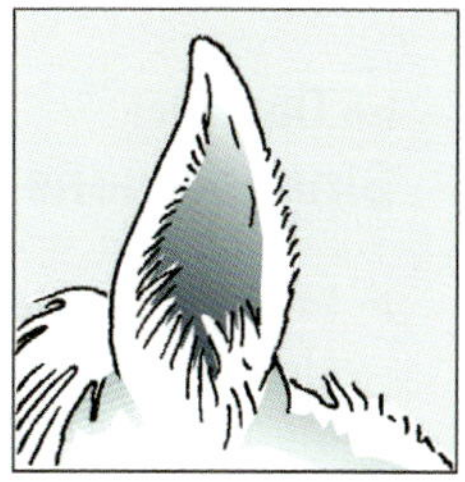

Haarbüschel

Am Kopf des Pferdes befinden sich zahlreiche Tast- und Schutzhaare.

Pferderassen üblich – erfüllt den juristischen Tatbestand der Tierquälerei.

Gesetzliche Regelung

Durch das Tierschutzgesetz ist das Abrasieren von Tasthaaren an Maul und Nüstern sowie der Haare in den Ohren gesetzlich verboten. Nur das Kürzen überstehender Haare außerhalb der Ohrmuscheln ist erlaubt.

Setzen sich zum Beispiel Insekten auf ihre Haut, können Pferde gezielt und treffsicher zucken. Dennoch ist ihre Haut nicht so sensibel wie die menschliche. Die Unterschiede in diesem Punkt sind allerdings nicht nur von Rasse zu Rasse, sondern auch von Pferd zu Pferd sehr groß. Manche Pferde können durchaus berührungsempfindlicher sein als andere.

Frieren und schwitzen

Pferde gelten als sogenannte **Klimawiderständler**, das heißt, sie können wechselnde klimatische Bedingungen hervorragend ausgleichen. Ihr Organismus kann mit Hitze und Kälte gut umgehen. Fell und Langhaar schützen sie effizient vor Frost und Nässe. Verklebtes Fell kann allerdings die Fähigkeit zum Temperaturausgleich beeinträchtigen, daher sorgt **Pferdepflege** für Gesundheit und Wohlbefinden. Das **Wachstum des Pferdefells** passt sich dem Wechsel der **Jahreszeiten**, aber auch den aktuellen Wetterbedingungen zuverlässig an. Daher kommen sie in der Regel **ohne** zusätzlichen Schutz durch eine **Decke** aus (Hinweise zum Eindecken siehe Seite 63).

In seltenen Fällen ist **Frieren** zu beobachten. Einer drohenden Unterkühlung kommen sie mit Muskelzittern zuvor.

Pferde geben im Unterschied zu fast allen anderen Tierarten über die Haut Feuchtigkeit ab, sie **schwitzen**. Zum Ausgleich haben sie einen hohen Wasserbedarf (siehe Seite 92 f.).

Gleichgewichtssinn

Als Fluchttiere sind Pferde von der Fähigkeit abhängig, ihr Gleichgewicht auf **vier Beinen** sicher zu halten. In freier Natur würde ein **Sturz** sie zur Beute ihrer natürlichen Feinde werden lassen. Daher verfügen sie über ein ausgeklügeltes **Gleichgewichtssystem** und schnelle **Reflexe**, die ihnen blitzschnelle **Flucht** ermöglichen und sie vor Stürzen bewahren. Das lässt sich zum Beispiel oft bei der Landung nach einem unkoordinierten Überwinden eines Hindernisses im Parcours beobachten: Selbst, wenn sie straucheln, demonstrieren sie außerordentliche Fähigkeiten, um einen Sturz zu verhindern.

An der Fähigkeit der Pferde, sich sicher auszubalancieren, sind äußere

Im Überblick:
Sinnesorgane

- Pferde haben **leistungsfähigere Sinnesorgane** als Menschen.
- Sie verfügen über eine **fast komplette Rundumsicht** und nehmen Bewegungen auch in weiter Ferne wahr. Nur direkt vor und direkt hinter ihrem Körper liegt ein **toter Winkel.**
- Sie hören **Geräusche** unter- und oberhalb menschlicher Schallwahrnehmung.
- Sie haben einen ausgeprägten **Geruchs- und Geschmackssinn.**
- Sie können mit der **Haut** schwitzen, Berührungen, Schmerzen und Temperatur fühlen.
- Sie verfügen über ein leistungsfähiges **Gleichgewichtssystem.**

Brandzeichen in Deutschland
Beispiele für Deutsche Reitpferde

RASSE	BRANDZEICHEN
Württemberger	Ab 2015
Bayer	Ab 2015
Sachsen-Thüringen	
Hannoveraner	Ab 2015 zusätzlich
Holsteiner	
Mecklenburger	
Oldenburger/ Oldenburger Springpferd	
Rheinländer	Bis 2015
Trakehner	
Westfale	
Zweibrücker	
Zuchtverband für deutsche Pferde (ZfdP)	

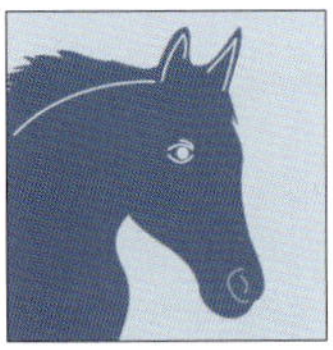
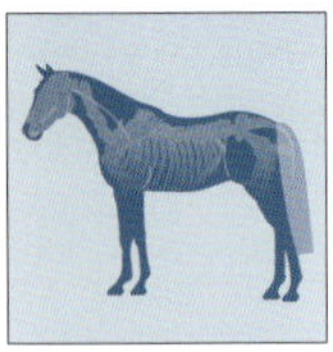
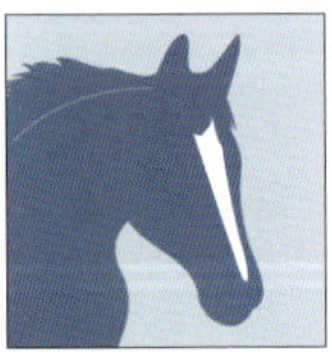
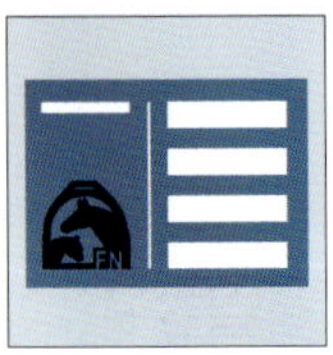

(die Haut) und innere Wahrnehmungs-Systeme (die Steuerung von Gelenkstellung und Muskelspannung) beteiligt. Neben dem Gleichgewichtsorgan im Innenohr sorgen vor allem schnelle Reflexe für ein sicheres Gleichgewicht auch bei schnellen Bewegungen.

Die Gefährdung oder der drohende **Verlust des Gleichgewichts** setzt sie unter hohen Stress. So fürchten sie beispielsweise rutschigen oder sumpfigen Untergrund. Dieses Meideverhalten kann sich bei manchen Pferden bis zu einer regelrechten **Bodenscheu** steigern. Solche Pferde reagieren ängstlich auf jede optische Veränderung des Bodens, auch auf Schatten oder Lichtflecke.

Auch **unausbalancierte Reiter** können Pferde unabsichtlich unter Stress setzen, indem sie das Sich-Ausbalancieren eines Pferdes erschweren oder beeinträchtigen. Das Finden eines **gemeinsamen Gleichgewichts** ist daher ein Schlüssel für die harmonische Verständigung zwischen Pferd und Reiter.

2.3 Identifizierung eines Pferdes

Der **Equidenpass**, der für jedes Pferd ausgestellt wird (siehe Seite 100 f.), enthält alle Angaben zur eindeutigen Identifizierung. **Rasse, Alter, Geschlecht, Fellfarbe, Farbe des Langhaars** und weitere unverwechselbare Kennzeichen im Fell können dazu dienen, ein Pferd eindeutig vom anderen zu unterscheiden.

Früher wurden Pferde mit **Brandzeichen** und eingebrannten Nummern (vorzugsweise am linken, möglicherweise auch am rechten Hinterschenkel, in der Sattellage und am Hals) eindeutig gekennzeichnet. Das Anbringen von Brandzeichen (Heißbrand) ist allerdings seit 2019 in Deutschland verboten. Stattdessen wird Pferden ein **Mikrochip** unter der Haut eingesetzt. Eine auf dem Chip gespeicherte Nummer ist mit einem speziellen Lesegerät abrufbar. Die bekannten Symbole der Brandzeichen werden weiterhin als Erkennungsmerkmal auf den Abstammungsnachweisen der Zuchtverbände verwendet.

Geschlecht und Alter

Das Geschlecht eines Pferdes ist leicht an den äußeren Geschlechtsmerkmalen abzulesen. Unter den männlichen Tieren sind die kastrierten **Wallache** (keine Hoden mehr vorhanden) bei Weitem in der Überzahl. Im Vergleich zu **Stuten** und Wallachen setzt die Haltung von **Hengsten** ein hohes Maß an besonderer Sachkenntnis und Erfahrung voraus.

Pferde können 20 bis 30 Jahre alt werden, einige Ponyrassen (z.B. Shetlandponys) sogar bis zu 40 Jahre.

Für die Altersangabe eines Pferdes gilt der **1. Januar des Geburtsjahres** als Stichtag der Jahrgangszugehörigkeit; das heißt, alle Fohlen gelten als am 1. Januar geboren, auch wenn ihr Geburtsdatum in einem anderen Monat liegt.

Das **Alter** eines Pferdes ist nur in Extremfällen (Fohlen oder sehr altes Pferd) an äußeren Merkmalen abzulesen. Fohlen haben im Vergleich zu ausgewachsenen Pferden längere Gliedmaßen und einen insgesamt leichteren Körperbau. Bei älteren Pferden entstehen über den Augen Höhlen, die mit zunehmendem Alter tiefer werden. Über den Augenbögen kommen mit den Jahren graue Haare hinzu. Insgesamt treten die Knochenlinien (Gesicht, Hüfthöcker) stärker hervor, sehr alte Pferde neigen zu Senkrücken.

Zahnalterbestimmung

Liegt kein gesicherter Nachweis über den Geburtstermin vor (Abstammungspapiere, ausgestellt von den jeweiligen Zuchtverbänden), können die Zähne Anhaltspunkte für eine ungefähre Altersbestimmung geben.

Die **Zahnalterbestimmung** orientiert sich am Durchbruch, dem Wechsel und der Abnutzung der Zähne sowie an der Zahnrichtung der Schneidezähne.

Pferdezähne werden bis zum Alter von etwa 15 Jahren beständig nachgeschoben und nutzen sich beim Kauen ab. Die Einstülpungen in den Kauflächen der Zähne, die sogenannten Kunden, verschwinden dabei mehr und mehr bis zum Alter von rund 7 Jahren. Daher kann besonders bei jüngeren Pferden das Alter mit Blick auf die Zähne gut eingeschätzt werden. Diese Beurteilung erfordert allerdings viel Erfahrung; im Zweifelsfall macht es Sinn, einen Tierarzt hinzuzuziehen.

Fellfarben

Aus dem ursprünglichen Mausgrau bis Braun der Wildpferde haben sich viele verschiedene Fellfarben herausgebildet.

In der Warmblutzucht kommen vor allem die Grundfarben vor: Schwarz **(Rappen)**, Rotbraun mit gleichfarbigem oder hellerem Langhaar **(Füchse)**, Braun mit schwarzem Langhaar **(Braune)**. **Schimmel** werden meist schwarz, braun oder als Füchse geboren und erst von Jahr zu Jahr heller. Ein spezielles Gen sorgt dafür, dass sie ihre frühere Grundfarbe nach und nach verlieren.

Je nach Rasse sind noch sehr viel mehr Farben möglich. **Falben** sind cremefarben bis hellbraun mit schwarzem Langhaar, dunklen Beinen und Hufen; oft haben sie einen dunklen Aalstrich auf dem Rücken. **Isabellen** haben bei ähnlicher Fellfärbung helles Langhaar und helle Hufe. **Schecken** besitzen klar abgegrenzte Farbflächen (Weiß und eine oder zwei Grundfarben) in ganz unterschiedlichen Formen.

Im Überblick:
Fellfarben

- **Rappen** sind schwarz mit schwarzem Langhaar.
- **Füchse** sind braun, rotbraun oder rötlich mit gleichfarbigem oder hellerem Langhaar.
- **Braune** sind hell-, dunkel- oder schwarzbraun mit schwarzem Langhaar und schwarzen Beinen.
- **Schimmel** sind weiß in allen Schattierungen. Sie werden meist dunkel geboren. Die Schimmelfärbung verändert sich im Laufe des Lebens.
- **Falben** sind cremefarben bis hellbraun mit schwarzem Langhaar, oft mit Aalstrich.
- **Isabellen** sind cremefarben bis hellbraun mit hellem Langhaar.
- **Schecken** haben klar abgegrenzte unterschiedliche Farbflecken – die Bezeichnung variiert je nach Farbe und Muster.

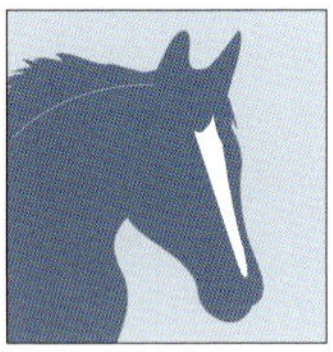

Unveränderliche Kennzeichen

Zu den unverwechselbaren, von Geburt an vorhandenen Kennzeichen eines Pferdes gehören die **weißen Abzeichen** am Kopf und an den Gliedmaßen. Die möglicherweise vorhandene weiße Zeichnung im Gesicht prägt das individuelle Aussehen eines Pferdes. Typische Abzeichen sind zum Beispiel der Stern auf der Stirn oder die längliche Blesse.

Weiße Abzeichen an den Beinen können von kleinen Flecken am Ballen oder am Kronenrand bis über die mittleren Gelenke reichen. Weiße Flecken können aber auch in selteneren Fällen an anderen Körperstellen auftreten, zum Beispiel am Bauch oder am Hals.

Einmalig und unverwechselbar sind bei jedem Pferd Anzahl und Lage der **Wirbel im Fell.** Sie können als Grundlage für eine sichere Identifizierung zu Hilfe genommen werden. Ebenso unterschiedlich von Pferd zu Pferd ist die Lage, Größe und Form der verhornten Stellen **(Kastanien)** an der Innenseite der Gliedmaßen.

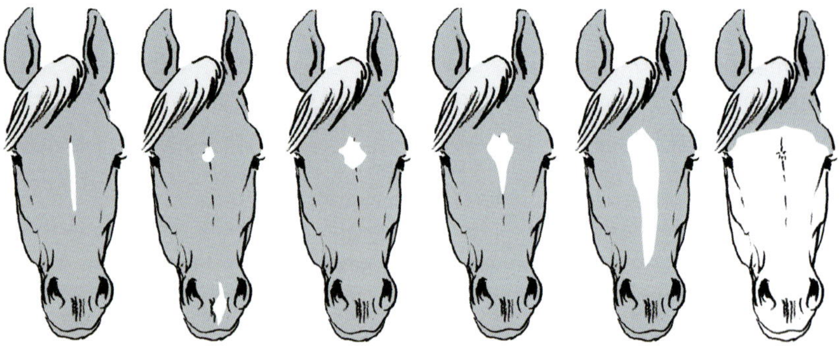

Weiße Abzeichen am Kopf

Strich | *Flocke und Schnippe* | *Stern* | *Keilstern* | *Blesse* | *Laterne*

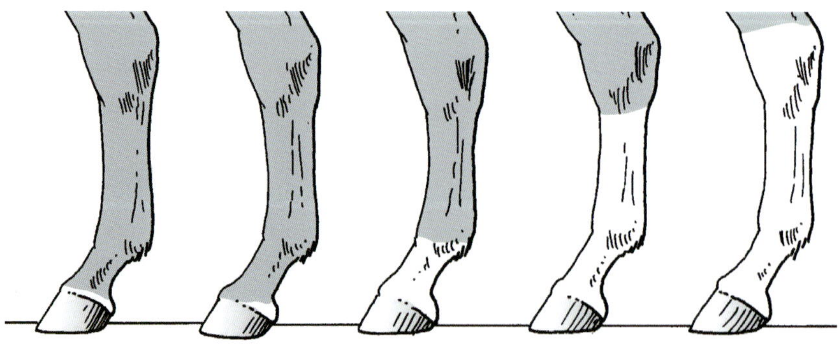

Abzeichen am linken Hinterbein

Kronenrand weiß | *Ballen weiß* | *Fessel weiß* | *Fuß weiß* | *Bein weiß*

2.4 Pferde- und Ponyrassen

Pferde- und Ponyrassen werden in erster Linie anhand ihrer typischen **Größe** unterschieden. Zu den kleinsten Pferden gehören die Zwergrassen mit kaum mehr als 50 cm und zu den größten die Shire-Horses aus England mit einer Größe bis zu 2 m.

Größenmessung

Die Größenbestimmung eines Pferdes erfolgt meist mit dem Stockmaß, selten mit dem Bandmaß. Beim **Stockmaß** wird die Größe des Pferdes vom ebenen Boden bis zur höchsten Stelle des Widerristes mit einem speziellen Maßstock – ersatzweise mit einem Zollstock – gemessen. Beim Messen mit dem **Bandmaß** ergibt sich jeweils ein höherer Messwert, weil das Maßband vom Boden aus den Körperkonturen bis zum Widerrist folgt.

Ponys sind **kleine Pferde**, die, abhängig von Größe und Statur, von Kindern, aber auch von Erwachsenen geritten werden können. Um an speziellen Turnierprüfungen für Ponys teilnehmen zu können, dürfen sie eine **Widerristhöhe von 1,48 m** nicht überschreiten. Für den Einsatz in der Zucht dürfen die Vertreter einiger Rassen auch größer sein.

Halbwild lebende Pferderassen, die nicht systematisch gezüchtet werden und kein regelmäßiges Kraftfutter erhalten (z.B. amerikanische Mustangs, französische Camargue-Pferde oder mongolische Steppenpferde), werden nicht größer als rund 1,50 m.

Pferde und Ponys werden definitionsgemäß durch ihre Größe unterschieden. Die Grenze für die Teilnahme an speziellen Ponywettbewerben und Turnierprüfungen liegt bei 1,48 m.

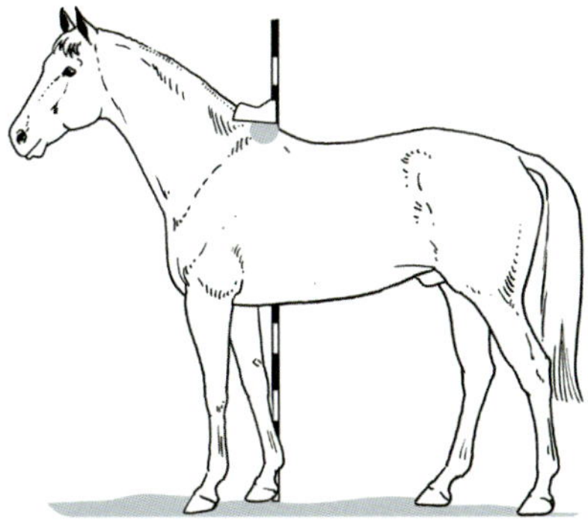

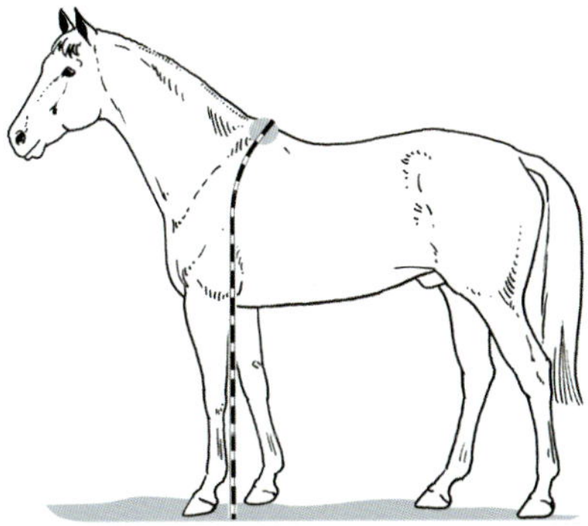

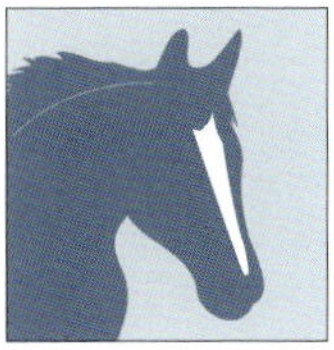

Messen mit dem Stockmaß (oben) oder dem Bandmaß (unten)

Einteilung in Pferderassen

Weltweit existieren etwa **250 Pferderassen.** Zur besseren Übersicht ist es sinnvoll, diese Rassen in größere Gruppen einzuteilen.

Kaltblüter

Als **schwere Arbeitspferde** haben Kaltblüter heutzutage ausgedient. So ist der Bestand an Kaltblutpferden in Deutschland drastisch zurückgegangen. Man ist allerdings um die Erhaltung der Kaltblutrassen bemüht. Kaltblüter finden noch als Holzrückepferde im Wald Verwendung; kleinere und leichtere Kaltblutrassen erfreuen sich bei Freizeitreitern und -fahrern wachsender Beliebtheit.

Warmblüter

Warmblüter aus der deutschen Reitpferdezucht stellen den überwiegenden Anteil der Reitpferde in Deutschland (z.B. Hannoveraner, Trakehner, Holsteiner, Westfale, Oldenburger

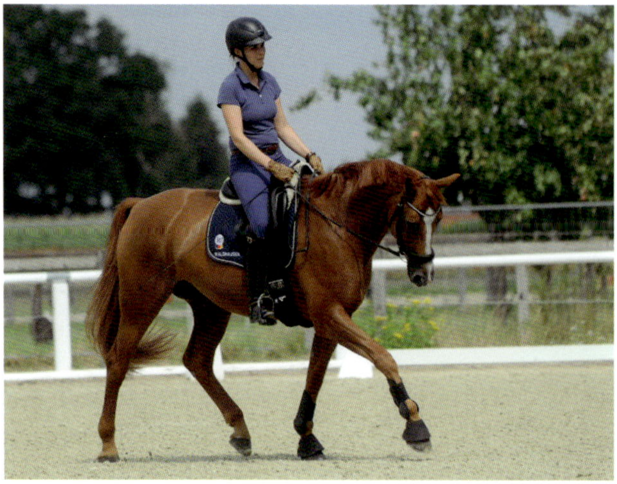

Warmblüter

u.v.m.). In den letzten Jahren haben sich einige der früher zahlreichen regionalen Zuchtverbände zusammengeschlossen. Alle diese Zuchtverbände verfolgen das Ziel, ein edles Reitpferd mit korrektem Körperbau und elastischen Bewegungen zu züchten, das aufgrund seines Temperaments, seines Charakters und seiner Rittigkeit für jeden Reitzweck geeignet ist. Zahlreiche Auswahlverfahren und Leistungsprüfungen in Zucht und Sport dienen zur Überprüfung dieses Zuchtziels.

Quarter Horse

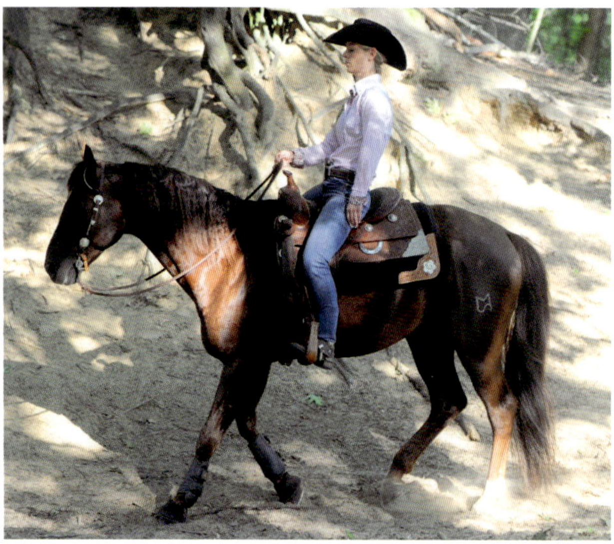

Natürlich gibt es auch Warmblutpferderassen aus anderen Ländern der Welt.

Vollblüter

Englische Vollblüter (Kennzeichen xx) sind als schnellste Pferde überhaupt die Stars der weltweiten Pferderennen und bilden darüber hinaus die Grundlage für die Zucht zahlreicher Pferderassen auf der ganzen Welt. In allen deutschen Warmblut- und Ponyzuchtverbänden werden Vollblüter zur Veredelung eingesetzt.

Arabische Vollblüter (Kennzeichen ox) gehören zu den ältesten bekannten Pferderassen. Wegen ihrer außerordentlichen Schönheit, Leistungsbereitschaft und Menschenfreundlichkeit werden sie weltweit gezüchtet.

Traber gehören einer speziell für Trabrennen gezüchteten Rasse an. Sie entstand durch die Kreuzung von englischen oder arabischen Vollblütern mit anderen Rassen. Außer im Rennsport werden Traber zunehmend im Freizeit- und Distanzsport eingesetzt.

Westernpferde

Mit einem Bestand von etwa 3 Millionen eingetragener Pferde gelten **Quarter Horses** zahlenmäßig als die größte Pferderasse der Welt. Die Rasse entstand in Nordamerika durch die Kreuzung von Arabern, spanischen Pferden und englischen Vollblütern. Die kleinen (1,45 bis 1,50 m), kompakten und sprintstarken Quarter Horses sind nach beliebten Kurzstreckenrennen über eine Viertelmeile benannt.

Ursprünglich wurde diese Rasse für Farmarbeit der Cowboys im Westen Amerikas gezüchtet – daher auch die Bezeichnung Westernpferde. Sie werden heute vorrangig im Westernreitsport mit seinen unterschiedlichen Ausprägungen eingesetzt.

Gangpferde

Als Gangpferde werden alle Rassen zusammengefasst, die neben den üblichen drei Grundgangarten Schritt, Trab und Galopp über weitere Gangarten (z.B. Pass, Tölt oder Paso) verfügen. Europäische Gangpferderassen sind **Töltende Traber**, **Aegidienberger** und **Islandpferde.** Unter den zahlreichen Gangpferderassen in den USA sind **Tennessee Walking Horses** am häufigsten vertreten.

Die südamerikanischen Rassen **Mangalarga Marchador, Paso Peruano** und **Paso Fino** verfügen über Spezialgänge, die den Reiter besonders bequem sitzen lassen. Daher erfreuen sie sich auch in Deutschland steigender Beliebtheit.

Islandpferde sind in Deutschland besonders weit verbreitet. Die kleinen, äußerst trittsicheren und immer fleißigen Pferde können trotz ihrer begrenzten Größe Erwachsene tragen. Die Rasse wurde durch norwegische Wikinger begründet, die auf der Suche nach neuen Lebensräumen ihre Pferde mit auf die Vulkaninsel Island brachten. Dort passten sich die halbwild lebenden Pferde den extremen klimatischen Bedingungen perfekt an. Seit Jahrhunderten ist die Einfuhr von Fremdblut in Island streng verboten - kein Vertreter einer anderen Rasse darf die Insel betreten. Hat ein Islandpferd die Insel einmal verlassen, darf es nie wieder zurückkehren. Trotz dieser strengen Vorgaben werden Islandpferde heute weltweit gezüchtet.

Spezialrassen

Unter dem Begriff Spezialrassen werden Rassen zusammengefasst, die ursprünglich aus anderen Ländern kommen. Weit verbreitet sind die sogenannten Barockpferde wie **Lippizaner**, die Stars der Wiener Hofreitschule, oder die auffallenden pechschwarzen **Friesen** aus den Niederlanden.

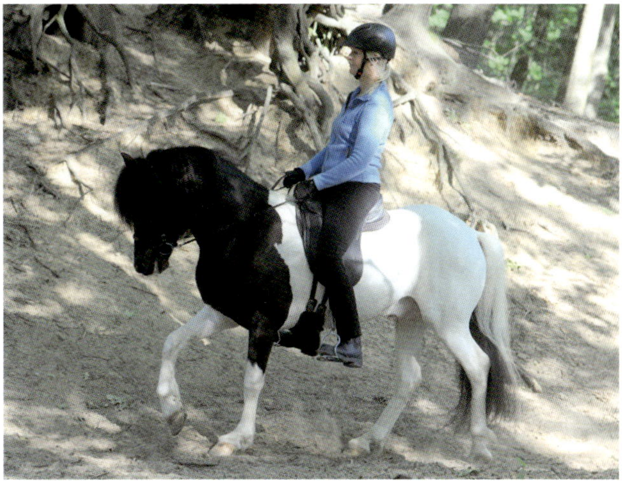

Islandpferd

Einen wahren Boom sowohl im Freizeit- wie auch Turniersport haben in Deutschland Pferde von der iberischen Halbinsel erlebt. Spanische **Andalusier** und portugiesische **Lusitanos** stehen in dem Ruf besonders menschenfreundlich und gelehrig zu sein.

Lusitano

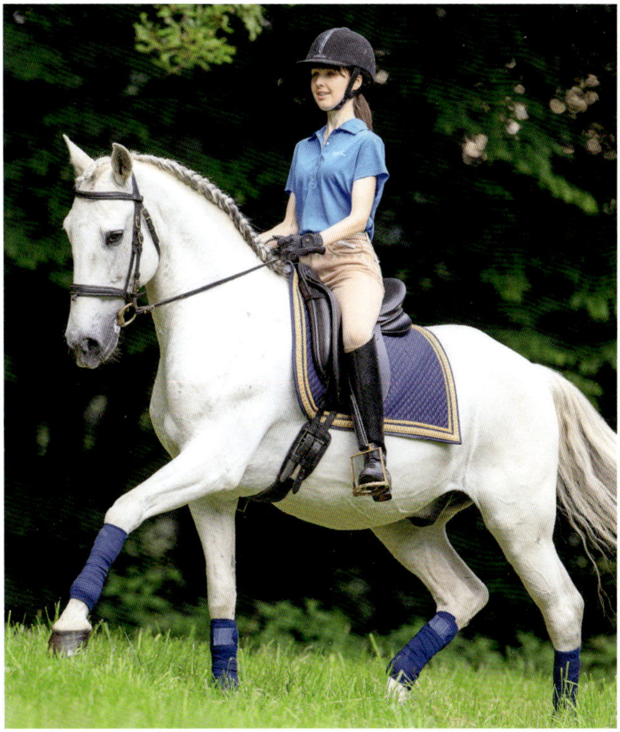

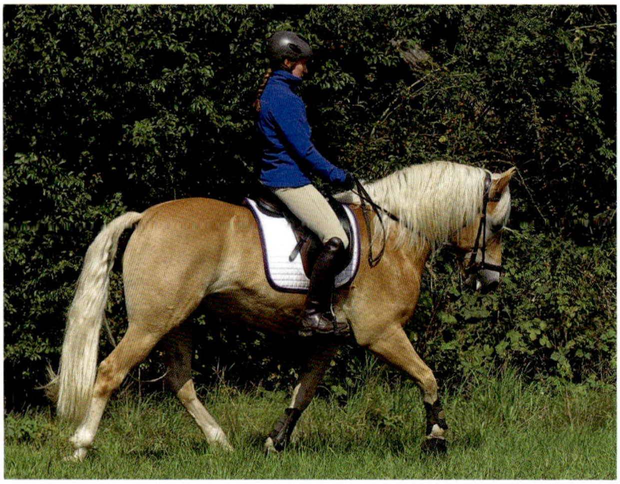

Haflinger

Deutsche Reitponys

In Deutschland gibt es mit Ausnahme weniger regionaler Zuchten wie der **Lewitzer Schecken** keine ursprünglichen Ponyrassen. Die Ponyzucht in Deutschland hat daher eine vergleichsweise kürzere Tradition als in Großbritannien. Mitte der 60er-Jahre wurden hierzulande aus der Mischung verschiedener Rassen die ersten **Deutschen Reitponys** gezüchtet, die in ihrem Typ sportlichen Reitpferden für Erwachsene entsprechen.

Deutsches Reitpony

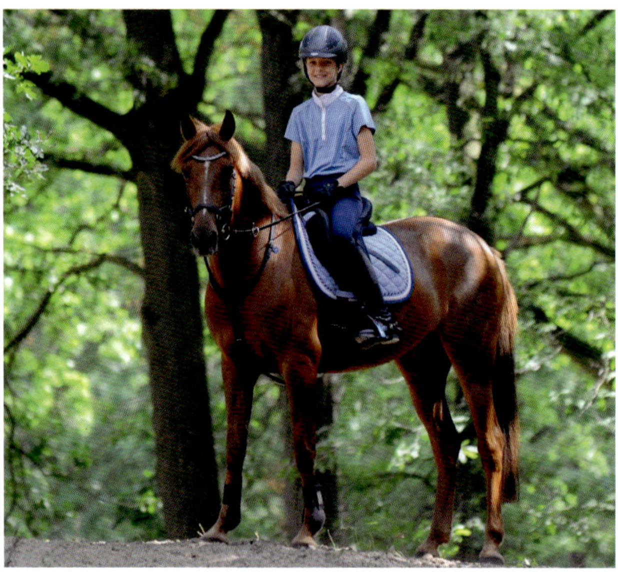

Da diese Ponys oft ein großes sportliches Talent verbunden mit gutem Charakter und Temperament mitbringen, sind sie nicht nur als Reitsportpartner für Kinder und Jugendliche, sondern zunehmend auch für Erwachsene beliebt.

Britische Ponyrassen

Die meisten Ponyrassen gibt es in Großbritannien. Die nur etwas über 1 m großen **Shetlandponys** (ursprünglich von den Shetland-Inseln im Norden Schottlands) zählen zu den weltweit beliebtesten kleinen Pferden. Bekannte englische Ponyrassen sind die **Dartmoor-** und **Exmoor-Ponys** sowie die unterschiedlichen **Welsh-Rassen.** Durch die Einkreuzung arabischer und englischer Vollblüter entstanden moderne Reitponys in unterschiedlichen Größen, ausgesprochen hübsche und sportliche kleine Reitpferde für Kinder. Die irischen **Connemara**-Ponys in der typischen Schimmel- oder Falbenfarbe, die oft über das Turnier-Ponymaß hinausgehen, gelten als besonders leistungsfähig und springbegabt.

Keine eigene Rasse, aber ein beliebter Pferdetyp sind die **Cobs** – kleine, untersetzte, starke Pferde. Auch in Deutschland anerkannt sind die Rassen **Welsh Cob** oder die gescheckten irischen **Tinker.**

Robustpferde

Robustpferde sind kein Rassenbegriff, sondern eine gemeinsame Kennzeichnung für Rassen, die ihre ursprüngliche **Anpassung an harte klimatische Bedingungen** und spezielle Bodenformationen behalten haben.

Dazu gehören die ursprünglich aus Tirol stammenden **Haflinger**, ausschließlich Füchse mit hellem Langhaar. Sie sind wegen ihres freundlichen und ausgeglichenen Charakters weltweit beliebt. In der modernen Haflingerzucht wurde die typische Gebirgsrasse zunehmend in Richtung eines vielseitigen kleinen Sportpferdes weiterentwickelt.

Norwegische Fjordpferde wurden nach dem Zweiten Weltkrieg als genügsame, umgängliche Arbeitspferde in Deutschland heimisch. Es sind ausnahmslos Falben in unterschiedlichen Schattierungen mit einem prägnanten schwarzen **Aalstrich** in der Mitte des Rückens. Er sorgt für die typische dreifarbige Mähne. Seit Pferde in der Landwirtschaft ausgedient haben, haben die Norweger viele Liebhaber im Freizeitsport gefunden. Da in der Zucht die Bereitschaft, schwere Lasten zu ziehen, ein besonderes Auswahlkriterium war, werden Fjordpferde auch heute noch besonders gern im Fahrsport eingesetzt.

Dülmener Wildpferde

Wild lebende Pferde sind in Deutschland ausgestorben. Die einzige Rasse, die noch typische Wildpferdemerkmale zeigt, sind die **Dülmener Wildpferde**. Sie werden in einem abgegrenzten 350 Hektar großen Reservat in der Nähe von Münster im Merfelder Bruch gehalten. Die weitestgehend sich selbst überlassene Herde kann Besuchern einen einmaligen Einblick in das ursprüngliche Pferdeverhalten bieten. Damit die Herde nicht größer wird, als es ihr begrenzter Lebensraum erlaubt, werden an jedem letzten Samstag im Mai die Jährlingshengste aus der Herde gefangen und verkauft. Aus manchem ursprünglichen Wildpferd ist auf diese Weise ein zuverlässiges Kinderpony geworden.

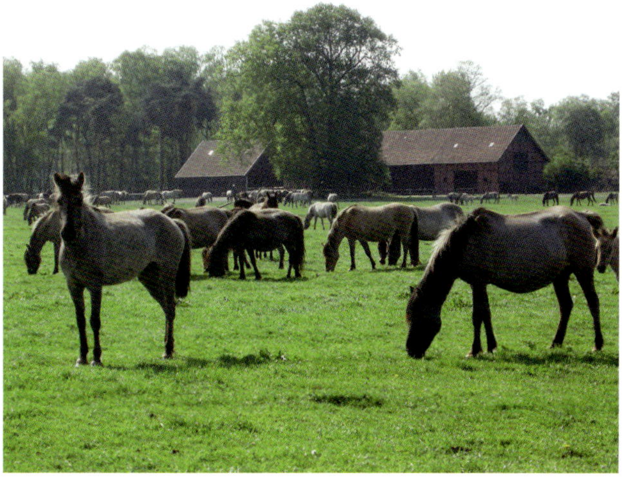

Dülmener Wildpferde

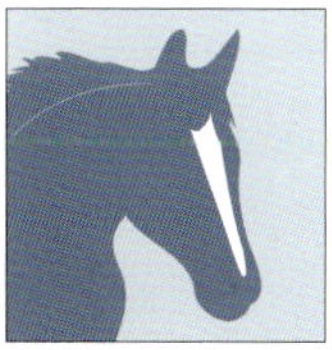

Im Überblick:

Pferderassen

- **Deutsche Reitpferde aus verschiedenen Zuchtgebieten:** zum Beispiel Hannoveraner, Westfalen, Holsteiner, Oldenburger, Trakehner
- **Arabische Rassen:** zum Beispiel Arabische Vollblüter, Shagya Araber, Anglo- Araber
- **Rennpferde:** Englische Vollblüter, Traber
- **Kaltblüter:** zum Beispiel Süddeutsche Kaltblüter, Schwarzwälder Kaltblüter
- **Ponys und Kleinpferde:** zum Beispiel Shetland-Ponys, Welsh-Ponys, Fjordpferde, Haflinger, Deutsche Reitponys
- **Gangpferde:** zum Beispiel Islandpferde, Paso-Finos
- **Westernrassen:** zum Beispiel Quarter Horses, Appaloosas, Paint Horses
- **Spezialrassen:** zum Beispiel Friesenpferde, Lipizzaner, Andalusier

Zur Vorbereitung auf die Prüfung

Diese Themen werden an praktischen Beispielen vor Ort geprüft.

Der Körperbau der Pferde ähnelt dem eines Menschen im Vierfüßlerstand – aber es gibt auch deutliche Unterschiede.

- Wie heißen die wichtigsten Körperteile des Pferdes?
- Wo liegen Ellenbogen und Knie (am Pferd zeigen)?
- Wie verläuft die Wirbelsäule des Pferdes (am Pferd zeigen)?
- Wie heißen die großen Gelenke an den Vorder- und Hinterbeinen (am Pferd zeigen)?

Die Lunge eines Pferdes kann ein Vielfaches von der Atemluft eines Menschen aufnehmen.

- Welche Anforderungen an die Pferdehaltung ergeben sich daraus?

Pferde verfügen über leistungsfähige Sinnesorgane.

- Was leisten die Augen?
- Was leisten die Ohren?
- Was leistet die Haut?
- Was leistet der Gleichgewichtssinn?

§§

Pferde verfügen über eine Reihe von Tast- und Schutzhaaren am Kopf.

- Welche Haare sind damit gemeint (am Pferd zeigen)?
- Warum darf man diese Haare nicht abrasieren?

Kein Pferd ist wie das andere. An einer Reihe von Faktoren kann man sie sicher unterscheiden.

- Welche Farben können bei Pferden vorkommen, und wie unterscheiden sich die Farben genau?
- An welchen unveränderlichen Kennzeichen kann man ein Pferd erkennen (Beispiele)?

Es gibt rund 250 Pferderassen auf der Welt.

- Wie kann man die Rassen grundsätzlich einteilen?
- Welche Rassen gehören zu den Kaltblütern/Warmblütern/Vollblütern?
- Was versteht man unter Spezialrassen?
- Welche bekannten Zuchtverbände gibt es in Deutschland (Beispiele)?
- Welche Ponyrassen gibt es (Beispiele)?

Notizen

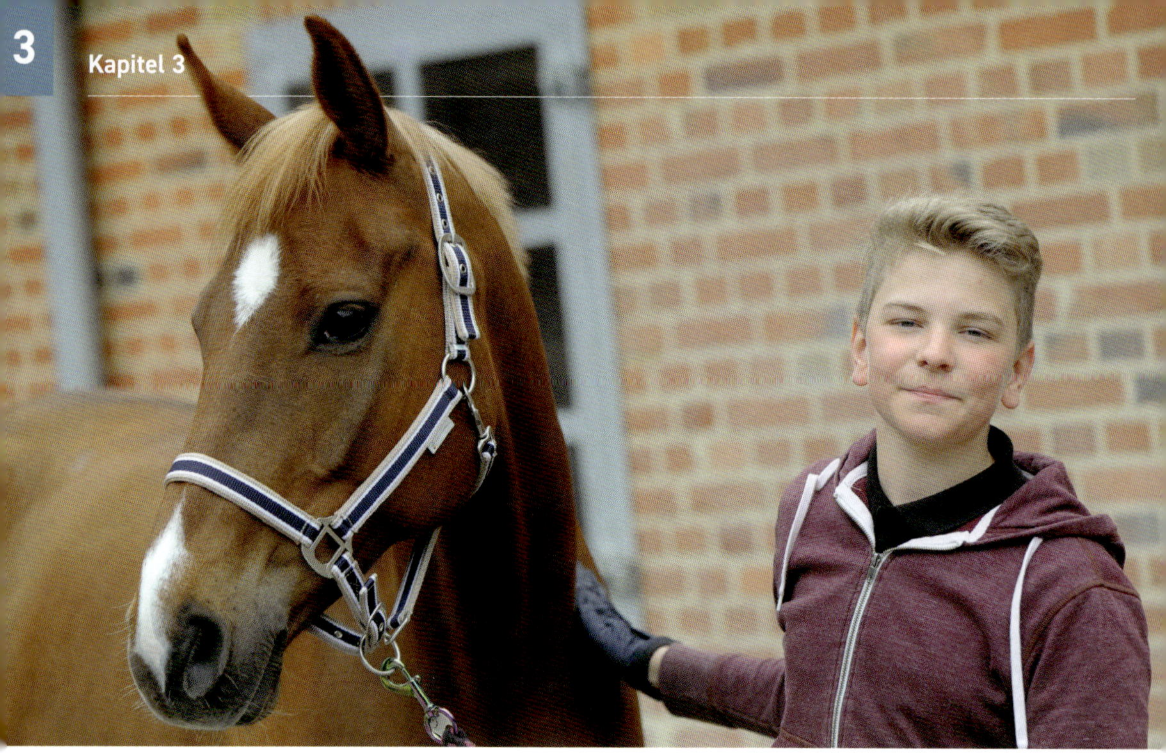

Pferde in der Obhut des Menschen brauchen regelmäßige Pflege.

3 Pferdepflege

Pferde, die in der Obhut des Menschen leben, brauchen neben sicherer Unterbringung, Wasser und Futter eine fachgerechte Pflege. Regelmäßige Pferdepflege ist die Basis für einen vertrauensvollen, sicheren Kontakt zwischen Pferd und Mensch.

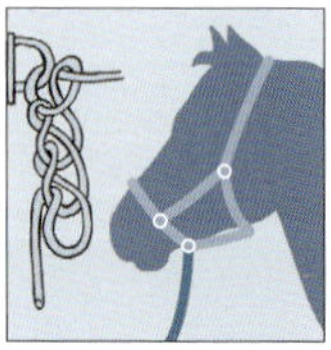

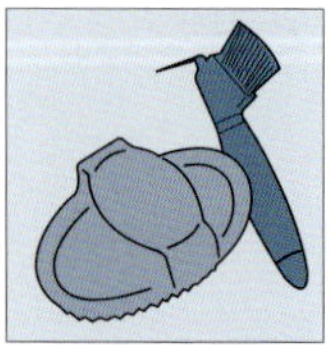

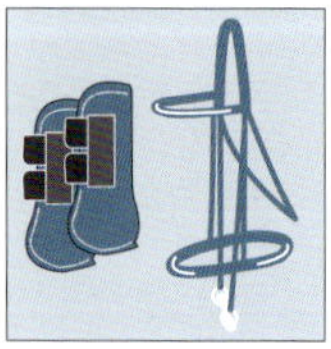

Gute Gründe für das Putzen

Weidepferde, die nicht geritten werden, kommen ohne Fellpflege von Menschenhand aus. Dagegen brauchen Pferde, die in Ställen gehalten werden, **regelmäßige Pflege**. Alle vierbeinigen Partner, die in einer Sparte des Pferdesports eingesetzt werden sollen, müssen **vor der Arbeit** – also vor dem Auflegen von Sattelzeug oder anderem Zubehör – geputzt werden.

Das Putzen dient in erster Linie der Gesundheit des Pferdes. Dort, wo Sattel und Trense oder andere Ausrüstungsteile mit dem Fell in Berührung kommen, wird äußerlicher Schmutz entfernt und verklebte Stellen im Fell werden glatt gebürstet. Ästhetische Gesichtspunkte (staubfreies, strahlendes Fell) sind dabei zweitrangig. Berührungen mit Striegel und Bürste stellen zudem eine Art durchblutungsfördernder **Massage** dar. Für den Reiter kann die Pferdepflege einen Beitrag zum nötigen Aufwärmen vor dem Aufsitzen leisten. Nicht zuletzt bietet Putzen auch die beste Möglichkeit, einen persönlichen **Kontakt** zum Pferd herzustellen. Außerdem lassen sich bei der täglichen Pferdepflege der **Gesundheitszustand** und das Verhalten eines Pferdes am besten beobachten, mögliche Auffälligkeiten erkennen und **Krankheitsanzeichen** an Haut, Binde- und Sehnengewebe (Verletzungen, Schwellungen, Hautveränderungen) frühzeitig feststellen (weitere Krankheitsanzeichen siehe Seite 101).

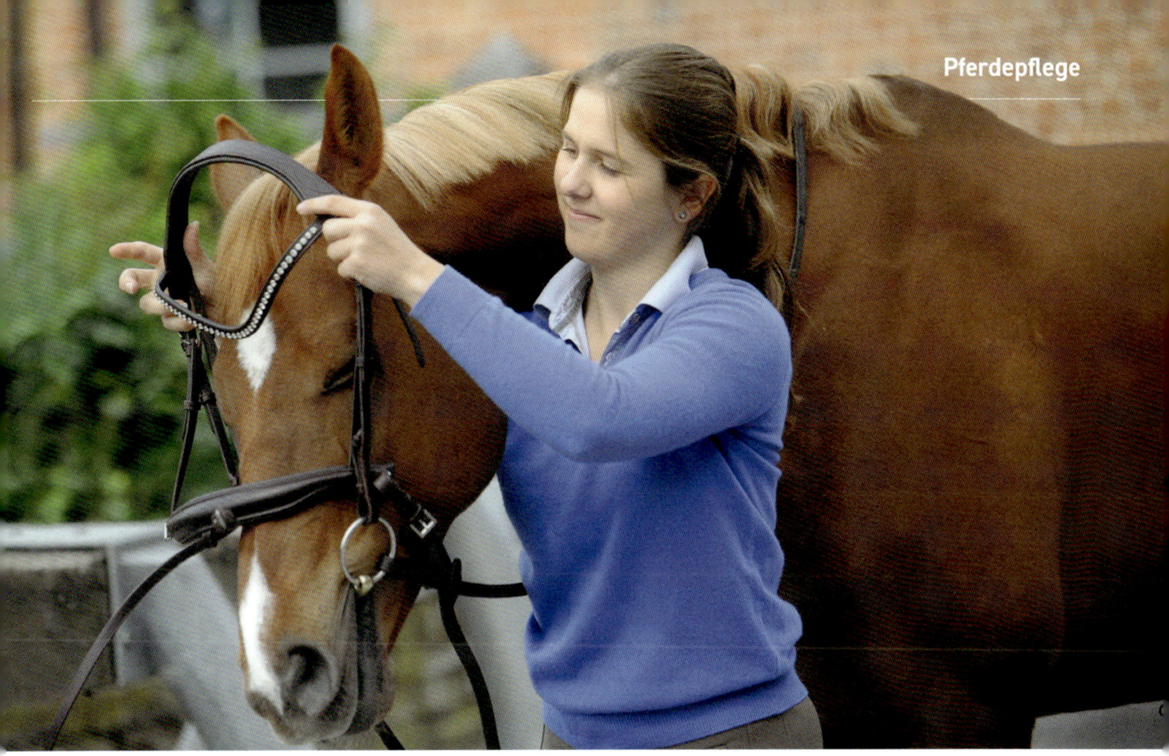

Die Pferdepflege ist ein sehr wichtiger Aspekt für den Umgang mit dem Pferd. Sie reicht weit über das Putzen des Pferdes hinaus und ist die Grundlage für ein gegenseitiges Vertrauensverhältnis. Alle Pflegemaßnahmen sollten für das Pferd möglichst angenehm gestaltet werden.

Auch wenn Pflegemaßnahmen zur täglichen Routine im Umgang mit dem Pferd gehören, sollte man stets einen **sicheren Standort dicht am Pferd** wählen. Hier ist die Verletzungsgefahr durch unvorhergesehene Reaktionen des Pferdes geringer als bei einem Abstand von einem ½ bis 1 m.

Zur Sicherheit

- Wer mit einem Pferd umgeht, muss die fachgerechten Handgriffe beherrschen und die entsprechenden Hinweise zur Sicherheit beherzigen. Nur so können mögliche Unfälle weitestgehend vermieden werden.

Im Überblick:

Die Grundlagen der Pferdepflege

- Regelmäßige Pflege stellt sicher, dass Pferde die **Annäherung von Menschen** kennen und mit positiver Erwartungshaltung verbinden.
- Pferde lernen die typischen Abläufe der Pflege bereits im **Fohlenalter** kennen, zum Beispiel das Anbinden und das Hochheben der Hufe.
- Nur wenn Pferde sich anbinden und angstfrei anfassen lassen, kann ein Mensch ihnen die nötige **Fürsorge** zuteilwerden lassen.
- Regelmäßige Pflege stellt sicher, dass Pferde Menschen mit völliger Selbstverständlichkeit in ihrer direkten **Nähe** dulden.
- Pferdepflege gibt einen Einblick in den **individuellen Charakter** und das typische Verhalten jedes einzelnen Pferdes.
- Pferdepflege erlaubt die tägliche, gründliche **Überprüfung des Gesundheitszustandes** und schafft die Voraussetzung für die nötige Gesundheitsfürsorge.
- Gewöhnung an Pferdepflege sichert das **Vertrauen** zwischen Mensch und Pferd.
- Nur auf dieser Grundlage können weitergehende **Lernschritte** in der Ausbildung des Pferdes, wie das Anlegen von Ausrüstung, erfolgen.

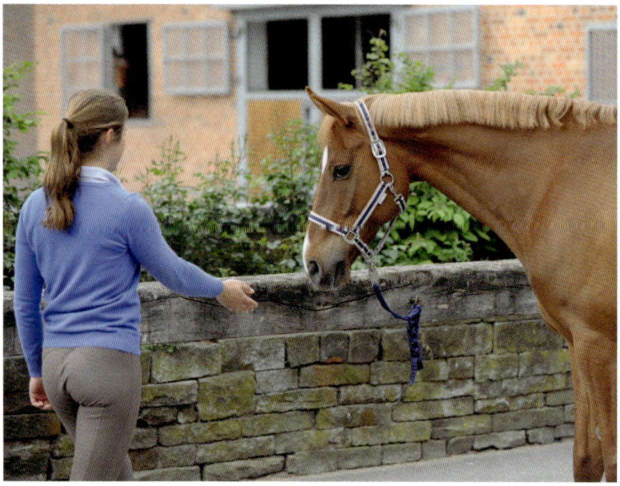

Annäherung an ein Pferd: am besten schräg von vorn

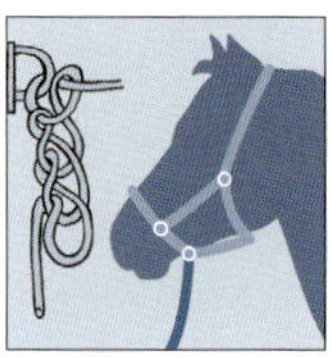

3.1 Annäherung, Führen und Anbinden

Pferde beobachten ihre Umgebung aufmerksam und registrieren in der Regel jeden Menschen in ihrem Sicht- und Hörbereich. Trotzdem sollte man bei jeder Annäherung - sei es in der Box, in der Stallgasse, im Auslauf oder auf der Koppel - das Pferd zunächst mit **ruhiger Stimme** ansprechen und seine Reaktion abwarten.

Annäherung schräg von vorn

Im Blickwinkel eines Pferdes sollten Annäherungen immer behutsam, ruhig, aber zielgerichtet sein - Hektik, aber auch deutliche Unsicherheit verunsichern auch das Pferd.

Die beste Richtung, aus der man sich einem Pferd **annähert**, ist **schräg von vorn**. Das hat seinen Grund im Sichtbereich des Pferdeauges (siehe Seite 7 f.). Eine frontale Annäherung würde in einem toten Winkel des Sichtbereiches enden; der Mensch würde somit für das Pferd zu einem potenziellen Sicherheitsrisiko werden. Nähert man sich dagegen seitlich von vorn, so kann das Pferd den Menschen immer sehen - zumindest mit einem Auge. Ein leichtes Drehen des Kopfes erlaubt es dem Pferd dann auch, den Ankömmling mit beiden Augen zugleich **scharf wahrzunehmen.**

Blickkontakt, gespitzte Ohren und ruhiges Abwarten oder sogar Zukommen auf den Menschen signalisieren: Das Pferd steht dem Umgang mit dem Menschen positiv gegenüber. Anlegen der Ohren, Wegdrehen oder Weggehen des Pferdes sind negative Reaktionen, die als Warnsignal aufgefasst werden müssen. In einem solchen Fall sollte die Ursache für dieses Verhalten geklärt werden, bevor man eine Strategie zur Abhilfe planen kann.

Eine leicht ausgestreckte Hand mit geöffneter Handfläche bietet dem Pferd die Möglichkeit für einen ersten **Schnupperkontakt**. Leichtes Streicheln am Nasenrücken und Klopfen am Hals signalisieren dem Pferd einen vertrauenswürdigen Partner. Eine freundliche Stimme und ruhige, deutliche Bewegungen unterstreichen diesen Eindruck.

Zur Sicherheit

- Niemals darf man sich direkt von hinten an ein Pferd annähern. In diesem Bereich liegt der größte tote Winkel im Gesichtsfeld des Pferdes. Daher kann es auf unerwartete Annäherungen aus dieser Richtung mit einem Abwehrreflex (Ausschlagen) reagieren.

Von links

Wer auf der **linken Seite** eines Pferdes steht, kann die (in den meisten Fällen dominante) rechte Hand besser zum Führen oder Anlegen der Ausrüstung benutzen. Daher werden alle Tätigkeiten im Umgang (Aufhalftern, Führen, Pflege) zunächst von der linken Pferdeseite aus begonnen. Der bevorzugte, sicherste Ausgangspunkt für alle Arbeiten am Pferd ist die Stellung **neben der linken Pferdeschulter**. Da das

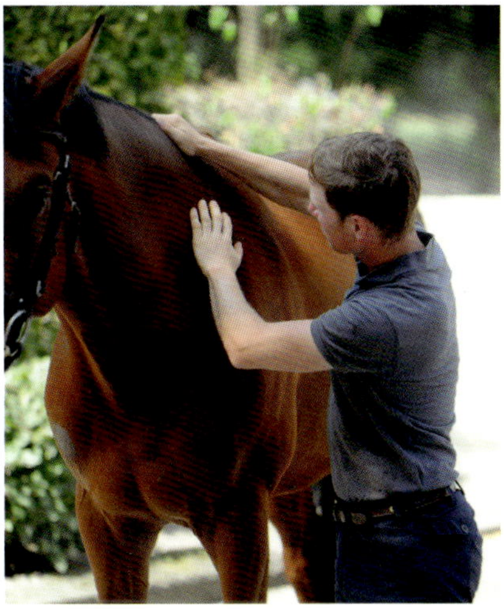

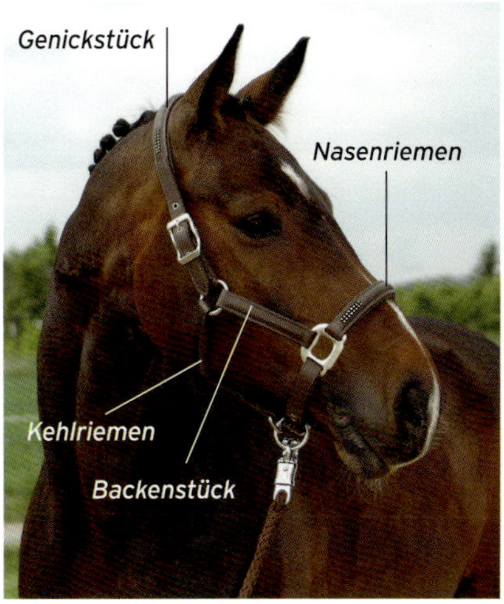

links: Dicht neben der Pferdeschulter – der sichere Ausgangspunkt für alle Arbeiten am Pferd

Pferd die Vorderbeine nicht seitlich nach außen bewegen kann, ist dieser Standort besonders sicher: außerhalb der Reichweite von Vorder- und Hinterbeinen und des Pferdekopfes.

Der Umgang **von rechts** sollte aber auch geübt werden; für die sichere Handhabung eines Pferdes ist es zum Beispiel wichtig, dass es sich auch von rechts gehorsam führen lässt (siehe Seite 125).

Halfter anlegen

Die Ausgangsposition für das Anlegen eines Halfters ist der **Standort links neben dem Pferdehals** leicht vor der Schulter, während die rechte Hand unter dem Hals hindurchgreift und auf dem Nasenrücken liegen bleibt. Dann kann das Halfter von der linken in die rechte Hand übergeben und nach oben über den Pferdekopf gestreift werden.

Alternativ gibt es Halfter, die nicht am Kehlriemen, sondern am Genickstück geschlossen werden; dazu zählen auch Knotenhalfter. (Das Anlegen und Schließen des Knotenhalfters wird auf Seite 126 beschrieben.)

links: Die rechte Hand umfasst die Nase des Pferdes, das Halfter wird links gehalten.

Mitte: Senkt das Pferd den Kopf, wird das Halfter mit beiden Händen über die Ohren geschoben.

unten: Die Öffnung des Karabinerhakens zeigt zum Betrachter, die abgerundete Seite zum Pferd.

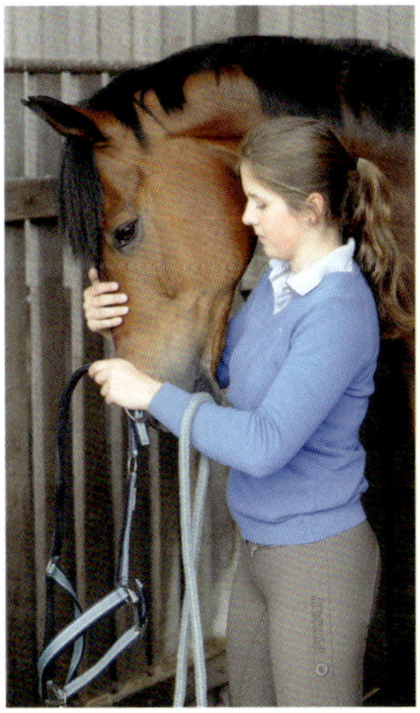

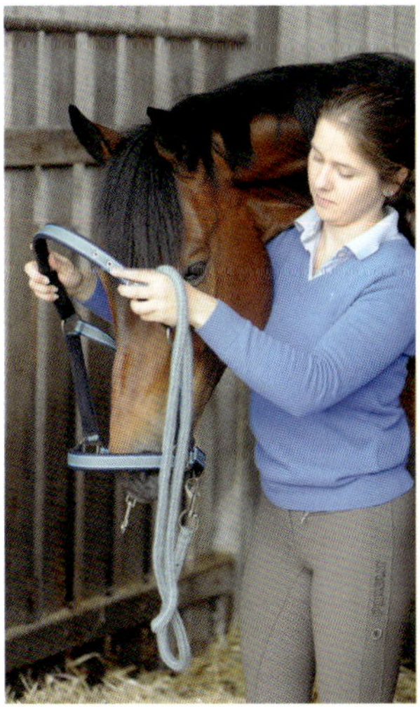

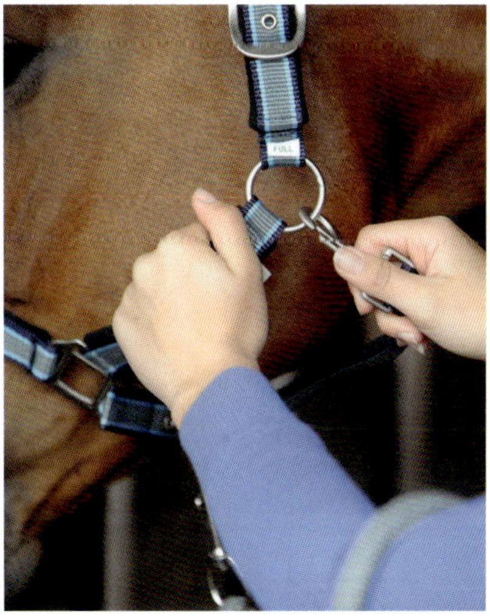

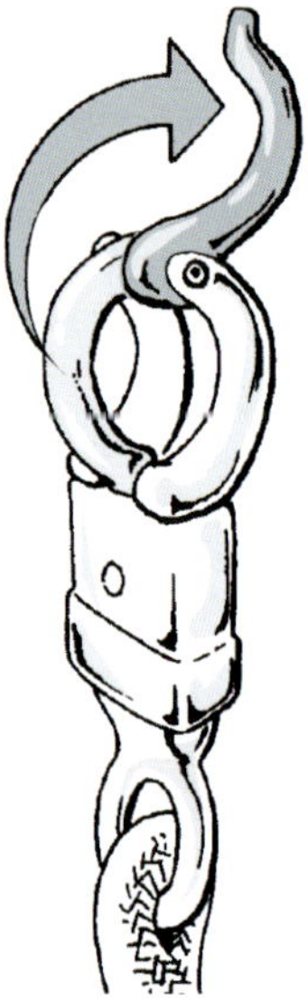

Panikhaken

Der Anbindestrick

Ein Strick zum Führen des Pferdes wird in den mittleren unteren Ring am Halfter eingehakt. Soll das Pferd zum Putzplatz geführt und dort angebunden werden, empfiehlt sich die Verwendung eines Anbindestricks mit einem Haken, der sich auch unter Zugbelastung öffnen lässt (**Panikhaken**). Erschrickt das angebundene Pferd und zieht mit Kraft rückwärts am Strick, kann man den Haken trotzdem sofort lösen und dem Pferd den Druck und damit die Angst nehmen, die es in einer solchen Situation als Fluchttier empfindet.
Aber Vorsicht, durch das Öffnen des Panikhakens kann das Pferd sich anschließend frei bewegen und eventuell weglaufen. Deshalb ist das Anbinden in einem eingezäunten Bereich sicherer. Ein Pferd in Panik sprengt jede Anbindevorrichtung; aber auch nur bei dem Versuch, sich loszureißen, kann es sich schwer verletzen. (Zum Unterschied zwischen Anbindestrick und Führstrick siehe Seiten 124, 128.)

Führen aus der und in die Box

Beim **Führen aus der Box** (und entsprechend durch jede Tür, die kein Nebeneinandergehen von Mensch und Pferd erlaubt) geht der **Führende vor**. Die Boxentür wird so weit wie möglich geöffnet; an nicht weit genug geöffneten Türen können Pferde hängen bleiben. Außerdem können schmale Durchgänge Platzangst auslösen (siehe Seite 18 f.) und das Pferd zum Herausstürmen ohne Rücksicht auf den Führenden veranlassen.
Diese Regel gilt in besonderem Maße auch beim umgekehrten **Entlassen** in die Box. Manche Pferde drängeln hier bereits in der Stallgasse heftig – etwa in Erwartung von Futter. In der Box wird das Pferd erst **in Richtung Tür umgedreht**, bevor ihm das Halfter abgenommen wird (siehe Entlassen auf die Weide Seite 146f.). Dabei soll das Pferd ruhig stehenbleiben und nicht schon zum Futter drängen.

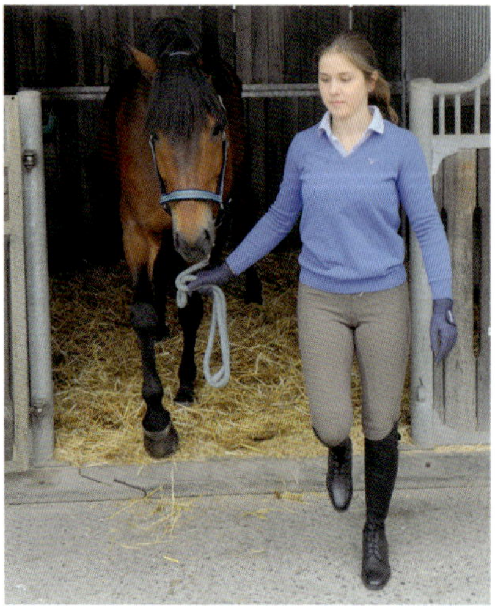

Die Boxentür ist so weit wie möglich geöffnet und der Führende geht vor.

Auf dem Weg zum Putzplatz

Ein gut erzogenes Pferd geht am Strick gehorsam neben dem Menschen her. Das ist allerdings keine Selbstverständlichkeit, sondern das Ergebnis einer guten Erziehung. **Sicheres Führen** mit verschiedenen Aufgabenstellungen ist ein wichtiger Teil der Ausbildung des Pferdes (siehe Kapitel 7).

Zur Sicherheit

- Ein Pferd sollte stets mithilfe eines Stricks geführt werden. Beim Führen ohne Strick (mit direktem Griff ins Halfter) kann eine einzige ruckartige Kopfbewegung dem Pferd ausreichen, um sich loszureißen. Dabei kann auch der Führende unglücklich verletzt werden.

Begegnung mit anderen Pferden

Pferde reagieren auch beim Führen deutlich auf andere Pferde. Deswegen muss bei jeder Begegnung ein deutlicher **Sicherheitsabstand** zwischen

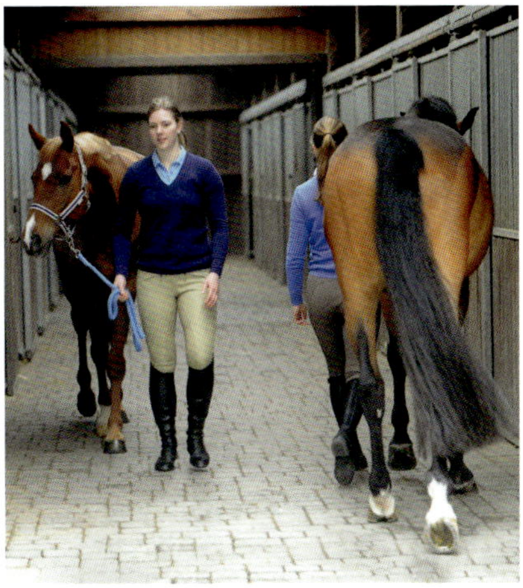

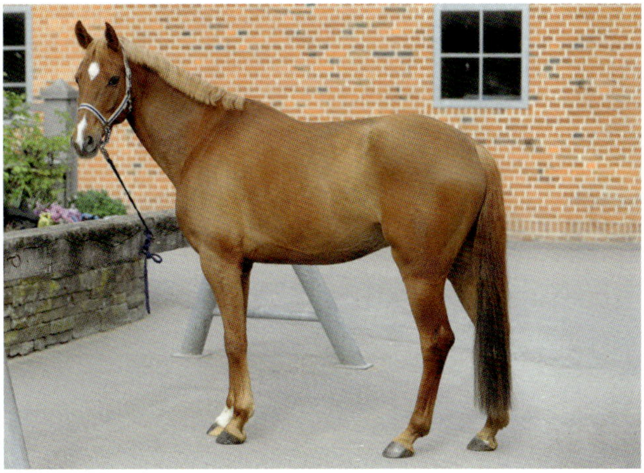

links: Nur verträgliche Pferde dürfen auf der Stallgasse aneinander vorbeigeführt werden.

rechts: Ein Putzplatz mit befestigtem Untergrund und einer Anbindevorrichtung in Brusthöhe

Pferden eingehalten und es sollte kein Schnupperkontakt erlaubt werden. Abwehrreaktion wie das Ausschlagen mit den Vorderbeinen sind auch für den Führenden gefährlich.

Besonders in der räumlichen Enge der **Stallgasse** kann der nötige Sicherheitsabstand für jedes Pferd kaum zufriedenstellend gewährleistet werden. Beim zu dichten Begegnen versuchen ranghohe Pferde unter Umständen, durch kleine Übergriffe auf den Konkurrenten, ihre Vormachtstellung zu demonstrieren. Rangniedere Pferde haben keinen Spielraum um auszuweichen. Daher sollten Pferde nur in einer breiten Stallgasse aneinander vorbeigeführt werden – und auch nur dann, wenn sie sich kennen oder sicher verträglich sind.

Soll ein angebundenes Pferd einen Artgenossen **passieren lassen**, muss es so weit wie möglich zur Seite treten. Sofern es an beiden Seiten angebunden ist, muss dafür eine Seite der Anbindevorrichtung gelöst werden. Durch die eigene Körperstellung kann man die Position des Pferdes sichern.

Am Putzplatz

Wenn möglich, sollte die Pferdepflege außerhalb der Box stattfinden und das Pferd sollte angebunden werden. Ein spezieller Putzplatz eignet sich dafür besser als die Stallgasse. Hier angebundene Pferde stören alle anderen Abläufe im Stall.

Ein gesonderter Putzplatz muss über einen befestigten Untergrund und stabile Anbindevorrichtungen verfügen. Zum Anbinden direkt von vorn eignet sich ein **Anbindebalken** in Brusthöhe am besten. Pferde stehen aufgrund der Eingrenzung ihres Sichtbereiches nicht gern angebunden vor einer Wand.

In der Stallgasse, am Putzplatz oder in der Waschbox ist auch das gleichzeitige Anbinden von rechts und links üblich. An die starke Einschränkung ihrer Kopfbewegungen müssen Pferde allerdings erst gewöhnt werden. Fest installierte **Anbindevorrichtungen von beiden Seiten** (siehe Foto Seite 77) sollten bevorzugt hoch befestigt werden, sodass dem Pferd noch genügend Bewegungsspielraum bleibt.

Anbinden

Pferde sollten immer mit einem **Sicherheitsknoten** angebunden werden, der sich mit einer Hand blitzschnell lösen lässt. Scheut ein angebundenes Pferd, ist es am besten, das Pferd loszubinden und ihm einen Sicherheits-

> **Im Überblick:**
> ## Sicheres Anbinden
>
> - Anbindevorrichtung in **Brusthöhe** wählen, bei beiderseitigem Anbinden unbedingt höher.
> - **Korrekte Länge** des Anbindestricks beachten (60 - 80 cm).
> - Niemals an **beweglichen Teilen** (Tür, Fensterladen) anbinden.
> - An **seitliche** Anbindevorrichtungen behutsam gewöhnen.
> - Nur mit **Sicherheitsknoten** und korrektem Anbindestrick anbinden.
> - Nicht am **Knotenhalfer** anbinden.
> - Nicht an der **Trense** anbinden.
> - **Sicherheitsabstand** zu anderen angebundenen Pferden wahren.
> - **Bewegliche Gegenstände** aus der Reichweite von Pferdekopf und Hufen entfernen.
> - Im **Zweifelsfall** das Pferd losbinden.

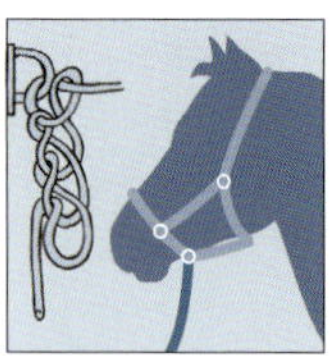

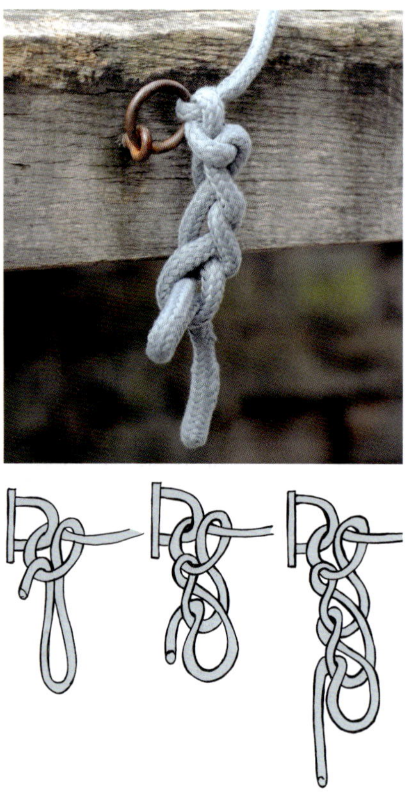

Dieser Anbindeknoten lässt sich durch Zug am frei hängenden Ende blitzschnell öffnen.

abstand zur drohenden Gefahr zu ermöglichen.

Pferde dürfen **nicht am Knotenhalfter** angebunden werden. Die Knoten sind auf empfindlichen Nervenaustritts-Punkten am Pferdekopf positioniert und können dem Pferd bei einem plötzlichen Wegziehen des Kopfes erhebliche Schmerzen zufügen. Diese Warnung gilt in noch höherem Maß für das Anbinden an der Trense – der unerwartete Druck durch das Gebiss kann Panik auslösen und das Pferd am Maul verletzen.

Die Länge des **Anbindestrickes** sollte etwa 60 bis 80 cm betragen. Fehlerhaftes Anbinden kann zu Unfällen führen! Ist das Pferd **zu tief** oder **zu lang** angebunden, kann es sich mit einem Vorderbein im Strick verfangen oder mit dem Genick unter den Strick geraten; ist es **zu hoch** oder **zu kurz** angebunden, hat es beim plötzlichen Erschrecken nicht genügend Bewegungsfreiheit.

Zur Sicherheit

- Pferde werden grundsätzlich **nicht an einem beweglichen Teil** (einer Tür, einem Fensterladen, Schiebegitter oder Ähnlichem) angebunden. Zieht das Pferd am Strick, bewegt sich das Teil plötzlich auf das Pferd zu und kann heftiges Erschrecken bis hin zu Panik auslösen.

Auch beim Anbinden gilt die Forderung nach dem Einhalten eines **Sicherheitsabstandes** zu anderen Pferden. Nur befreundete Pferde dürfen dabei in gegenseitiger Reichweite bleiben.

Bei der Pferdepflege muss jedes bewegliche Teil aus der Reichweite von Pferdekopf und -hufen entfernt werden. Das gilt ausnahmslos für alle Putzutensilien, Ausrüstungsgegenstände und Werkzeuge wie Besen, Mistgabeln und Mistboys.

3.2 Regelmäßige Fellpflege

Pferde sind saubere Tiere - sie legen sich nicht freiwillig in ihren Kot. In freier Natur entwickeln sie ihre eigenen Methoden zur Fellpflege. Die wichtigste Maßnahme dafür ist das Wälzen.

Natürliche Fellpflege

Pferde **wälzen** sich regelmäßig; sie verfolgen dabei je nach Jahreszeit und Untergrund verschiedene Ziele. Sie versuchen je nach Gelegenheit die schützende Talg-Staub-Schicht im Fell zu erneuern, verklebte Stellen zu glätten oder nasse Stellen zu trocknen. Gegen Insektenplage legen sie sich eine getrocknete Schlammkruste zu.

Wo Pferden keine andere Möglichkeit geboten wird, wälzen sie sich in der Box. Aus hygienischen Gründen und um die Gefahr des Festliegens zu vermeiden, ist es besser, Pferden regelmäßig Gelegenheit zum Wälzen im Auslauf, auf der Weide oder in der Reithalle zu bieten. Im Interesse der Sicherheit aller Benutzer der Reithalle sollten Pferde sich nur dann wälzen dürfen, wenn gleichzeitig keine anderen Reiter in der Halle sind. Die Spuren des Wälzens und vorangegangenen Scharrens auf dem Boden müssen natürlich beseitigt werden.

Möglicher Juckreiz wird durch ausgiebiges **Scheuern** gestillt. Scheuern kann aber auch ein Anzeichen für Insektenstiche (Kriebelmücken), Parasiten- oder Wurmbefall sein.

Weniger der Pflege des Fells als vielmehr der Bestätigung von freundschaftlichem Kontakt dient die sogenannte **soziale Fellpflege**, gegenseitiges Beknabbern vorzugweise am Hals und am Widerrist (siehe Foto Seite 10).

Fellwechsel

Zweimal jährlich wechseln alle Pferde ihr Fell. Kürzer beziehungsweise länger werdende **Tageslichtdauer** signalisiert ihnen - in Verbindung mit der **Außentemperatur** - untrüglich den bevorstehenden Wechsel der Jahreszeiten. Im Herbst wächst den Pferden ein langes Deckhaar und dichtes, flaumiges Unterhaar; das kurze Sommer-Deckhaar wird abgestoßen. Wie dicht und lang das Winterfell ausgebildet wird, hängt von der Rasse des Pferdes und von den Außentemperaturen ab. Im Frühjahr ist der Fellwechsel noch offensichtlicher. Es kann wochenlang dauern, bis das lange Winterhaar dem kurzen Sommerhaar weicht.

Während des Fellwechsels im Frühjahr ist die Fellpflege oft eine besondere Herausforderung.

Freundschaftsdienst

Putzen bietet die beste Möglichkeit, sich mit einem Pferd anzufreunden. Beim Putzen befindet sich der Mensch beständig innerhalb der **kritischen Distanz** des Pferdes, also in dem Bereich, in dem es sich gegen einen möglichen Angriff zur Wehr setzen würde (siehe Seite 18). Daher ist die Pferdepflege auch eine Art Probe für das **Vertrauensverhältnis** zwischen Pferd und Mensch.

Putzzeug

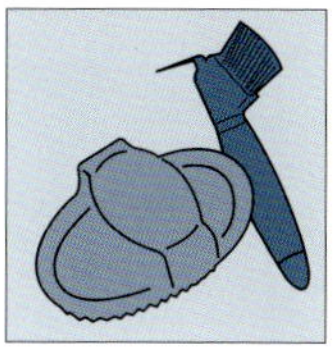

Die Reitsportindustrie bietet eine Fülle von Utensilien für die Pferdepflege an. Da Putzzeug oft im Einsatz ist, macht es sich bezahlt, bei der Auswahl auf Funktionalität, Qualität des Materials und gute Verarbeitung zu achten.

Zur sinnvollen Ausstattung einer **Putzkiste** gehören: **Striegel** (bevorzugt Plastikstriegel) und **Kardätsche**, weiche kleine **Kopfbürste**, **Mähnenbürste** (lange Borsten), **Wurzelbürste** (kurze Borsten), **Mähnenkamm**, **Hufkratzer**, weicher **Lappen**, Handtuch

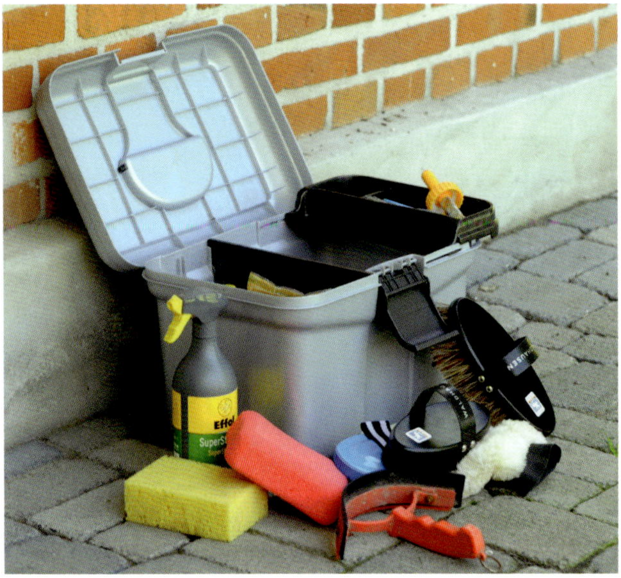

Eine gut ausgestattete Putzkiste

(Zubehör für die Pflege mit Wasser siehe Seite 56 f.).

Alles Putzzeug sollte mehrmals im Jahr gewaschen und desinfiziert werden, Lappen, Schwämme und Handtücher mindestens monatlich.

Bei der **täglichen Fellpflege** werden Fremdkörper aus dem Fell entfernt, die Haare entwirrt und geglättet sowie mögliche verklebte Stellen und angetrocknete Schmutz- und Schweißränder beseitigt. Auf jeden Fall muss das Fell an den Stellen, an denen Sattel, Trense und anderes Zubehör aufgelegt werden, glatt und sauber sein. Andernfalls können schnell Druck- und Scheuerstellen oder Hautekzeme entstehen.

Allgemein verbindliche **Regeln für das Putzen** kann es schon deshalb nicht geben, weil das Pferdefell je nach Rasse, Jahreszeit, Haltungsform und Beanspruchung eines Pferdes große Unterschiede zeigt. Viele Ponyrassen verfügen zum Beispiel über ein dichteres, raueres Fell; Vollblüter über ein feineres Haarkleid. Pferde in Auslaufhaltung beanspruchen ihr Fell mehr als Pferde in Boxenhaltung.

Zur Sicherheit

➤ Grundsätzlich sollte man, soweit möglich, bei jeder Form des Umgangs den Kopf des Pferdes mit seiner gesamten Mimik (siehe Seiten 8 f., 11) im Auge behalten. Bei allen Arbeiten dicht am Pferd dürfen die eigenen Füße nie direkt vor oder hinter die Pferdehufe gesetzt werden. Seitlich ist ein Abstand von mindestens einer Hufbreite empfehlenswert. Im Bereich von Mittel- und Hinterhand muss man im Sommer mit plötzlicher Insektenabwehr rechnen: gezieltes Schweifschlagen oder sogar Treten unter den Bauch.

Die Reihenfolge

Grundsätzlich sollte das Putzen immer in der gleichen Reihenfolge erfolgen. Ausgangspunkt ist die sichere Stellung neben der Pferdeschulter. Generell sollte der Mensch **dicht am Pferd** bleiben – hier ist die Verletzungsgefahr durch unvorhergesehene Reaktionen des Pferdes geringer als bei einem Abstand von einem ½ bis 1 m.

Geputzt wird **in Fellrichtung von vorne nach hinten.** Wer den Pferdekörper dabei gedanklich in drei Abschnitte teilt (Vorhand mit Kopf, Hals, Brust und Vorderbeinen; Mittelhand mit Widerrist, Rücken, Bauch, Nierenpartie und Flanken; Hinterhand mit Kruppe und Hinterbeinen) vergisst nicht so leicht einen zu putzenden Bereich.

Die **Berührungsempfindlichkeit** ist von Pferd zu Pferd sehr unterschiedlich. Alle Pferde sind allerdings in bestimmten Bereichen des Körpers empfindlich (überall da, wo Knochen direkt unter der Haut liegen) oder kitzlig (Bauch, Flanken, Innenseiten der Hinterbeine). Daher sollte das Putzen mit scharfkantigen oder harten Gegenständen vermieden werden. Im Handel werden eine Fülle von Putzutensilien angeboten, mit denen die Pferdepflege gleichzeitig schonend und effektiv vonstattengehen kann.

Arbeitsgänge beim Putzen

Besonderes Augenmerk beim Putzen verdienen alle Körperstellen, auf denen Sattel und Trense oder anderes Zubehör aufliegen. Wenn viele Fremdkörper (Einstreu, Sand) im Pferdefell hängen, kann es sinnvoll sein, das Pferd als erstes mit einer nicht zu harten **Wurzelbürste** abzubürsten. Das Gleiche gilt für das Säubern von langem Winterfell oder für das Putzen von robust gehaltenen Pferden.

Zur fachgerechten Pferdepflege werden **beide Hände eingesetzt.** Auf der linken Pferdeseite putzt man bis zur Flanke mit der linken Hand; auf Höhe der Flanke wird die entsprechende Bürste in die rechte Hand übergeben, um möglichst dicht am Pferd zu bleiben und nicht hinter das Pferd treten zu müssen. Auf der rechten Seite beginnt man entsprechend mit der Bürste in der rechten Hand und übergibt sie dann auf Höhe der Flanke in die linke Hand.

Das traditionelle Putzwerkzeug besteht aus einem **Striegel** - meist aus Plastik oder Gummi - und einer weichen Bürste mit Handschlaufe, der **Kardätsche.** Mit dem Striegel wird das gesamte Fell in **kreisförmigen Bewegungen** aufgeraut. Fremdkörper und Staub werden auf diese Weise an die Oberfläche geholt. Dabei ist Rücksicht auf alle empfindlichen Stellen des Pferdes geboten. Unbemuskelte Körperteile des Pferdes, wie Beine und Kopf, werden überhaupt nicht mit dem Striegel bearbeitet. Zum Abbürsten der Beine eignet sich eine Wurzelbürste am besten.

Im nächsten Schritt erfolgt das **Glätten in Fellrichtung** mit der Kardätsche. Nach jedem Strich, also einer

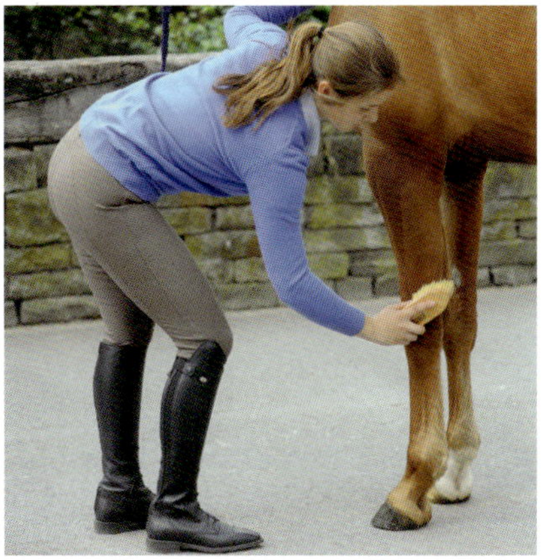

Zum Abbürsten der Beine eignet sich eine Wurzelbürste am besten.

langen, streichenden Bewegung am Pferdekörper entlang, wird die Kardätsche am Striegel abgestreift, und zwar immer vom eigenen Körper weg. Andernfalls fliegen Staub und Schmutz unweigerlich ins eigene Gesicht. Wenn

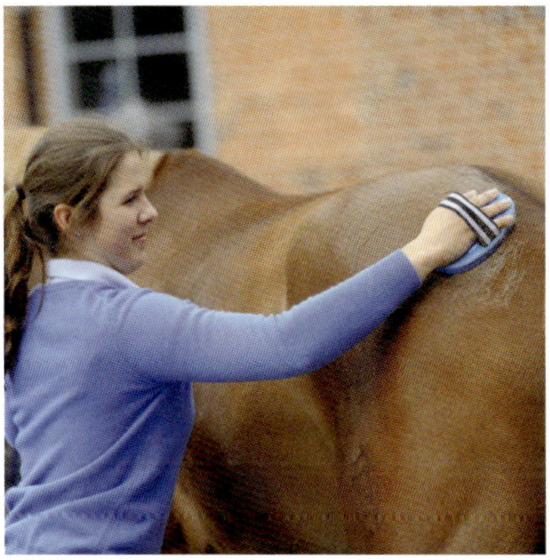

Kreisförmig aufrauen mit dem Striegel

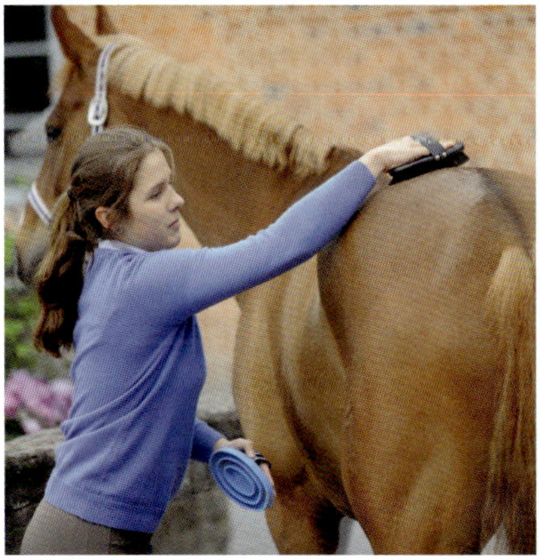

In Fellrichtung glatt bürsten mit der Kardätsche

Dicht neben dem Hinterbein ist der sicherste Standort für das Verlesen des Schweifes.

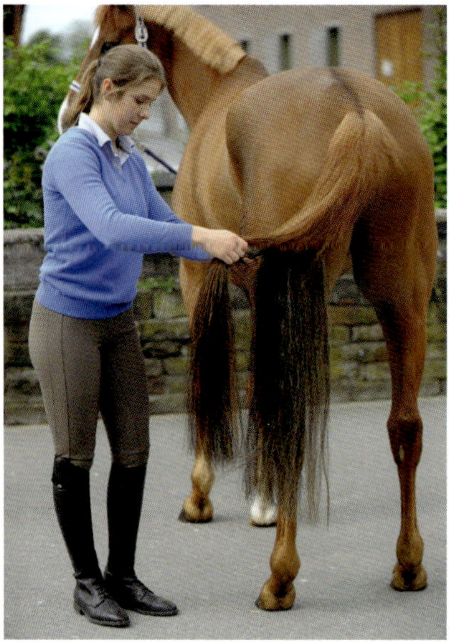

sich genügend Staub und Schmutz im Striegel gesammelt hat, wird er in einiger Entfernung vom Pferd am Boden ausgeklopft. Mit einem weichen Lappen kann eventuell noch vorhandener Staub entfernt werden.

Der **Pferdekopf** wird separat und besonders vorsichtig geputzt. Dazu öffnet man das Halfter, es sollte aber aus Sicherheitsgründen nicht komplett abgenommen werden. Es gibt auch spezielle Bürsten für den Kopf, die kleiner und weicher sind als normale Kardätschen; ein weicher Lappen eignet sich ebenso gut.

Langhaarpflege

Mähne und **Schweif** eines Pferdes erfordern spezielle Pflegemaßnahmen. Das Langhaar schützt ein Pferd vor Witterungseinflüssen und Insekten. Bei der Pflege sollten keine Haare verloren gehen; es dauert rund sieben Jahre, bis ein ausgerissenes Schweifhaar in voller Läge nachgewachsen ist. Am schonendsten und sichersten gelingt die Schweifpflege mit den Händen. Beim sogenannten **Verlesen** werden die Schweifhaare Strähne für Strähne vom Ansatz bis in die Spitzen entwirrt.

Die **Mähne** wird mit einer weichen Bürste vom Mähnenkamm aus auf eine Seite gebürstet. Mit einem der im Handel angebotenen Kämme oder Mähnenbürsten sollte man die Mähne nur bearbeiten, wenn dadurch nicht unbeabsichtigt Haare ausgerissen werden. Die Verwendung von speziellem Schweif- und Mähnenspray kann die Langhaarpflege erleichtern.

Wechseln auf die andere Pferdeseite

Wer beim Putzen von der einen auf die andere Pferdeseite wechseln will, geht

links: Seitenwechsel dicht hinter dem Pferd – eine Hand auf der Kruppe

rechts: Seitenwechsel dicht vor dem Pferd – eine Hand auf der Pferdebrust

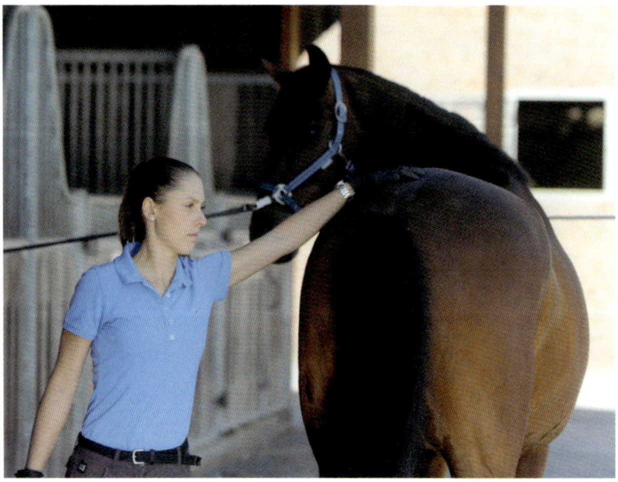

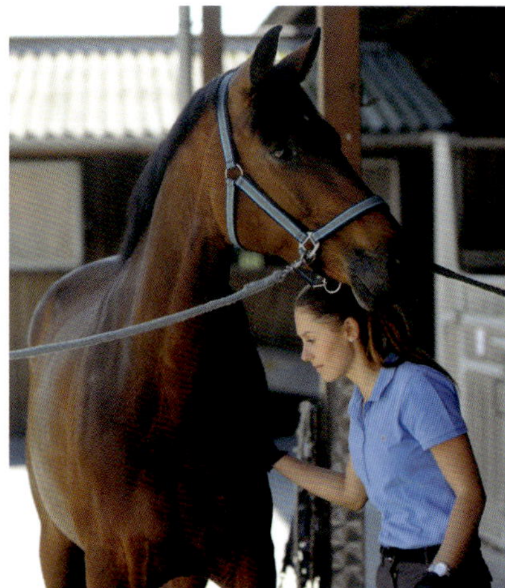

am sichersten **mit genügend Abstand** um das Pferd herum. Ist das nicht möglich, kann man auch unter dem Pferdehals auf die andere Seite wechseln. Erhöhte Aufmerksamkeit ist immer geboten, wenn man beim Putzen hinten um das Pferd herumgehen will. Das sollte man bei unbekannten, fremden Pferden niemals tun. Plötzliche Bewegungen in diesem Bereich können instinktive Abwehrreaktionen (Ausschlagen) zur Folge haben. Ansprechen und Körperkontakt (eine Hand verbleibt auf der Kruppe des Pferdes) können ein solches Verhalten des Pferdes weitestgehend verhindern.

Probleme beim Putzen

Die meisten Pferde lassen sich gern putzen. Es gibt allerdings auch Ausnahmen: Pferde, die bei der täglichen Pflege regelmäßig eine Diskussion um die **Rangordnung** zwischen Mensch und Pferd anzetteln. Anzeichen dafür sind angelegte Ohren; drohend angehobene Hinterbeine; Hin- und Hertänzeln; In-die-Luft-Beißen und Schnappen nach dem Menschen; der Versuch, den Putzenden an die Wand zu drücken und gezieltes Ausschlagen.

Der Umgang mit solchen Pferden erfordert **Erfahrung, Selbstsicherheit** und ein hohes **Sicherheitsbewusstsein.** Als Übungsobjekte für Kinder und Jugendliche oder Pferde-unerfahrene Personen eignen sie sich auf gar keinen Fall. Menschliche Angst wird von Pferden sehr genau wahrgenommen (siehe Seite 11) und erschwert die Problematik. Der Umgang mit Pferden, die beim Putzen ein problematisches Verhalten zeigen, muss Fachleuten vorbehalten bleiben.

Im Überblick:

Putzen

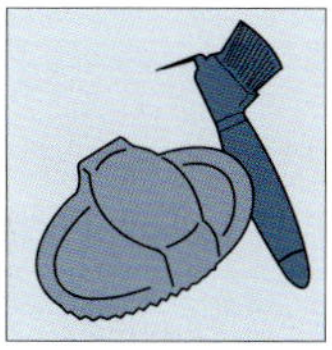

- Putzen dient der **Säuberung** des Fells, der **Hautdurchblutung**, dem **Kontakt** zwischen Pferd und Pfleger und der **Gesundheitskontrolle**.
- Die **Technik** und die **Ziele** des Putzens unterscheiden sich je nach der unterschiedlichen Ausprägung des Fells. Unterschiede ergeben sich je nach Rasse, Jahreszeit, Haltungsform und Beanspruchung eines Pferdes.
- Pferde in Auslaufhaltung und Pferde mit langem Winterhaar brauchen nicht staubfrei geputzt zu werden.
- Geputzt wird zunächst von links, von vorne nach hinten und immer in der gleichen **Reihenfolge.**
- Eine **Wurzelbürste** dient dazu, das Pferdefell von Fremdkörpern und oberflächlichem Schmutz zu befreien.
- Mit dem **Striegel** wird das Fell aufgeraut und Staub an die Oberfläche geholt.
- Mit der weichen Bürste (**Kardätsche**) wird der Staub entfernt und die Oberfläche des Fells glatt geputzt.
- Der **Pferdekopf** wird nur mit einer weichen Bürste bearbeitet.
- Bei der Pflege von **Mähne und Schweif** sollten keine Haare ausgerissen werden.

Der Vorderhuf wird zum Aufheben von innen umfasst und leicht angehoben.

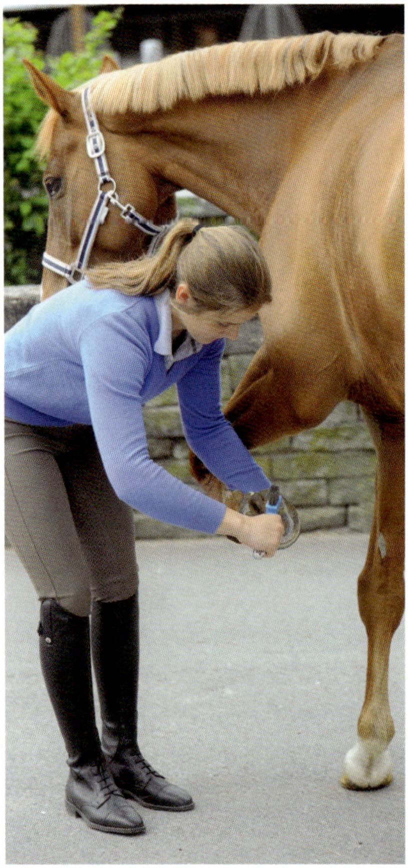

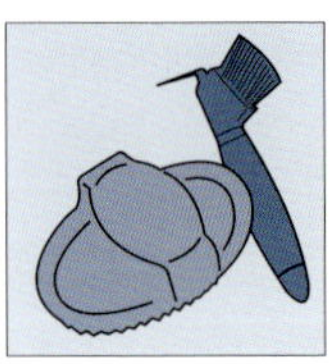

3.3 Hufpflege

Regelmäßige Hufpflege und, abhängig von der Witterung, der Einsatz von Wasser gehören zu den Routinemaßnahmen bei der Pferdepflege. Genauso wichtig wie die Pflege **vor** ist die Pflege **nach der Arbeit mit dem Pferd.** Die Hufe müssen ausgekratzt, gesäubert und auf eventuelle Verletzungen, eingeklemmte Fremdkörper oder Mängel am Beschlag (z.B. lockere Eisen) kontrolliert werden.

Aufheben der Hufe

Das Geben, also Aufheben der Hufe, lernt ein Pferd am besten bereits im Fohlenalter. Für ein **Fluchttier** ist es eine ungewohnte und zunächst **unangenehme Situation**, sich auf drei Beinen auszubalancieren und im Zweifelsfall nicht flüchten zu können. Aber auch ein gut erzogenes Pferd kann bei einer Schreckreaktion den gerade angehobenen Huf instinktiv wegziehen. Selbst wenn das **Auskratzen** der Hufe zur täglichen wiederholten Routine gehört, ist dabei stets erhöhte Aufmerksamkeit und Vorsicht gefordert.

Zur Sicherheit trägt es bei, wenn das Hochheben der Hufe immer in der gleichen Reihenfolge **von vorne nach hinten** geschieht, beginnend auf der **linken Seite.** Viele Pferde gewöhnen sich an diesen Ablauf und geben die Hufe mehr oder weniger selbstständig. Der Reiter oder Pfleger braucht dabei selbst einen **sicheren Stand** mit dem Rücken zum Pferdekopf und zumindest leicht gebeugten Knien, die Füße bis zu hüftbreit auseinandergestellt. Das jeweilige Pferdebein wird mit der dem Pferd zugewandten Hand von innen etwas oberhalb des Fesselkopfes umfasst und leicht angehoben.

Die meisten Pferde geben die **Vorderhufe** willig und problemlos. Schwieriger kann das Aufheben der **Hinterhufe** sein, insbesondere wenn das Pferd dabei längere Zeit stillstehen soll. Zieht ein Pferd den Huf plötzlich weg, kann der Mensch sein Gleichgewicht verlieren.

Zur **Pflege der Hinterhufe** oder der Bearbeitung der Innenfläche des Hufes, zieht man den Huf vorsichtig nach hinten und legt ihn auf dem eigenen **Oberschenkel** ab. Dies erfordert einige Übung.

Zum Säubern der Hufe wird der **Hufkratzer** vom Hufballen in Richtung Zehe geführt. Dabei sollen festgetretener Dreck und eventuell vorhandene Fremdkörper entfernt, aber die Strahlfurchen nicht vertieft werden. Die Hufe sollten nach dem Anheben nicht einfach wieder losgelassen, son-

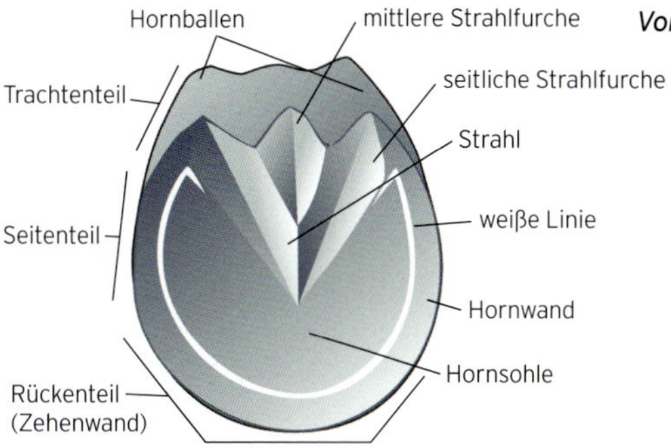

Vorderhuf von unten

Vorderhuf von der Seite

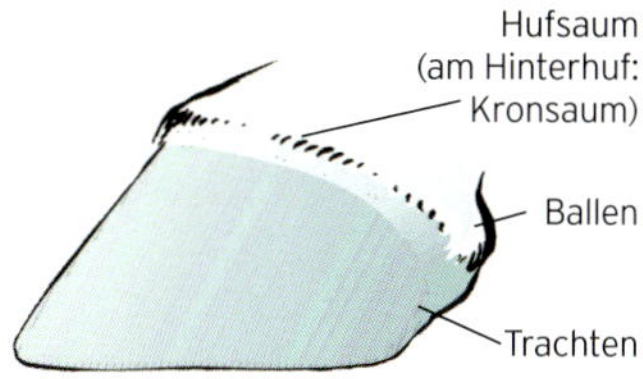

dern kontrolliert und sanft auf den Boden aufgesetzt werden.

Das fachgerechte, möglichst sichere Aufheben der Hinterhufe beim Schmied wird durch Vorgaben der zuständigen Berufsgenossenschaft geregelt. Wer als Pferdehalter ein Pferd beim Schmied aufhält, sollte sich entsprechend einweisen lassen.

Zur Sicherheit

- Die korrekte Ausgangsposition zum Aufheben der Hufe ist eine Stellung mit dem Rücken zum Pferdekopf. Der eigene Kopf darf niemals dicht über dem Huf gehalten werden, um bei schnellen, unerwarteten Bewegungen – zum Beispiel dem Treten nach einer Fliege – Verletzungen zu vermeiden.

Hufpflege

Bei Pferden in Stallhaltung muss besonderer Wert auf die **tägliche Hufpflege** gelegt werden.

Die wichtigste Pflegemaßnahme ist es, die Hufe regelmäßig vor und nach der Arbeit mit einem nicht zu spitzen Hufkratzer zu säubern, und zwar vom Hufballen aus in Richtung Hufzehe. Die Glasurschicht an der Oberfläche des Hufes und der Kronenrand dürfen dabei nicht durch den Einsatz scharfer Bürsten oder Scheuermittel zerstört beziehungsweise verletzt werden.

Hufe können **Wasser speichern** und erhalten sich auf diese Weise ihre Elastizität. Daher sollten sie regelmäßig mit Wasser in Kontakt kommen. Ideal ist hierzu der Weidegang auf der noch taufrischen Wiese. Um die Feuchtigkeit zu konservieren, kann aber auch im Anschluss an das Waschen der Hufe spezielles Huffett oder Huföl aufgetragen werden. Die Wirkung dieser Pflegemaßnahme darf nicht überschätzt werden; Fett dringt nicht in das Hufhorn ein.

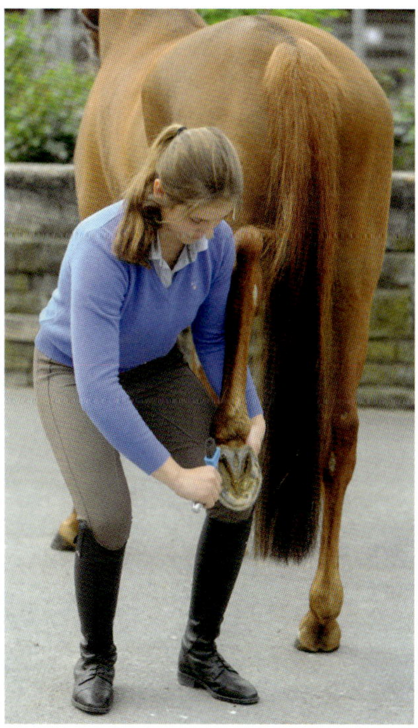

Zum Auskratzen wird der Hinterhuf auf dem eigenen Oberschenkel abgelegt.

Das hilft erhitzten Sehnen: Abkühlen mit nicht zu starkem Wasserstrahl

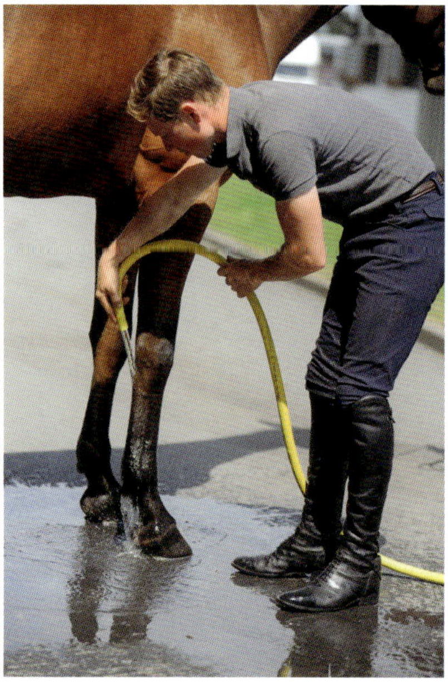

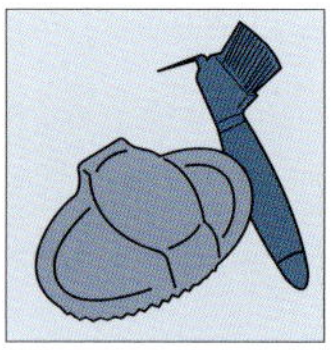

3.4 Weitere Pflegemaßnahmen

Wasser kann einen wichtigen Beitrag zur Pferdepflege leisten. Es hilft nicht nur beim Säubern von verschwitzten Stellen im Fell, sondern kann auch beanspruchte Partien im Pferdekörper kühlen. Augenwinkel, Nüstern, Maulwinkel einerseits und After sowie die Unterseite des Schweifs andererseits müssen täglich feucht abgewischt werden.

Abspritzen

Sofern es die Außentemperaturen erlauben, können Hufe und Beine mit einem nicht zu harten **Wasserstrahl** abgespritzt werden. Das Abspritzen beginnt beim Huf und wird langsam aufwärts fortgeführt. Nach einer größeren Anstrengung sollte mit Rücksicht auf den empfindlichen Kreislauf des Pferdes mit dem Abspritzen an den Hinterbeinen – also weiter entfernt vom Herzen – begonnen werden. Überall da, wo Sattel und Trense aufliegen, **schwitzen** Pferde besonders, außerdem an Hals und Brust, in den Flanken und zwischen den Hinterbeinen. Bei warmer Witterung lassen sich diese verschwitzten Stellen am besten mit einem feuchten, in **lauwarmes Wasser** getauchten Schwamm säubern. Sauberes Fell trocknet sehr viel schneller.

Wenn das Pferd wieder trocken ist, sollte es noch einmal übergeputzt werden. Verklebte Stellen behindern die Luftzirkulation im Fell und damit zugleich die Hautatmung und den natürlichen Temperaturausgleich der Pferde.

Augenwinkel, **Nüstern** und **Maulwinkel** sowie die Stellen, an denen die Trense aufliegt, werden mit einem Schwamm oder Tuch abgewischt. Die

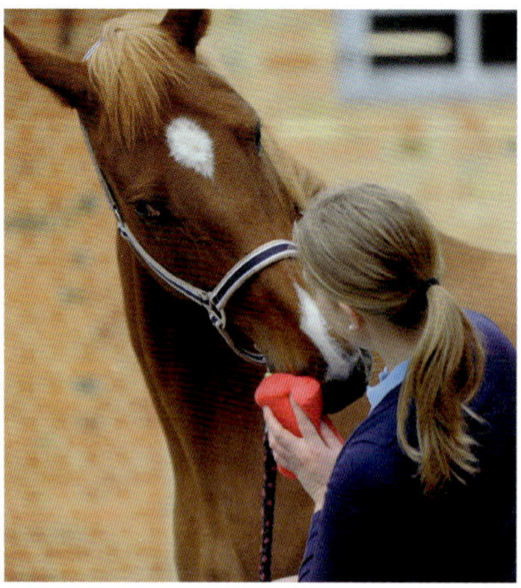

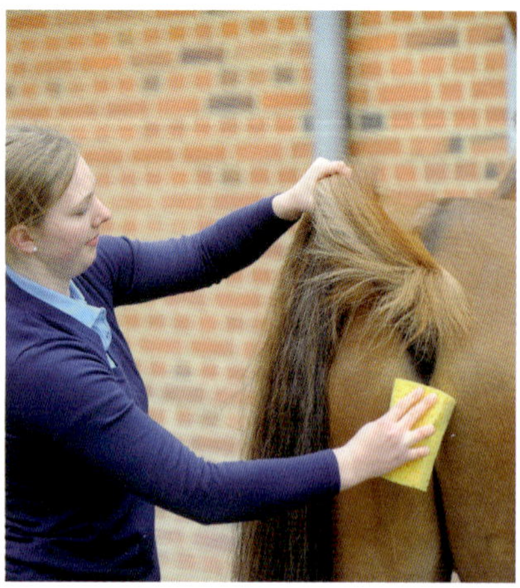

links: Abwischen der Nüstern – hier wurde das Pferd sicherheitshalber losgebunden.

rechts: Abwischen des Afters – eine Hand hält den Schweif hoch.

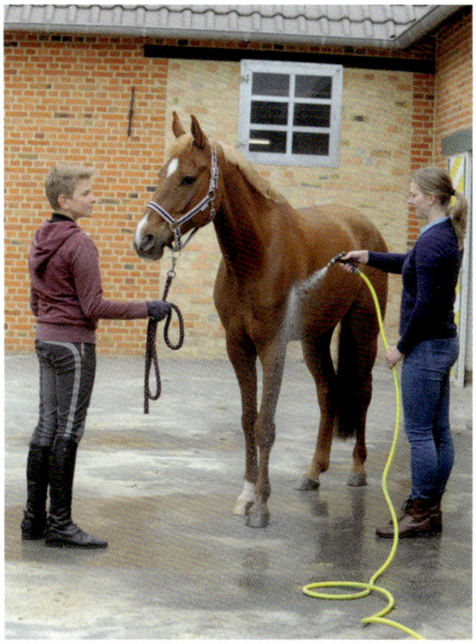

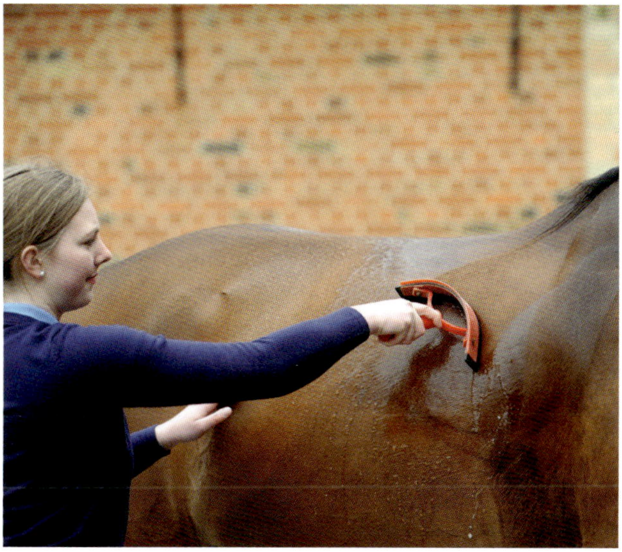

links: Abspritzen – von hinten nach vorne, von unten nach oben vorgehen.

rechts: Nach dem Abziehen mit dem Schweißmesser trocknet ein nasses Pferd schneller.

Unterseite der **Schweifrübe**, der **After** und **Schweißstellen** zwischen den Hinterbeinen werden mit einem weiteren Schwamm gereinigt.

Große Wäsche

Nach besonderen Anstrengungen bei großer Hitze können Pferde auch **am ganzen Körper** abgewaschen werden. Für eine gründliche Reinigung, auch für Mähne und Schweif, eignet sich ein mildes, möglichst rückfettendes Shampoo. Wie weit Pferde dabei auch am Körper das Abspritzen mit dem Wasserschlauch zulassen, muss vorsichtig ausprobiert werden.

Vorsicht ist auf jeden Fall beim Abspritzen der empfindlichen **Nierenpartie** geboten; sie sollte möglichst **ausgespart** bleiben. Im Zweifelsfall ist es nicht nur sicherer, sondern auch angenehmer für das Pferd, auf einen Schwamm und einen Eimer mit **lauwarmem Wasser** zurückzugreifen. Ein nasses Pferd sollte umgehend mit einem **Schweißmesser** in Fellrichtung abgezogen und so die überschüssige Feuchtigkeit aus dem Fell gestreift werden.

Ein nasses Pferd sollte nicht gleich in den Stall gebracht, sondern an frischer Luft **geführt werden**, bis es wieder **trocken** ist. Nach dem Abtrocknen bleibt noch als letzte Pflegeaufgabe, möglicherweise verbliebene verklebte Stellen **glattzubürsten**.

Zur Sicherheit: Schutz vor Zugluft

- Bei kalter, zugiger Witterung sollte zurückhaltend mit Wasser umgegangen und dem Pferd eine Abschwitzdecke aufgelegt werden, um das Trocknen zu beschleunigen und es zugleich vor Zugluft zu schützen.

Im Überblick:

Pflege nach der Arbeit

- **Hufe auskratzen** und bei **Bedarf abspritzen.**
- **Kontrolle** aller Stellen, an denen Sattelzeug, Trense oder anderes Zubehör aufgelegen haben.
- Witterungsgerechter Einsatz von Wasser.
- Vorsichtiges Vorgehen beim Abspritzen! Manche Pferde haben Angst vor dem Wasserschlauch und Wasserstrahl.
- Nasse Pferde sollten vor Zugluft geschützt werden, gegebenenfalls durch eine **Abschwitzdecke**.
- Nach dem Trocknen sollte das Pferd noch einmal **übergeputzt** werden.

Naturbelassene Mähne

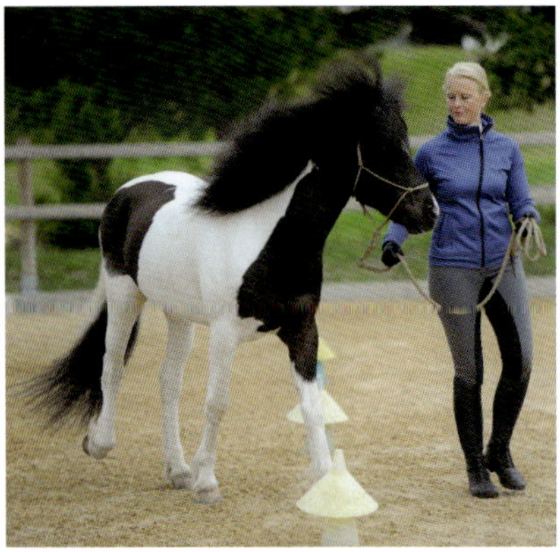

Frisierte Mähne

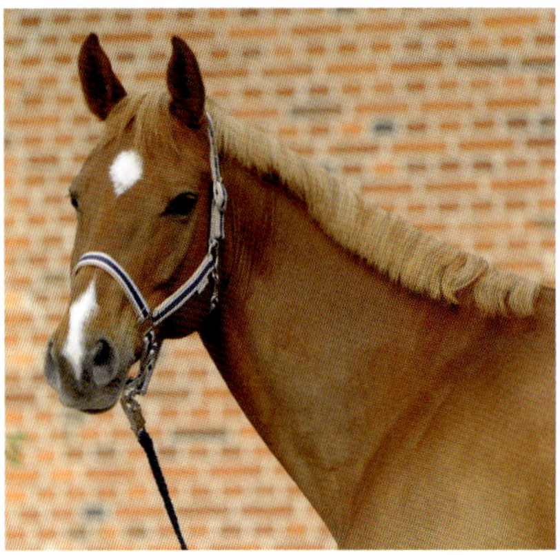

Frisieren

Für das Frisieren des **Langhaars** beim Pferd gibt es rassetypische Konventionen. Bei vielen Rassen gilt das lange Haar, insbesondere der **Mähnen**, als besonderes Schönheitsmerkmal und darf auf keinen Fall beschnitten werden. Auch der besonders üppige **Fesselbehang** mancher Rassen (z.B. aller Kaltblutrassen) sollte nicht entfernt werden.

Das Schönheitsideal **naturbelassener** Mähnen und Schweife gilt für viele Ponys und Robustrassen (Haflinger, Islandpferde oder Shetlandponys), aber auch für Kaltblüter, Arabische Vollblüter und Iberische Rassen.

Bei den meisten Warmblutpferden, insbesondere Turnierpferden, ist es üblich, die Langhaare zu **frisieren**. Mähnen werden zum Beispiel mit einem Frisiermesser oder mithilfe einer Schere bis auf eine Handbreit gekürzt. Eine frisierte Mähne sollte natürlich und nicht abgeschnitten wirken.

Für die Präsentation von Pferden bei Turnieren und Schauen ist es üblich, die Mähnen **einzuflechten** und nach rassetypischen Konventionen zu schmücken.

Zusätzlich können lang überstehende Haare am Fesselkopf beschnitten werden. Da diese Haare die Funktion haben die empfindlichen Fesselbeugen vor Nässe zu schützen, müssen die Fesselbeugen in diesen Fällen extra gepflegt und beispielsweise nach der Behandlung mit Wasser abgetrocknet werden.

§§

Frisieren und Tierschutz

Das Rasieren der Tasthaare an Maul und Nüstern sowie das Ausscheren der Ohren ist durch das Tierschutzgesetz verboten. Erlaubt ist nur das Kürzen überstehender Haarbüschel außerhalb der Ohrmuscheln.

Scheren

Die Ausprägung des **Winterfells** ist bei Pferden individuell unterschiedlich. Wird das Fell sehr lang, können bei intensiver Bewegung - etwa beim Training für den Leistungssport - Probleme auftreten. Die Pferde **schwitzen** sehr stark, trocknen erst nach Stunden wieder und kühlen dabei sehr stark ab. Unterkühlung birgt gesundheitliche Gefahren. In solchen Fällen bietet es sich an, Pferde ganz oder teilweise zu scheren. Je nach dem **Verwendungszweck** für das Pferd eignen sich **Scherfrisuren**, bei denen das lange Fell am Kopf, an den Beinen, in der Sattellage oder auch in der Nierenpartie und auf der Kruppe erhalten bleibt. Geschorene Pferde brauchen unbedingt einen zusätzlichen Kälteschutz und müssen witterungsgerecht **eingedeckt** werden.

Zur Sicherheit

➤ Beim Scheren ist besondere Vorsicht angebracht, da manche Pferde nervös reagieren können.

3.5 Anlegen einer Trense

Beim Reiten, Fahren oder Voltigieren gehört eine Trense – ein **Kopfstück**, in das ein **Gebiss** eingeschnallt wird – zur Standardausrüstung.
Im Rahmen ihrer **Grundausbildung** werden Pferde an ein Gebiss im Maul gewöhnt.
Unter schwierigen äußeren Bedingungen, zum Beispiel an einem unbekannten, aufregenden Ort wie im Straßenverkehr, auf dem Turnierplatz oder in der Tierklinik, lässt sich ein Pferd auf Trense sicherer unter Kontrolle halten. Die fachgerechten Handgriffe zum **Auf- und Abtrensen** gehören zu den Grundlagen im Umgang mit dem Pferd.

Die Trense

Die eigentliche Trense besteht nur aus einem **Genickstück** mit zwei seitlichen **Backenstücken**, die in die Ringe des **Gebisses** eingeschnallt werden. Ein **Stirnband** und ein sogenannter **Kehlriemen** sichern den Halt der Trense. In der Reitausbildung ist zusätzlich ein eingeschnalltes **Reithalfter** in unterschiedlichen Formen (siehe Abbildungen Seite 61) üblich und sinnvoll, weil das Reithalfter für eine ruhige Lage des Gebisses im Pferdemaul sorgt. Außerdem wird der durch das Annehmen der Zügel ausgeübte Druck auf die Kinnladen verringert und zum Teil auf den Nasenrücken übertragen.

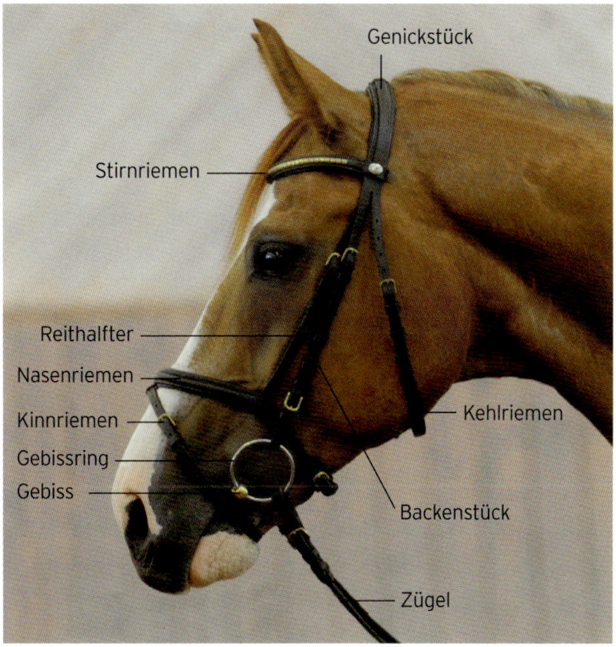

Trense mit Kombiniertem Reithalfter

Das setzt voraus, dass das Reithalfter weder zu eng noch zu weit verschnallt wird (siehe Abbildung Seite 60).
Die Trense muss in der **Größe** zum Pferd richtig ausgewählt und individuell angepasst werden, ebenso das Mundstück (Gebiss). Am gebräuchlichsten sind die einfach beziehungs-

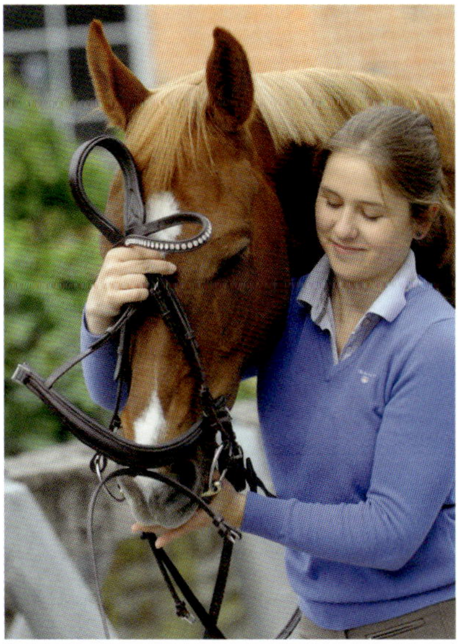

Die rechte Hand umfasst den Pferdekopf und hält die Trense; Daumen und Zeigefinger der linken Hand unterstützen das Gebiss.

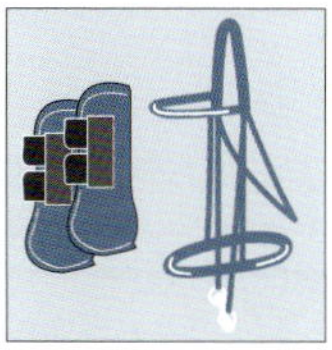

Im Überblick:
Auftrensen

- **Ausgangsstellung:** Vor der linken Pferdeschulter, Trense in der linken Hand; Zügel über den Pferdehals streifen und dicht hinter den Ohren auflegen, rechte Hand auf den Nasenrücken legen. Trense mit der rechten Hand übernehmen (2 Finger zwischen die Backenstücke), das Gebiss auf die flache linke Hand direkt vor das Pferdemaul legen.
- **Öffnen des Pferdemauls:** Mit dem linken Daumen etwas unterhalb des Maulwinkels ins Pferdemaul fassen, mit leichtem Druck das Pferd zum Öffnen des Mauls veranlassen, Gebiss ins Pferdemaul schieben und gleichzeitig mit der rechten Hand die Trense anheben.
- **Hochziehen der Trense:** Mit der rechten Hand die Trense vorsichtig hochziehen, während das Gebiss bis in die Maulwinkel gleitet; das Genickstück mit beiden Händen erst über das rechte, dann über das linke Pferdeohr schieben, dabei Pferdeohren nach vorn nehmen.
- **Zuschnallen:** Schopf und Mähnenhaare unter dem Genickstück glattziehen, Schopf über das Stirnband fallen lassen, Reithalfter geradeziehen, Kehl-, Nasen- und zuletzt Kinnriemen schließen; korrekten Sitz auch von rechts und passende Länge prüfen. Zwischen Kehlriemen und Kehle des Pferdes sollen eine aufgestellte Faust, zwischen Nasenriemen und dem knöchernen Nasenrücken 1 bis 2 Finger Platz finden.

weise doppelt gebrochenen Wasser- und Olivenkopftrensen. Das Gebiss muss reglemäßig auf Verschleiß und scharfe Kanten kontrolliert und gegebenenfalls ausgetauscht werden.
Die Länge und der Durchmesser des Gebisses müssen in jedem Fall der Breite des Mauls, dem Abstand zwischen Ober- und Unterkiefer und der Länge der Maulspalte entsprechen.
Für den richtigen **Sitz** einer Trense mit Reithalfter gibt es folgende Anhaltspunkte: Der Nasenriemen des Englischen Reithalfters verläuft seitlich unter den Backenstücken 1 Finger breit unter der Jochbeinleiste, der Kinnriemen unterhalb des Trensengebisses.
Zugeschnallt werden alle offenen **Riemen** der Trense **von oben nach unten** (Kehlriemen, Nasenriemen, Kinnriemen). Der Kehlriemen sollte so lang verschnallt werden, dass eine aufgestellte Faust zwischen Kehlgang und Kehlriemen passt. Zwischen dem knöchernen Teil des Nasenrückens und dem Nasenriemen sollten 1 bis 2 Finger Platz finden.

Abtrensen

Zum Abtrensen werden alle Riemen geöffnet, die eine gedachte Linie von der Kehle bis zum Kinn des Pferdes

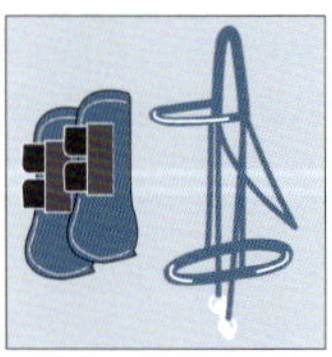

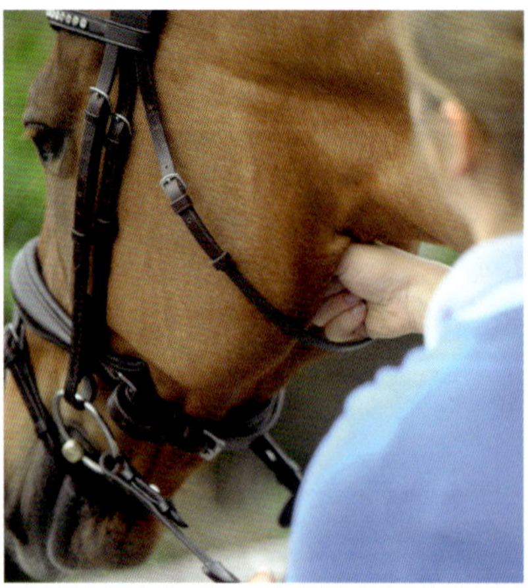

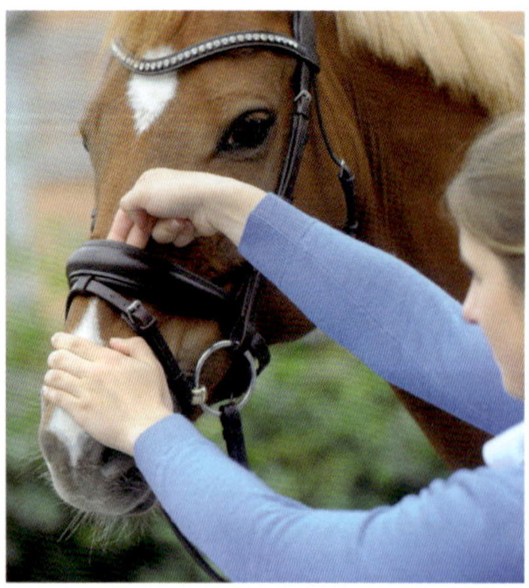

links: Zwischen Kehlgang und Kehlriemen soll eine aufgestellte Faust passen.

rechts: Zwischen Nasenrücken und Nasenriemen sollen 1 bis 2 Finger passen.

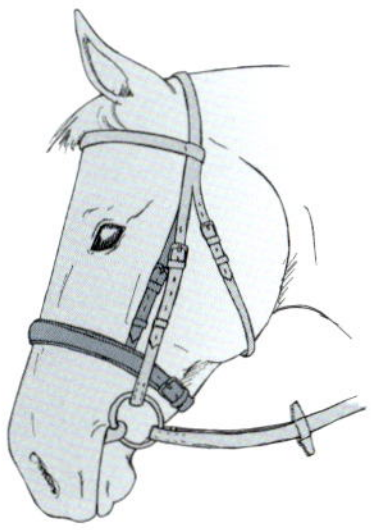
Englisches Reithalfter

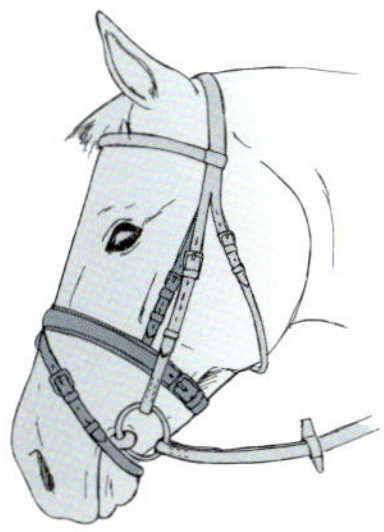
Kombiniertes Reithalfter

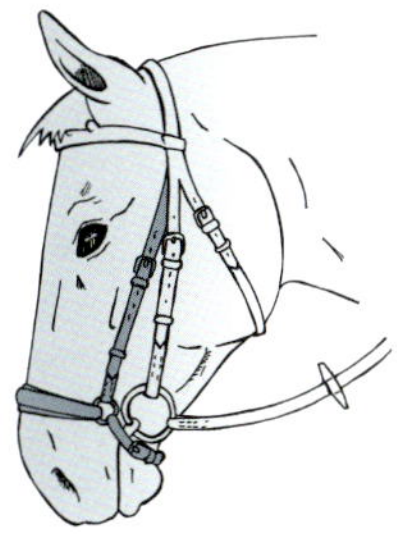
Hannoversches Reithalfter

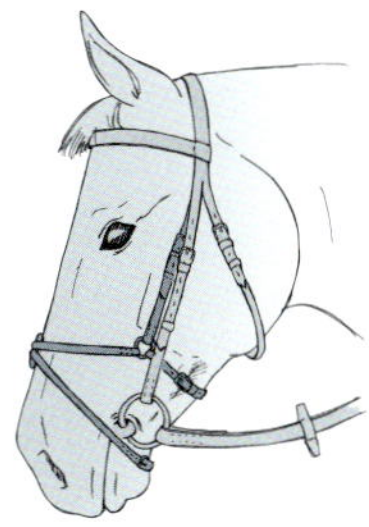
Mexikanisches Reithalfter

kreuzen. Dabei ist die Reihenfolge **von unten nach oben** (Kinnriemen, Nasenriemen, Kehlriemen) sinnvoll.

Zum **Abnehmen** der Trense wird die gleiche Ausgangsstellung wie zum Auftrensen eingenommen. Das Genickstück wird gleichmäßig mit beiden Händen langsam über die Pferdeohren nach vorn geschoben. Notfalls hält leichter Druck mit der rechten Hand auf den Nasenrücken den Pferdekopf unter Kontrolle.

Beim Abtrensen muss die Lage des Gebisses im Pferdemaul gut beobachtet werden. Das Pferd sollte Zeit haben, das Gebiss gewissermaßen „auszuspucken". Keinesfalls darf das Gebiss dem Pferd zwischen den Zähnen herausgezogen werden! Die **Zügel** sollten noch über dem Hals liegen bleiben, bis das Halfter angelegt wird. So kann man das Pferd im Notfall noch festhalten, sollte es sich erschrecken. Abschließend wird der Zügel vom Pferdehals genommen.

Zur Sicherheit

- Von der Praxis, das Pferd zum Auftrensen an einem um den Hals gelegten Halfter anzubinden, ist aus Sicherheitsgründen abzuraten.

3.6 Anlegen von Beinschutz und Pferdedecken

Bandagen oder stabile Gamaschen dienen vorrangig dem Schutz der empfindlichen Pferdebeine vor äußeren Verletzungen.

Bandagen

Bandagen bestehen aus unterschiedlichem Material, vorwiegend aus Fleece oder Strickstoff. Sie können als **Schutz** bei der **Arbeit**, im **Stall** oder als **Verband** für die Behandlung mit Wärme, Kälte oder für Packungen verwendet werden. Bandagen werden spiralförmig überlappend gewickelt. Damit eine Bandage hält, muss sie erst von oben nach unten und dann wieder aufwärts angelegt werden. Bandagen und ihre Verschlüsse dürfen nicht auf die Sehnen, vor allem nicht auf die Beugesehnen (hinten an den Pferdebeinen), drücken. Am **rechten Beinpaar** soll daher **rechtsherum**, am **linken Beinpaar linksherum** bandagiert werden. Verschlüsse dürfen – unabhängig von ihrer Konstruktion – nicht straffer geschnürt oder befestigt werden als die Bandage selbst. Die Verschlüsse sollten sich immer an der Außenseite des Beines befinden. Bei innenliegenden Verschlüssen kann sich die Bandage (durch Berührung des gegenüberliegenden Beines) leichter lösen. Rutschende Bandagen sind ein Unfallrisiko.

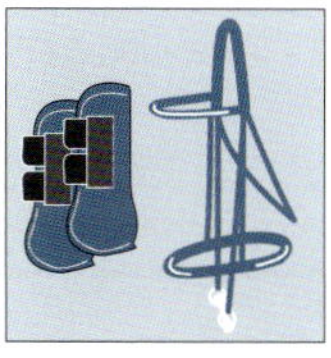

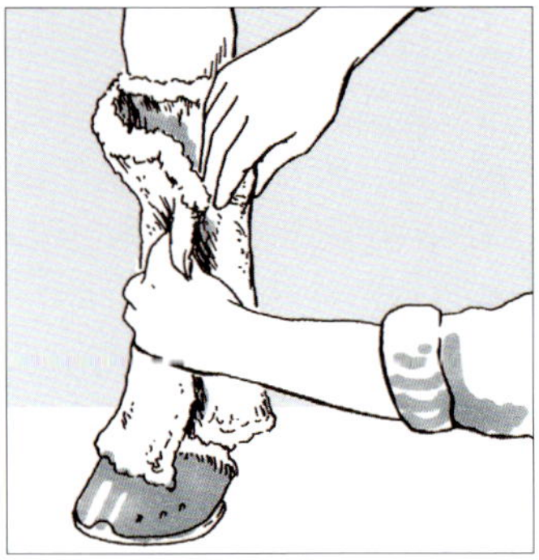

Zuerst wird die Unterlage möglichst faltenfrei angelegt.

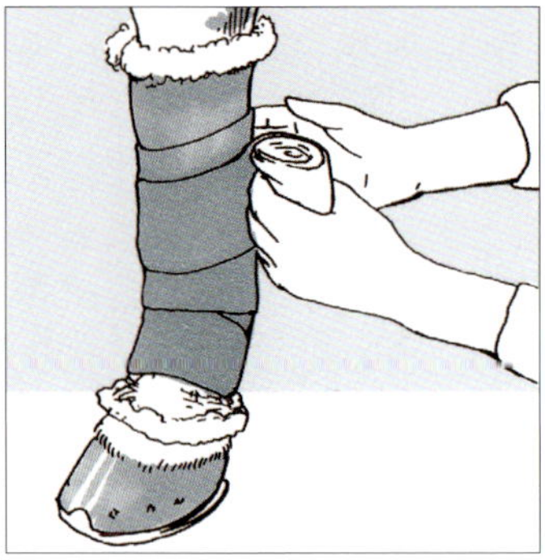

Gewickelt wird von oben nach unten und wieder nach oben.

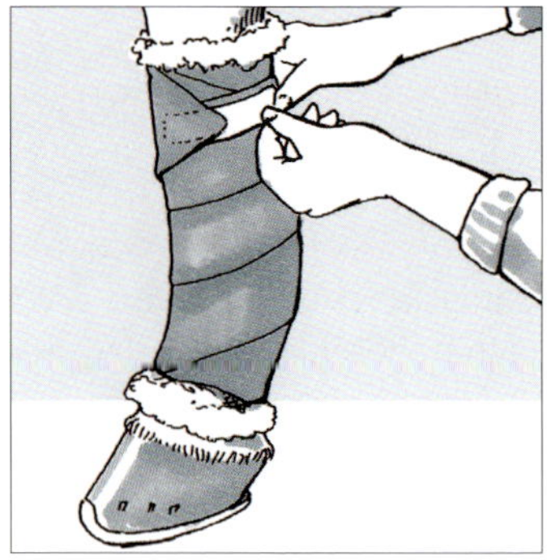

Der Verschluss soll oben an der Außenseite des Beines liegen.

Die genaue Wickeltechnik und Lage am Bein richten sich nach dem Zweck der Bandage. Soll sie längere Zeit am Pferdebein verbleiben, sollte ein **Polster unterlegt** werden um das Abschnüren des Pferdebeines zu verhindern. Bandagierunterlagen und -kissen gibt es in verschiedenen Größen. Unterlagen, die am Fesselkopf und am Vorderfußwurzelgelenk oder am Sprunggelenk weit überstehen, sind nur für den Gebrauch im Stall geeignet.

Bandagen unterscheiden sich in Material, Länge und Breite, Elastizität, Haftfähigkeit, in den Verschlusstechniken und in ihrer Zweckbestimmung. Sie so anzulegen, dass sie auch sicher halten, wenn das Pferd in Bewegung ist, erfordert viel Übung.

Alle Bandagen werden nach dem Gebrauch wieder fest und gerade aufgerollt. Begonnen wird mit dem Ende, an dem sich das Verschlussteil (meist Klett) befindet. Die Verschlüsse sind beim Aufrollen nach innen gerichtet; so rollen sie beim Anlegen wieder richtig von der Hand ab.

Zur Sicherheit

- Bandagieren braucht Übung. Nicht fachgerecht angelegte Bandagen können sich entweder unbeabsichtigt lösen (etwa beim Reiten) oder Stauungen oder Druckstellen verursachen (betrifft vor allem Stallbandagen).

Gamaschen

Zum Schutz der empfindlichen Pferdebeine vor Verletzungen bei der Arbeit und beim Transport bietet der Reitsporthandel außer Bandagen eine

Beinschutz – ob lange Gamaschen oder kurze Streichkappen – wird generell an der Außenseite des Pferdebeines von vorne nach hinten geschlossen.

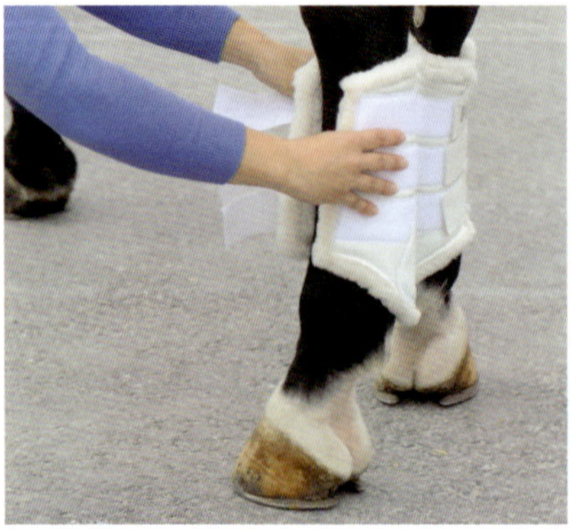

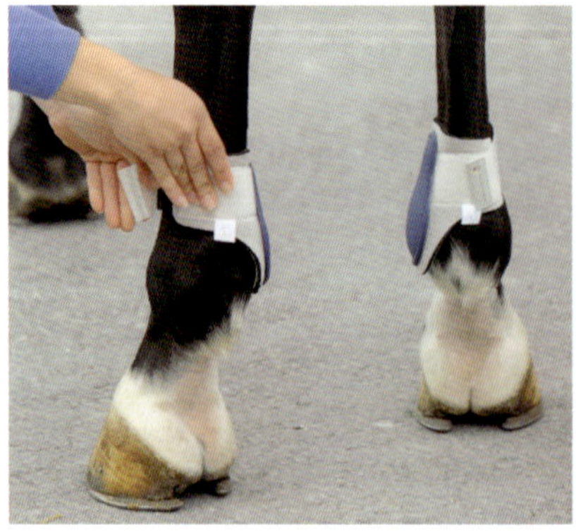

Fülle von Gamaschen mit unterschiedlichem Schnitt und aus verschiedenen Materialien an. Bei jedem Pferd muss auf die richtige Passform und einen sicheren Sitz geachtet werden. Alle Gamaschen werden von vorne nach hinten geschlossen; ebenso wie bei Bandagen liegen die Verschlüsse immer auf der Außenseite des Pferdebeines. Nach jedem Gebrauch müssen Gamaschen gründlich abgebürstet und regelmäßig ausgewaschen werden.

Pferdedecken

Da Pferde sich von Natur aus wechselnden Temperaturen perfekt anpassen können, brauchen sie in der Regel **keine Decken.** Nur geschorene Pferde oder Pferde, bei denen die natürliche Anpassungsfähigkeit an unterschiedliche Temperaturen durch Alter oder Krankheit eingeschränkt ist, sollten bei entsprechenden Wetterbedingungen eingedeckt werden. Der Fachhandel bietet Decken für jeden Verwendungszweck. Sollen sich eingedeckte Pferde im Freien aufhalten, müssen ihre Decken **wasserdicht** sein.

Bei kühlem, windigem Wetter empfiehlt es sich generell, nach der Arbeit vorübergehend eine **Abschwitzdecke** aufzulegen. Solche Decken leiten die Feuchtigkeit von der Haut des Pferdes an die Außenseite ab und halten sie trocken und warm.

Decken müssen zur **Rückenlänge** und zum **Halsansatz** des Pferdes passen, damit sie keine Druck- und Scheuerstellen verursachen. Auch wenn Pferde im Winter eingedeckt sind, sollten sie regelmäßig geputzt werden.

Im Überblick:

Gamaschen und Bandagen

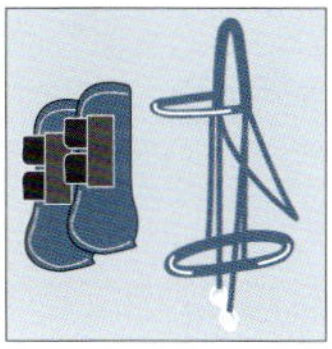

- Bandagen und Gamaschen bieten empfindlichen Pferdebeinen **Schutz.**
- Bandagen können auch der Anwendung von Kälte- oder Wärmebehandlungen dienen.
- Sollen Bandagen längere Zeit am Pferdebein bleiben, muss ein **Polster** unterlegt werden.
- Sie dürfen **nicht zu locker und nicht zu straff** angebracht werden.
- Die **Verschlüsse** sollen immer an der **Außenseite** des Beines liegen.

links: Die Decke wird zunächst am Hals geschlossen...

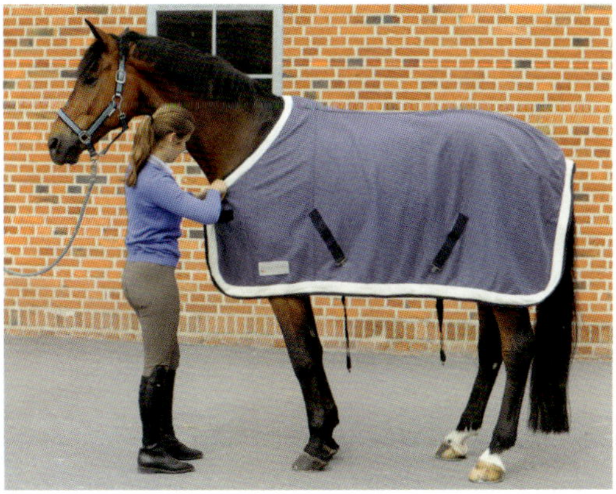

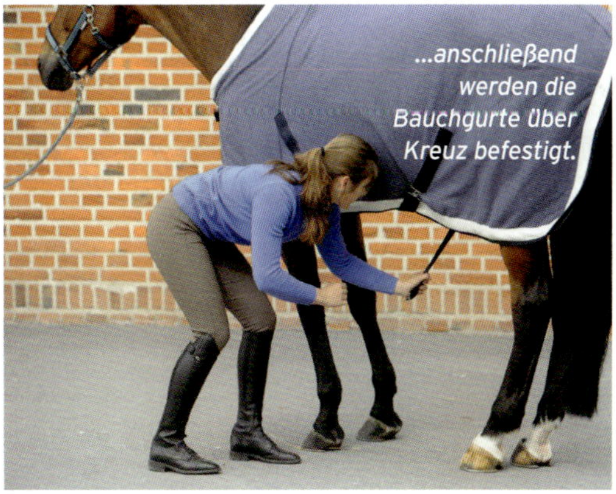

...anschließend werden die Bauchgurte über Kreuz befestigt.

Zur Vorbereitung auf die Prüfung

Diese Themen werden an praktischen Beispielen vor Ort geprüft.

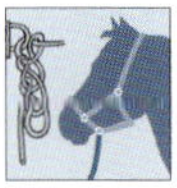

Aufhalftern und Anbinden am Putzplatz gehören zur Routine im Umgang mit dem Pferd.

- Wie nähert man sich an ein Pferd an (am Pferd zeigen)?
- Welche Handgriffe sind für das korrekte Aufhalftern entscheidend (am Pferd zeigen)?
- Wie verhält man sich in der Stallgasse bei der Begegnung mit anderen Pferden (in der Praxis zeigen)?
- Wie bindet man ein Pferd sicher an (in der Praxis zeigen)?
- Was könnte passieren, wenn man ein Pferd sehr lang/sehr kurz/sehr hoch/sehr tief an einer beweglichen Tür anbindet?
- Was ist der Unterschied zwischen einem Anbindestrick und einem Führstrick?

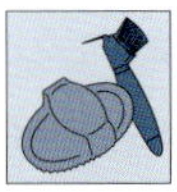

Die Pferdepflege ist ein wichtiger Bestandteil im täglichen Umgang mit dem Pferd.

- Warum ist das Putzen des Pferdes so wichtig?
- Welches Zubehör gehört zur Grundausstattung einer Putzkiste (in der Praxis zeigen)?
- In welcher Reihenfolge wird das Pferd geputzt und welche Bürsten werden benutzt (am Pferd zeigen)?
- Welche Besonderheiten für das Putzen gibt es in den unterschiedlichen Jahreszeiten?
- Wie werden Pferde nach der Arbeit versorgt?
- Wie geht man mit Wasser bei der Pferdepflege um (vorzeigen)?
- Warum und wie werden Pferde frisiert?
- Wann sollten Pferde geschoren werden?

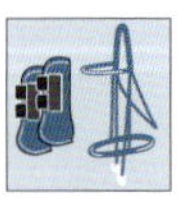

Die Trense istein wichtiges Element der Pferdeausrüstung.

- Aus welchen Teilen besteht eine Trense (in der Praxis zeigen)?
- Welche Handgriffe gehören zum korrekten Auftrensen (am Pferd zeigen)?
- In welcher Reihenfolge werden die Riemen einer Trense mit Reithalfter geschlossen beziehungsweise wieder geöffnet (am Pferd zeigen)?
- Wie kann man die korrekte Verschnallung einer Trense prüfen (am aufgetrensten Pferd zeigen)?
- Wie wird korrekt abgetrenst (am Pferd zeigen)?

Bandagen und Gamaschen dienen dem Schutz der Pferdebeine.

- Was ist beim korrekten Bandagieren zu beachten?
- Welche Grundregeln gibt es für das Anlegen von Gamaschen oder Streichkappen (am Pferd zeigen)?

Es gibt viele verschiedene Arten von Pferdedecken.

- Wozu können Pferdedecken dienen (Beispiele)?
- Was ist beim Auflegen einer Pferdedecke zu beachten (am Pferd zeigen)?

Notizen

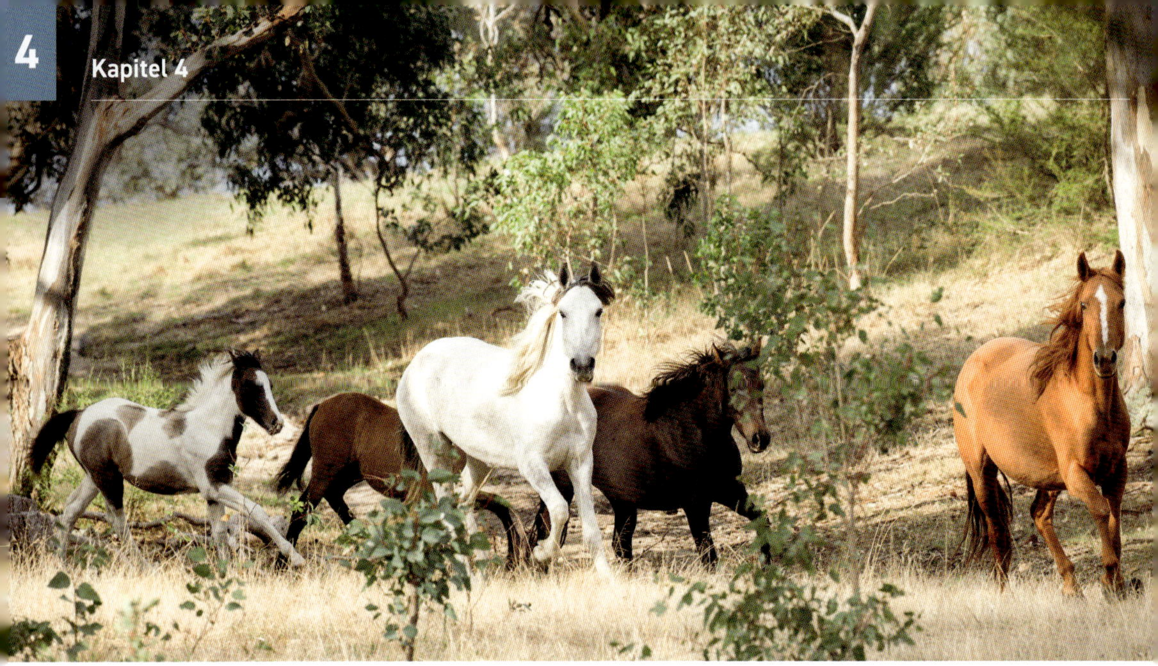

Der ursprüngliche Lebensraum der Pferde lädt zum Laufen in der großen Weite ein.

4 Haltung und Bewegungsangebote

Die Haltung (Unterbringung, Fütterung, Tagesablauf) und das Bewegungsangebot (freie und kontrollierte Bewegung) müssen den natürlichen Bedürfnissen der Pferde Rechnung tragen. Ihr ursprünglicher Lebensraum war die weitläufige, grasbewachsene Steppe; an das Leben dort ist das Pferd angepasst.

- Als **Grasfresser** können sie sich ausschließlich von frischem Gras oder Heu ernähren. Um ihren Nahrungsbedarf zu decken, fressen sie viele Stunden am Tag. Sie brauchen regelmäßigen, unbegrenzten Zugang zu sauberem Wasser. Für ihren Stoffwechsel sind sie von genügend Licht abhängig.
- Als **Herdentiere** fühlen sie sich in der Gesellschaft von Artgenossen wohl und sicher. Sie suchen den Schutz der Herde und konkurrieren um einen höheren Platz in der Rangordnung. Sie wollen mit befreundeten Artgenossen soziale Fellpflege betreiben oder spielen.
- Als **Fluchttiere** brauchen sie genügend Bewegungsraum, um einen Sicherheitsabstand zwischen sich und jede reale oder vermeintlich drohende Gefahr legen zu können.
- Als **Lauftiere** legen sie täglich große Strecken zurück: beim Grasen im ruhigen Schritt, auf dem Weg zu Futter- und Wasserstellen in ausdauerndem Trab, beim Spiel und auf der Flucht im raumgreifenden Galopp.
- Als **Klimawiderständler** (Tiere, die sich wechselnden Temperaturen gut anpassen können) brauchen sie den Reiz von unterschiedlichem Wetter und sind unempfindlich gegen leichten Regen und trotzen auch größeren Temperaturschwankungen. Schutz suchen sie nur vor Wetterextremen (Sturm, heftigem Regen, Gewitter).
- Als **Nestflüchter** können selbst wenige Stunden alte Fohlen bereits im vollen Tempo mit der Herde mithalten. Für eine gesunde Entwicklung brauchen sie lebenslang genug Bewegung.
- Als **Zehenspitzengänger** können sie sich energiesparend bewegen.

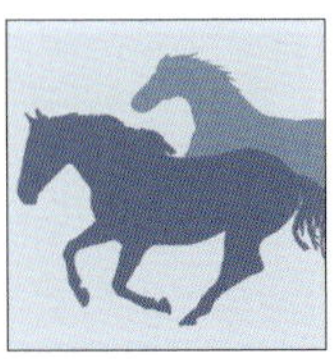

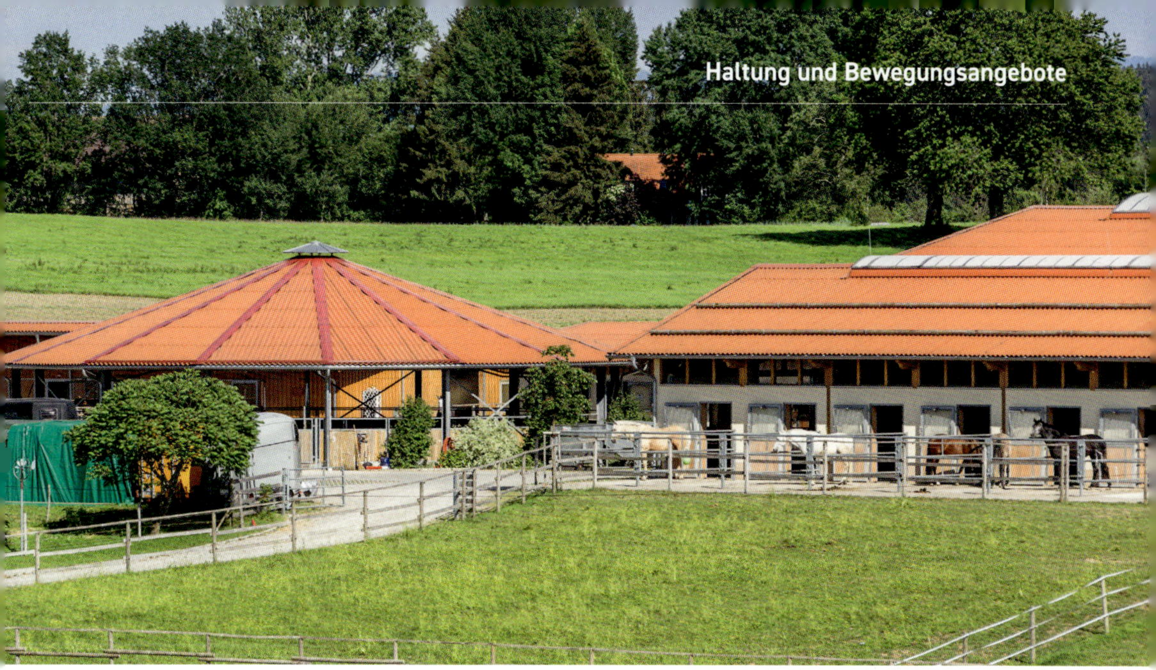

Artgerechte Pferdehaltung orientiert sich an den natürlichen Bedürfnissen der Pferde.

Sie dösen zur Entspannung regelmäßig im Stehen, brauchen aber auch einige Stunden Schlaf im Liegen. Pferde legen sich allerdings nur hin, wenn sie sich sicher fühlen. Fohlen und Jungpferde haben ein größeres Schlafbedürfnis.

Interessenkonflikte

Bei der heutigen Pferdehaltung sind Interessenkonflikte vorprogrammiert. Beispielsweise brauchen Pferde viel Platz, der jedoch gerade im Einzugsgebiet größerer Städte knapp ist.
Auch organisatorische Probleme bleiben nicht aus. Der **Tagesablauf eines Menschen**, der sich zu einer bestimmten Zeit mit seinem Pferd beschäftigen möchte oder sich aus beruflichen Gründen nur zu einer bestimmten Zeit mit seinen Pferd beschäftigen kann, kollidiert möglicherweise mit dem routinemäßigen Tagesablauf des Pferdes. Dies kann unter anderem die Futter- und die anschließende, notwendige Ruhezeit betreffen, wenn man sich zu genau dieser Zeit mit dem Pferd beschäftigen möchte. Ein weiteres Beispiel kann die Unterbrechung der morgendlichen Weidezeit sein, indem man das Pferd aus der Herde holt.

Die Haltung muss sich in jedem Einzelfall daran messen lassen, wie gut sie die natürlichen Bedürfnisse des Pferdes erfüllt. Nur unter dieser Voraussetzung kann ein Pferd gesund, ausgeglichen und leistungsfähig bleiben.

§§

Im Überblick:

Tierschutz und Pferdehaltung

Artgerecht sind:

- Eine bestmögliche, den natürlichen Bedürfnissen entsprechende Unterbringung, Versorgung und Pflege
- Haltung in der Gesellschaft von Artgenossen mit genügend Kontaktmöglichkeiten
- Ausreichende Bewegungsangebote
- Für alle Verantwortlichen: Fähigkeiten und Kenntnisse, die eine angemessene Ernährung, Pflege und verhaltensgerechte Unterbringung gewährleisten können

Tierschutzwidrig sind:

- Anbindehaltung in Ständern
- Stacheldraht und Knotengitter als alleinige Einzäunung von Weiden oder Paddocks

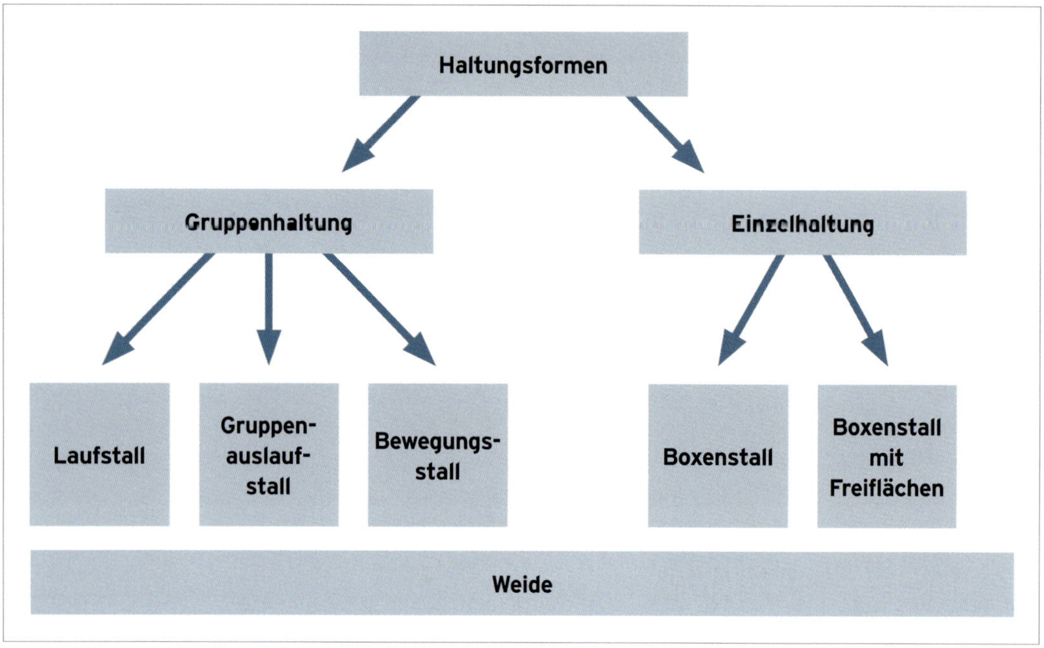

4.1 Unterschiedliche Formen der Pferdehaltung

Für die artgerechte, sichere Unterbringung von Pferden gibt es verschiedene Konzepte; alle haben Vor- und Nachteile. Die passende Haltung für jedes einzelne Pferd hängt von vielen unterschiedlichen Faktoren ab.

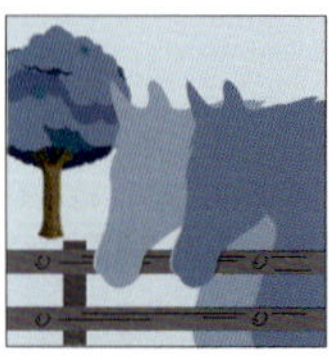

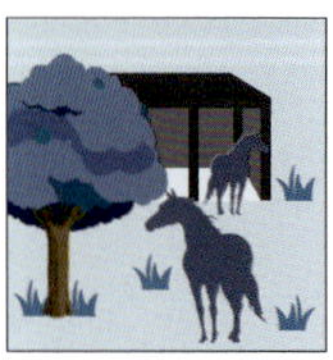

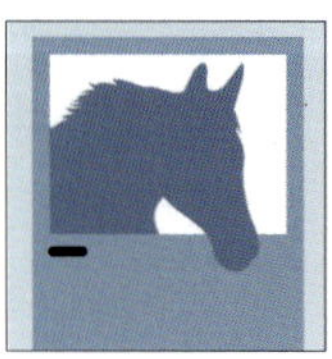

Ganz wie in der Natur?

Es liegt auf der Hand, dass es in der Obhut von Menschen keine Haltung für Pferde geben kann, die dem freien **Herdenleben in der Steppe** völlig entspricht. Gleichzeitig darf das Leben der Wildpferde mit Blick auf das Wohlergehen der Tiere nicht aus romantisierter Perspektive betrachtet werden: Die Wildnis ist keine Idylle. Neben der **Bedrohung** durch natürliche Feinde (große Raubtiere, in Rudeln jagende Wölfe und Hyänen, Giftschlangen) macht bei ungünstiger Witterung der **Mangel** an Nahrung und Wasser wildlebenden Pferden zu schaffen. Bei Nässe und Kälte benötigen Pferde zusätzliche Energie. Der Zugang zu den begehrten Futter- und Wasserstellen wird durch die Rangordnung geregelt; rangniedere, kranke und schwache Tiere haben das Nachsehen.

Heutige Pferdehaltung kann jedem Pferd ungleich mehr **Sicherheit, Futter, Gesundheitsfürsorge und Komfort** bieten.

Moderne Pferdehaltung

In unserer heutigen weitestgehend bewirtschafteten Landschaft steht selbst auf weitläufigen Weiden nur ein Bruchteil der Größe des ursprünglichen Lebensraumes für Pferde zur Verfügung. In **unterschiedlichen Haltungskonzepten** stehen neben der sicheren **Unterbringung** und der **Versorgung** mit Nahrung vor allem der ungehinderte **Kontakt** mit Artgenossen sowie **Bewegungsmöglichkeiten** und Bewegungsanreize auf dem Prüfstand.

Je nachdem, zu welchem Zweck ein Pferd eingesetzt werden soll, spielen bei der Haltung weitere Gesichtspunkte eine Rolle, zum Beispiel die Möglichkeit individueller, leistungsgerechter Fütterung. Zudem müssen Pferde überwacht, geschützt, bei Krankheiten mit Medikamenten versorgt, in eine sichere Box gebracht oder von anderen Pferden isoliert werden können. Für die Pferdepflege, das Anlegen von Ausrüstung und den Einsatz von Schmied und Tierarzt muss ein sicherer Platz mit Anbindemöglichkeiten und Stromanschluss zur Verfügung stehen.

Einzeln oder in der Gruppe?

Die größten Gegensätze bestehen zwischen Einzelhaltung und Gruppenhaltung. Einzeln heißt dabei nicht allein: Auch wenn Pferde einzeln in einer Box, auf einer Weide, einem Paddock oder in einem Auslauf gehalten werden, brauchen sie Pferdenachbarn, die sie hören, sehen und riechen können.

Die typische Form der **Einzelhaltung** ist die **Box** mit durchgehenden Trennwänden, eventuell mit angeschlossenem Kleinauslauf, der oftmals auch als Paddock bezeichnet wird.

Typische Formen der **Gruppenhaltung** sind die **Weide** und/oder der **Offenstall** mit Auslauf. Ein weiteres Konzept bieten **Bewegungsställe**, in denen auseinander liegende Funktionsbereiche (z.B. Auslauf-, Fress- Liegebereich) besondere Bewegungsanreize bieten.

Unabhängig von der Haltungsform muss dem Bedürfnis, sich täglich mehrstündig bewegen zu können, Rechnung getragen werden.

Einzelhaltung von Pferden vereinfacht sehr viele organisatorische Abläufe. Dabei sollte unbedingt für ausreichende Bewegungsmöglichkeiten und angemessene Licht- und Luftzufuhr gesorgt werden. Zudem benötigen Pferde immer die Möglichkeit sozialer Interaktion.

Gruppenhaltung von Pferden erfordert Erfahrung und Sorgfalt. Nicht alle Pferde lassen sich zu harmonischen Gruppen zusammenschließen; auch in größeren Herden ist es üblich, dass Pferde sich in Untergruppen von 2 bis 10 Mitgliedern zusammentun.

Zusammenstellung von Pferdegruppen

Bei der Zusammenstellung von Gruppen für eine Weidehaltung oder Gruppenhaltung kann eine **geschickte Planung** das Risiko von Streitigkeiten um die Rangordnung verringern.

Pferde mit **ähnlichen Eigenschaften** (Rasse, Geschlecht, Alter, Temperament) schließen sich meist leichter einander an: zum Beispiel eine Gruppe älterer Wallache, Zuchtstuten, Rentner oder Fohlen. Ältere Stuten oder Wallache übernehmen oft gegenüber jüngeren Pferden eine Art Aufsichtsfunktion und halten das Konkurrenzverhalten gleichaltriger Jungpferde in Schach. Wallache und Stuten können harmonische Paare bilden - allerdings kann es während der Rosse in gemischten Gruppen mit Stuten und Wallachen zu Problemen kommen.

Aber nicht alle Pferde harmonieren. Sie zeigen **spontane Zu- oder Abneigungen**, an denen sie oft langfristig festhalten. In solchen Fällen kann nur entsprechend viel Platz dafür sorgen, dass sich die Kontrahenten aus dem Weg gehen können. Bei stark begrenztem Flächenangebot gibt es deshalb meist mehr Reibereien der Pferde untereinander. Unterschiede in der generellen sozialen Verträglichkeit oder im Bewegungsbedürfnis, aber auch andauernde Konkurrenz bei ähnlich hohem Rang können zu Dauerkonflikten führen. Schließlich ändert die Herausnahme, aber auch das Hinzukommen

Leitlinien zur Beurteilung von Pferdehaltungen unter Tierschutzgesichtspunkten

Das Bundesministerium für Ernährung und Landwirtschaft hat „Leitlinien zur Beurteilung von Pferdehaltungen unter Tierschutzgesichtspunkten" veröffentlicht. Diese Leitlinien sind zwar keine Gesetze, werden aber in der Regel von öffentlichen Stellen als Maßstab herangezogen, wenn es um Entscheidungen in Fragen der Pferdehaltung geht. Zudem bieten sie jedem Pferdehalter Maßstäbe, um die eigene Haltung kritisch zu überprüfen. Die Leitlinien enthalten unter anderem eine Fülle detaillierter Vorgaben für die Größe und Beschaffenheit von Pferdeboxen, Ställen, Ausläufen und Weiden. Die hier beschriebenen Ansprüche an artgerechte Pferdehaltung entsprechen diesen Leitlinien.
Zusätzlich bieten die Deutsche Reiterliche Vereinigung und die Landwirtschaftskammern der Bundesländer Informationen, Beratung und Serviceleistungen zum Thema Pferdehaltung an.

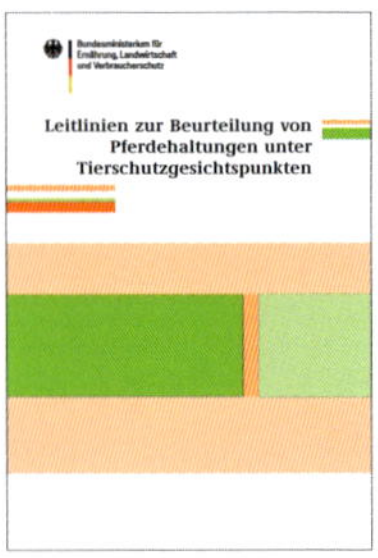

von Pferden jedes Mal die Dynamik in der Gruppe; spontane Streitigkeiten um die **Rangordnung** können die Folge sein.
Neue Pferde müssen behutsam integriert werden – entscheidend für den Erfolg ist, dass das neue Pferd schon vorher ausreichend Sozialkontakte zu anderen Pferden hatte. Auch vertraute Herden müssen gut beobachtet werden, um mögliche Veränderungen in der **Gruppendynamik** rechtzeitig zu bemerken. Es kann nötig werden, unverträgliche Pferde aus der Gruppe zu entfernen oder kranke Pferde zu ihrer eigenen Schonung vorübergehend herauszunehmen.

4.2 Weidehaltung

Die Haltung in einer Pferdegruppe auf einer großflächigen Weide kommt dem **natürlichen Herdenleben** am nächsten. In der freien Natur können sich Pferde ihre bevorzugten Weidepartner selbst aussuchen; in der Obhut des Menschen werden Pferdegruppen künstlich zusammengestellt. Daher ist die Weidehaltung ideal für Pferdegruppen mit möglichst konstanter Besetzung: Zuchtstuten, Fohlen und alte Pferde.

Grasen in der Gruppe

Jedes Pferd braucht täglich Gelegenheit zu freier Bewegung; je länger, desto besser. **Weidegang** bietet eine ideale Möglichkeit dafür, denn Grasen ist die natürlichste Beschäftigung für alle Pferde. Allerdings erfüllen nicht alle Wiesen die Anforderungen an eine Pferdeweide. Einige **Grassorten** bieten einen sehr hohen Energie- und Eiweißgehalt, der den Stoffwechsel von Pferden und ganz besonders von Ponys belasten kann. Ideal sind Weiden, die mit einer Vielfalt an eher „mageren", trittfesten und an den Standort angepassten Pflanzen bewachsen sind.
In der Regel beschränkt sich Weidehaltung auf das Sommerhalbjahr von Anfang Mai bis Ende Oktober. Sollen Pferde **ganztägig** oder Tag und Nacht draußen bleiben, dann brauchen sie Schutz vor Wetterextremen, also vor heftigem Regen, Sturm, starker Sonneneinstrahlung und quälenden Insekten. Je nach Situation kann beispielsweise auch eine Baumgruppe ein natürlicher Witterungsschutz sein.
Ganzjährige Weidehaltung – also auch im Winter – erfordert deutlich mehr Infrastruktur. Die Pferde brauchen einen ausreichenden **Witterungsschutz**, der über eine trockene und weiche/verformbare Liegefläche (z.B. Stroh, Späne, Sand etc.) verfügt. Heu und

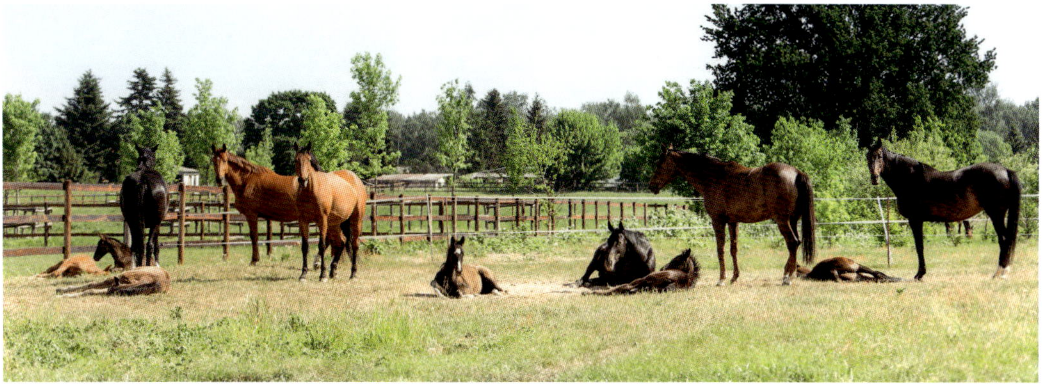

Nur in einer vertrauten Gruppe ruhen Pferde im Liegen.

Kraftfutter müssen **zugefüttert** werden können. Werden Pferde im Winter dauerhaft auf nassen, matschigen Böden gehalten, können sie krank werden (z.B. Mauke oder Strahlfäule, siehe Seite 117).

In allen praktischen Fragen zur Weidehaltung und -pflege beraten die Landwirtschaftskammern.

Achtung, Giftpflanzen!

Wo Pferde sich ihr Futter selbst suchen, besteht die Gefahr der Aufnahme von Giftpflanzen. Eine Reihe häufig vorkommender Zier-, Nutz- und Wildpflanzen sind für Pferde giftig mit möglicherweise tödlichen Folgen. **Vergiftungen** werden häufig gar nicht oder sehr spät erkannt, weil die Anzeichen sehr vielfältig sind und sich auch nicht unmittelbar, sondern über einen längeren Zeitraum hinweg zeigen können. (Die Anzeichen für Vergiftungen und mögliche Maßnahmen sind auf Seite 114 zusammengefasst.)

Viele Giftpflanzen werden von Pferden wegen ihres Geruchs oder Geschmacks verschmäht, aber bei einigen hoch giftigen Pflanzen versagt ihr **Frühwarnsystem**. Eine besondere Gefahr geht von den Pflanzen aus, die noch im getrockneten Zustand – also im Heu – giftig wirken, zum Beispiel das Jakobskreuzkraut. Ebenfalls von Pfer-

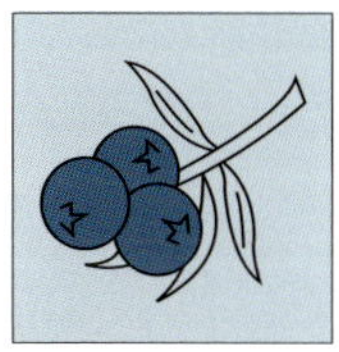

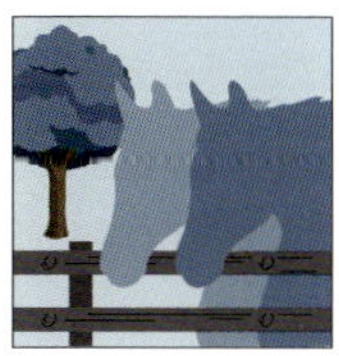

Weidehaltung Pro und Kontra	
Vorteile	**Nachteile**
• entspricht den artspezifischen Bedürfnissen am ehesten • Gras kann zugleich als Futter dienen • Pferde können ihr Sozialverhalten ausleben • bei entsprechender Größe in der Fläche, vielfältiger Geländeformation und günstiger Zusammensetzung der Pferdegruppe bieten sich zahlreiche Bewegungsanreize • komfortabel, wenn Witterungsschutz gegen extremes Wetter oder starke Insektenplage vorhanden	• hoher Flächenbedarf • Verletzungsgefahr durch Streitigkeiten um die Rangordnung • Grasaufnahme kann kaum gesteuert werden • fehlende Infrastruktur für individuelle Fütterung und Bewegung • bei kleiner Fläche und kleiner Pferdegruppe wenig Bewegungsanreize • in den Wintermonaten, je nach Bodenbeschaffenheit und Größe der Lauffläche, Gefahr drastischer Verschlechterung der Grasnarbe und des Bodens

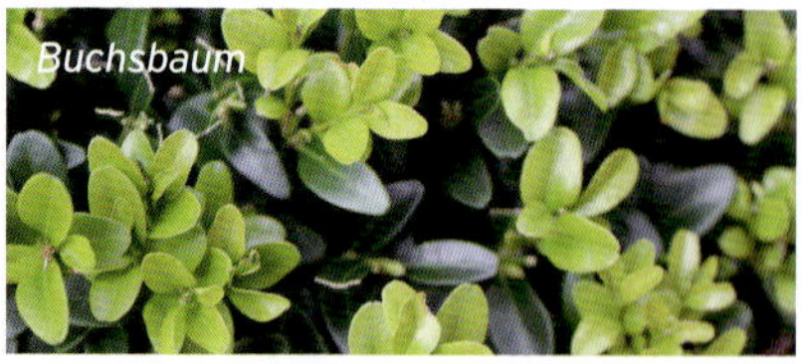

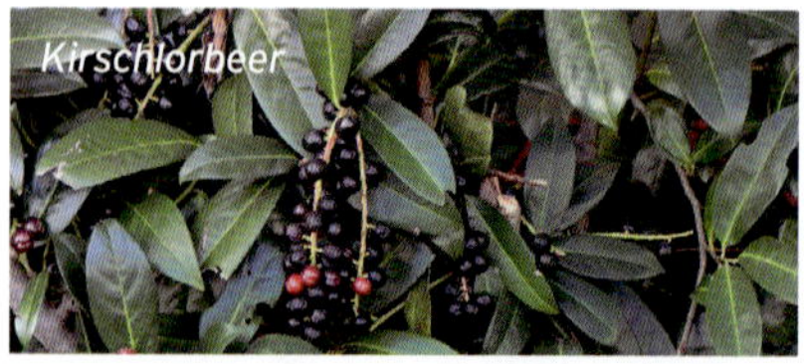

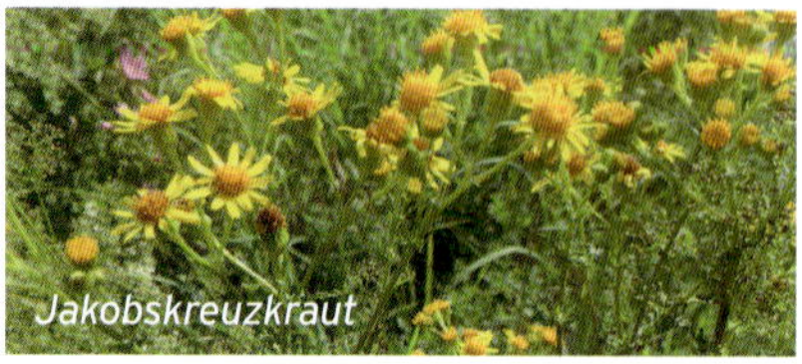

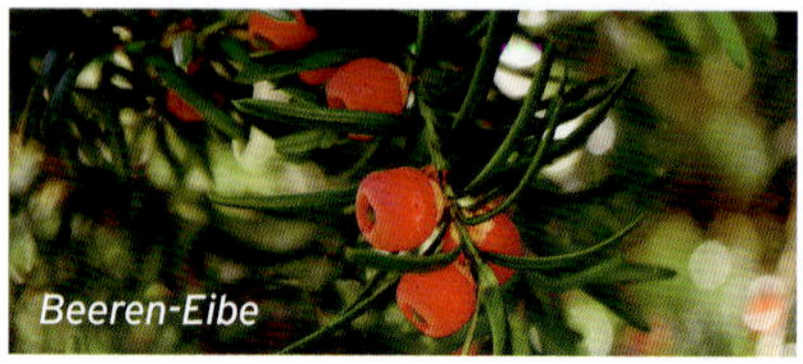

den gefressen werden die hochgiftigen Samen des Bergahorn-Baumes. Besonders dann, wenn das Futter knapp ist, werden Giftpflanzen aufgenommen.
Generell sollten Koppeln im Frühjahr auf vorhandene oder neu angesiedelte Giftpflanzen überprüft werden. Pferde dürfen auch beim Führen an der Hand nicht wahllos an Büschen oder Bäumen knabbern.
Die hier gezeigten Pflanzen stellen nur eine kleine Auswahl dar; sie sind allesamt giftig und öfters auf Reitanlagen zu finden.

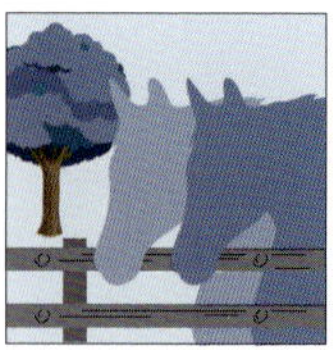

Im Überblick:

Die Pferdeweide

- **Grundfläche:** bei ganzjähriger Weidehaltung ab 0,5 ha pro Großpferd
- **Form:** Weiden möglichst langgezogen statt quadratisch anlegen für einen besseren Bewegungsspielraum
- **Einzäunung:** gut sichtbar, stabil und möglichst ausbruchssicher; bewährt haben sich Holzzäune in Kombination mit Elektrobändern; 1,20 m bis 1,60 m hoch
- **Boden:** bevorzugt trockene, mineralische Böden; bei Nässe Zerstörung der Grasnarbe und Morastbildung vermeiden
- **Bewuchs:** ideal sind Weiden, die mit einer Vielfalt an eher „mageren", trittfesten und an den Standort angepassten Pflanzen bewachsen sind; auf Giftpflanzen kontrollieren
- **Pflege:** Entfernung von Mist, Nachmähen, Abschleppen zur Einebnung, bei Bedarf Kalken und Nachsäen
- **Witterungsschutz:** Schutz vor Nässe, starkem Wind, Insekten; muss für alle Pferde zugänglich sein (vor allem bei dauerhafter oder ganzjähriger Weidehaltung)
- **Wasser:** regelmäßiger Zugang zu frischem, sauberem Wasser
- **Zufütterung:** je nach Bedarf für alle Pferde zugängliche Heufütterung und die Möglichkeit für individuelle Gabe von Kraftfutter
- **Zusammensetzung der Pferdegruppe:** auf Verträglichkeit und ähnlichen Energiebedarf achten
- **Kontrolle:** mindestens einmal täglich

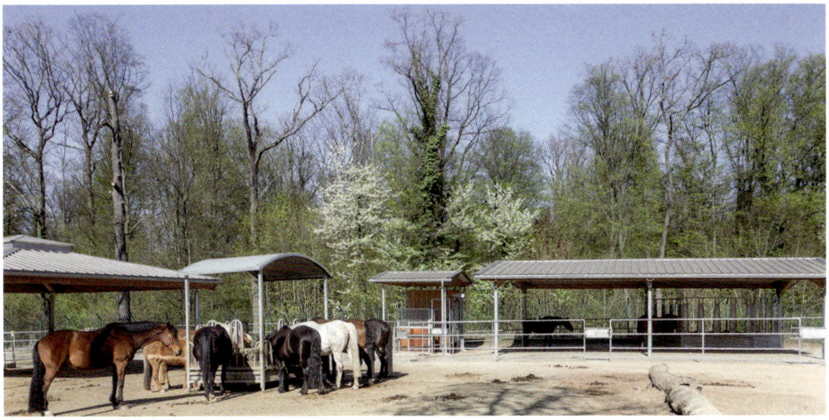

Gruppenhaltung mit getrennten, aber gut zugänglichen Bereichen für Futteraufnahme, Witterungsschutz und Ruhen

4.3 Gruppenhaltung

Es gibt verschiedene Formen der Gruppenhaltung; ihnen gemeinsam ist, dass Pferde mit mehreren Artgenossen zusammen leben.

Wenn die Pferdegruppe in einem Stall gehalten wird, ohne ständigen Zugang nach draußen, spricht man von einem **Innenraumlaufstall** (z. B. Stuten oder Jungpferde in Gestüten). Sobald Auslauf-, Fress- und Liegebereiche getrennt voneinander angeordnet sind, handelt es sich um einen **Mehrrauminnenlaufstall.**

Ein Stall mit offenen Türen und einer direkt angeschlossen, befestigten Bewegungsfläche und somit ein permanenter Zugang zu Außenbereichen, auch bei schlechtem Wetter, wird als **Offenstall** bezeichnet.

Sind die Funktionsbereiche Bewegung, Fressen und Ruhen weit voneinander entfernt, ist vom **Bewegungsstall** oder **Aktivstall** die Rede. Die Pferde müssen sich bewegen, um alle Funktionsbereiche zu erreichen. Dabei wird oftmals die Kraftfutteraufnahme - ein wichtiger Bewegungsanreiz - elektronisch gesteuert. Ein am Pferd angebrachter Transponder steuert den Zugang zum Fressstand, wo das Futter in vielen kleinen Rationen am Tag individuell zugeteilt wird.

In der Gruppenhaltung muss ausreichend Platz für jedes Pferd vorhanden

Gruppenhaltung Pro und Kontra	
Vorteile	**Nachteile**
• ganzjährig nutzbar • Pferde können Sozialverhalten ausleben • komfortabel bei einer ausgeglichenen Herdenzusammensetzung • auf befestigtem Untergrund und bei entsprechend geschickter Platzierung von Wasser- und Futterstellen mehr Bewegungsanreize (auch bei ungünstiger Witterung) • individuelle Fütterung und Bewegung möglich	• höhere Verletzungsgefahr, wenn sich die Dynamik in der Pferdegruppe durch eine nicht konstant zusammenlebende Herde ändert • nur für eine begrenzte Gruppengröße möglich • anspruchsvolles Management

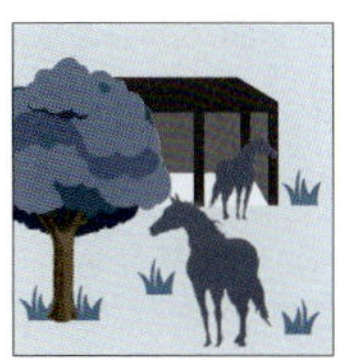

Im Überblick: Gruppenhaltung

- **Anforderungen:** ausreichender Platz, genügend Liegeflächen, keine Engstellen oder Sackgassen, wenn möglich ergänzender Weidegang
- **Bei Gruppen-Auslaufhaltung:** überdachter Witterungsschutz, genügend Liegefläche, befestigter Auslauf
- **Zugang zu Futter und Wasser für jedes Pferd:** Gruppen-Heufütterung, Fressstände oder andere Einrichtungen für Kraftfuttergabe, frostsichere Tränke
- **Zusammenstellung der Pferdegruppe:** planvolle Gruppenzusammenstellung, behutsame Einführung von Neulingen, soziale Dynamik in der Gruppe aufmerksam beobachten, Verträglichkeit entscheidet

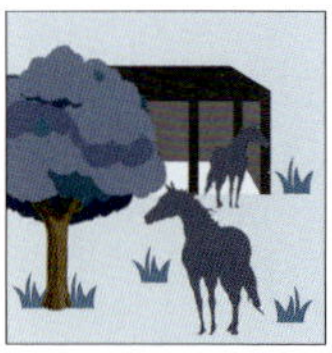

sein; enge Stellen und Sackgassen müssen vermieden werden. Für alle Pferde muss **genügend Platz** zum Ruhen zur Verfügung stehen (überdachter, eingestreuter Bereich). Auch ist es wichtig, dass zum Beispiel an der Heuraufe eine genügend hohe Anzahl an **Fressplätzen** vorhanden ist, andernfalls werden rangniedere Tiere benachteiligt und es kann zu Streitigkeiten kommen.
Sind geeignete Plätze für die Pferdepflege, die Arbeit von Tierarzt und Schmied sowie Räume für die Unterbringung von Futter, Einstreu und Pferdeausrüstung zusätzlich vorhanden, eignet sich diese Haltungsform auch für Pferde, die individuell bewegt (geritten, gefahren usw.) werden.
Eine Gruppenhaltung ganzjährig im Außenbereich (z.B. auf einer Weide) wird als Freilandhaltung oder **Weidehaltung** bezeichnet (siehe Seite 70 ff.).

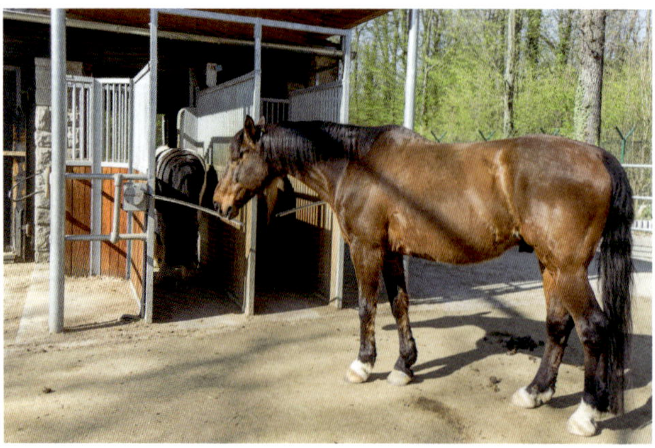

Kraftfutterstation im Aktivstall – Pferde erhalten ihr Kraftfutter in vielen kleinen Portionen und werden so zur Bewegung angeregt.

4.4 Haltung in Einzelboxen

Boxen mit durchgehenden Trennwänden sind vorwiegend dort üblich, wo eine wechselnde Zahl von Pferden mit unterschiedlichen Eigentümern individuell untergebracht, versorgt und bewegt werden soll. Bei der Haltung in Einzelboxen können die Pferde sowohl einzeln, aber natürlich auch zusammen mit Artgenossen Bewegung im Auslauf oder auf der Weide erhalten.

Stall mit Einzelboxen

Einzelboxen erlauben eine sichere, komfortable Unterbringung für Pferde. Sie bieten allen Pferden einen **geschützten Raum**, wo sie ungestört fressen, dösen und schlafen können – in der Gruppenhaltung keine Selbstverständlichkeit. Wegen der starken Einschränkung der Bewegungsmöglichkeit muss Boxenhaltung immer mit Angeboten zur freien und kontrollierten Bewegung (siehe Seite 80 ff.) kombiniert werden.
Boxen mit vorgelagerten **Kleinausläufen (sog. Paddocks)**, die sie nach Belieben aufsuchen können, bieten den Pferden auch in Einzelboxenhaltung Umwelt- und Klimareize. Hier können sie Licht, Luft und Sonne tanken und direkten Berührungskontakt mit dem Stallnachbarn aufnehmen.
Ein Kleinauslauf muss mindestens dieselbe Grundfläche wie eine Pferdebox haben. Die Zeit, die ein Pferd

hier verbringt, kann allerdings nicht zur freien Bewegung gezählt werden. Von der Möglichkeit zur freien Bewegung wird erst ab einer Auslaufgröße von 150 qm für ein bis zwei Pferde gesprochen, da hier zumindest kurz die Möglichkeit zur Bewegung in den drei Grundgangarten besteht.

Idealerweise werden alle Haltungsformen, Gruppen- und Einzelhaltung, durch Weidegang ergänzt.

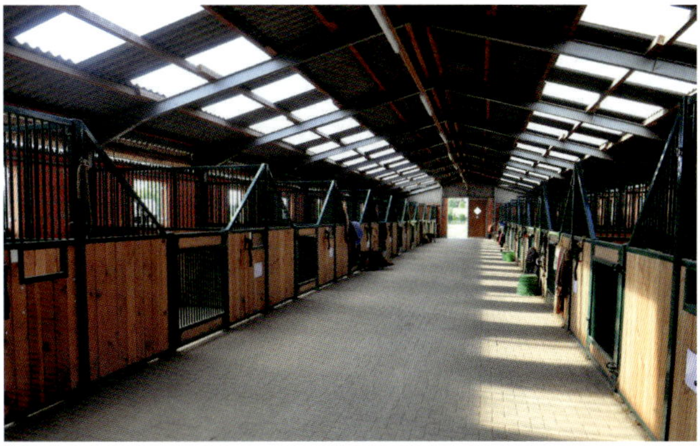

Ein heller, luftiger Stall mit viel Raum für Sozialkontakte

Anforderungen an eine Pferdebox

Eine Pferdebox soll **sicher, groß, hell** und **luftig** sein und **Kontakt** zu Artgenossen erlauben. Daher ist es üblich, Boxenzwischenwände und Boxenvorderwände nur bis zum Buggelenk zu schließen und auf den geschlossenen Trennwandbereich Gitter aufzusetzen. Die Box muss Verletzungsgefahren ausschließen und ausreichend groß sein, um dem Pferd zu erlauben, sich mit ausgestreckten Beinen hinzulegen. Pferde dürfen nicht in Boxen gehalten werden, deren Wände rundherum geschlossen sind. Ausnahmen gelten für tiermedizinische Indikationen: zum Beispiel eine Quarantänebox zur Isolation ansteckender Pferde.

Zur üblichen Einrichtung einer Box gehören ein großer, splittersicherer **Futtertrog** mit flachem Boden sowie ein ständiges Angebot an **frischem Wasser**, bevorzugt aus einer fest installierten Selbsttränke, die täglich kontrolliert werden sollte. Tränken müssen leichtgängig sein, da sonst zu wenig Wasser aufgenommen wird.

Heu sollte **vom Boden** aus gefüttert werden. Nicht empfohlen wird die Verwendung hoch angebrachter Futterraufen. Sie zwingen Pferde zu einer unnatürlichen Fresshaltung; außerdem können beim Fressen mit hohem Kopf sehr leicht kleine Fremdkörper in die empfindlichen Pferdeaugen und Staub in die Lunge gelangen.

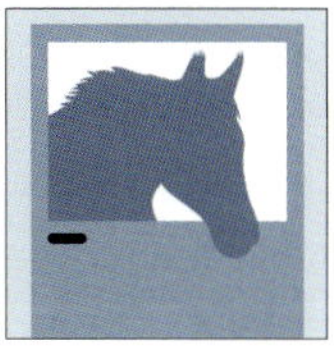

Vorgelagerte Paddocks bieten den Pferden die Möglichkeit, sich nach Wunsch im Freien aufzuhalten.

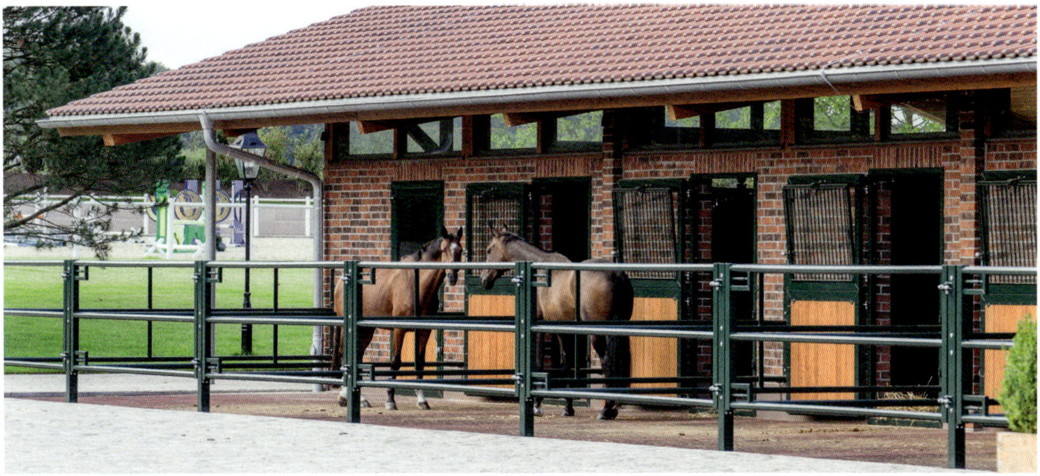

Boxenhaltung Pro und Kontra	
Vorteile	**Nachteile**
• ungestörter Rückzugsort für Pferde zum Fressen, Dösen, Ruhen • größtmögliche Sicherheit • individuelle Fütterung, wenn nötig medizinische Versorgung, Pflege und Bewegung durch den Pferdehalter sind problemlos möglich	• stark eingeschränkte Bewegungsmöglichkeit • begrenzter Sozialkontakt • möglicherweise Mangel an Außenreizen

Ebenfalls problematisch ist die regelmäßige Fütterung aus Heunetzen weil sich Pferde in leeren Netzen mit ihren Hufen verfangen können. Futtertrog, Selbsttränke und der Platz für die Heufütterung sollten sich in **verschiedenen Ecken** der Box befinden. Es gehört zu den typischen, unangenehmen und dauerhaften Angewohnheiten mancher Pferde, ihr Futter in der Selbsttränke einzuweichen. Das nasse Futter wird dann nicht genügend ein-

Im Überblick:

Die Pferdebox

- **Grundfläche:** mindestens doppelte Widerristhöhe im Quadrat (Rechenbeispiel für ein 1,70 m großes Pferd: Doppelte Widerristhöhe = 3,40 m; 3,40 m x 3,40 m = 11,56 m^2, also ca. 12 m^2)
- **Wände und Krippe:** glatt, ohne Verletzungsgefahr (keine scharfen Ecken oder Kanten, herausstehenden Nägel oder Schrauben, Löcher in Brettern oder Wänden)
- **Trennwände:** müssen mindestens Seh-, Hör- und Riech- (Schnupper)-Kontakt ermöglichen
- **Gitter mit engem Abstand:** für Großpferde 5 bis 6 cm, damit sich kein Pferdehuf darin verklemmen kann; Abstände für Ponys und Fohlen nach Bedarf kleiner
- **Gitter mit großem Abstand:** mindestens 30 cm, damit ein Pferd nicht mit durchgestecktem Kopf darin hängenbleiben kann
- **Boden:** eben, widerstandsfähig, wasserundurchlässig, rutschfest
- **Selbsttränke:** in anderer Ecke als die Krippe und der Futterplatz für Heu, Anbringung etwa in Brusthöhe – für Fohlen und kleinere Ponys entsprechend tiefer
- **Türen:** möglichst breit (mindestens 1,20 m); Höhe: 1,4 x Widerristhöhe; sichere, für Pferde nicht erreichbare Verschlüsse
- **Fenster:** Fensterfläche für jedes Pferd möglichst 1 m^2
- **Temperatur:** angeglichen an die Außentemperatur, nur extreme Temperaturen abgemildert
- **Stallgasse:** bei Großpferden mindestens 2,50 m breit, bei doppelter Boxenreihe besser 3 m breit; rutschfester Boden; genügend Anbindemöglichkeiten

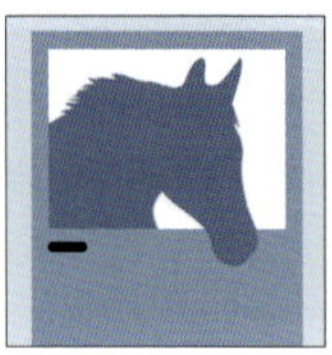

gespeichelt, was aber für einen optimalen Verdauungsprozess nötig wäre.

Sicheres Halfter?

- Nur in Ausnahmefällen dürfen Pferde in der Box Halfter tragen. Es besteht die Gefahr, dass sie damit hängenbleiben, zum Beispiel am Fenster, an Türen oder Gittern.
- Aus Brandschutzgründen sollte für jedes Pferd ein Halfter in unmittelbarer Nähe der Box greifbar sein.
- Für den Aufenthalt auf der Koppel oder im Auslauf müssen Vor- und Nachteile beim Tragen eines Halfters abgewogen werden. Halfter erhöhen die Verletzungsgefahr, wenn die Pferde damit hängenbleiben oder sich beim Spielen gegenseitig daran packen; sie erleichtern andererseits tägliche Abläufe und können entscheidend sein, wenn Pferde eingefangen werden müssen.

Wahl der Einstreu

Die beiden am häufigsten für die Einstreu verwendeten Varianten sind **Getreidestroh** (auch in gehäckselter oder pelletierter Form) und **Hobelspäne.** Stroh – zugleich ein Raufutterangebot – bietet den großen Vorteil, dass die Pferde sich wie in der freien Natur intensiv mit der Futteraufnahme beschäftigen können. Das Stroh sollte sich durch gute Qualität – erkennbare goldgelbe Farbe und guter Geruch – auszeichnen und darf keinen offensichtlichen Schimmel (dunkle Verfärbung, schimmeliger Geruch) enthalten. Für Pferde mit allergischen Atemwegsproblemen kann Stroh aufgrund des Staubgehalts und der Belastung mit Schimmelpilzsporen möglicherweise nicht geeignet sein.

Als Alternative bieten sich entstaubte Hobelspäne an. Obwohl bei der Haltung auf Spänen weniger Mist anfällt, ist die Entsorgung problematischer: Späne verrotten langsamer als Stroh. Daneben gibt es **weitere Einstreuarten**, die aus komprimierten, saugfähigen Naturmaterialien wie Hanf, Flachs, Miscanthus oder Holz bestehen. Nicht geeignet sind Sägespäne oder Sägemehl als Abfallprodukt von imprägnierten Hölzern. Wird kein Stroh als Einstreu verwendet, muss das Pferd anderweitig mit ausreichendem Raufutter versorgt werden. Andernfalls entstehen zu lange Fresspausen.

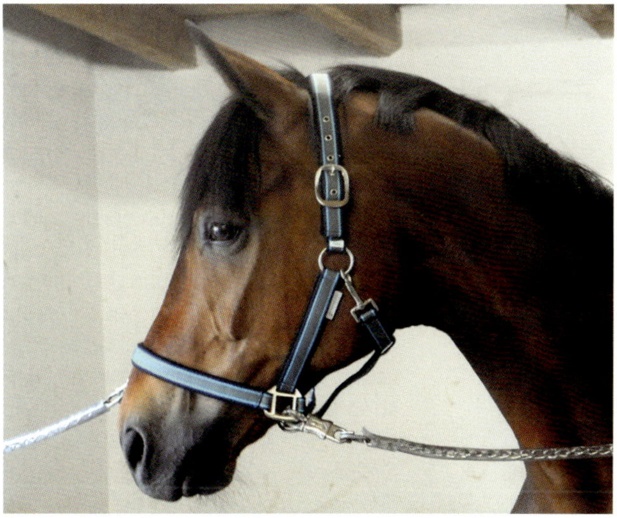

Eine korrekte Anbindvorrichtung von beiden Seiten hält das Pferd sicher am Platz, bietet aber noch leichten Bewegungsspielraum für den Pferdekopf.

Täglicher Stalldienst, Box- und Paddockpflege

Je nach Größe und Futtergabe scheiden Pferde täglich größere Mengen **Kot** (ca. 10 bis 20 kg) und **Urin** (ca. 5 bis 10 l) aus. Damit sich durch die entsprechenden Fäulnisvorgänge keine zu große Menge des Reizgases **Ammoniak** bildet, muss die Einstreu trocken und sauber gehalten werden. Ammoniak – erkennbar am leicht stechenden Geruch – reizt die Schleimhäute und erhöht die Anfälligkeit für Atemwegs- und Huferkrankungen.

Daher sollten Boxen möglichst **täglich gepflegt** werden; nur so kann Pferden ein komfortabler Liegeplatz bei gutem Stallklima geboten werden.

Beim **Ausmisten** werden frischer Kot und nasse Einstreu entfernt und, wenn nötig, durch ausreichend frische Einstreu ersetzt. Selbstverständlich sollten auch angrenzende Paddocks täglich gesäubert werden. Für die tägliche Pflege der Einstreu gibt es unterschiedliche Varianten. Bei der **Wechselstreu** werden täglich alle nassen und verschmutzten Anteile entfernt und ausreichend frisches Stroh eingestreut. Von **Matratzeneinstreu**, je nach Form auch Tiefstreu genannt, spricht man, wenn zwar täglich reichlich frisch eingestreut, aber die Box nur in längerfristigen Abständen vollständig ausgemistet wird. So entsteht eine feste Schicht als Liegefläche unter der frischen Einstreu. Diese Art des Ausmistens erfordert einen sehr gut belüfteten Stall, sonst stellt sie eine Belastung für das Stallklima dar.

Beim **Entfernen nasser Einstreu** wird Ammoniak freigesetzt, während und bis zu einer Stunde nach dem Einstreuen entsteht eine hohe Konzentration von Kleinteilen (Staub, Schimmelpilze) in der Luft. Beides reizt die Atemwege. Daher sollten Pferde während des Ausmistens möglichst an die frische Luft (Auslauf, Koppel) gebracht werden.

Vor dem **Fegen** nach dem täglichen Stalldienst sollte die Stallgasse leicht angefeuchtet werden – etwa mit einer Gießkanne – um möglichst wenig Staub und Schmutz aufzuwirbeln.

Sicherheit beim Misten

- Soll ein Pferd beim Ausmisten in der Box verbleiben, muss gewährleistet sein, dass es dabei ruhig stehenbleibt. Das Hantieren mit spitzen oder scharfkantigen Schaufeln oder Forken in der Nähe empfindlicher Pferdebeine stellt eine unmittelbare Gefahrenquelle dar.
- Bei unruhigen Pferden kann es eine Lösung sein, Heu vorzulegen. Im Zweifelsfall – wenn das Pferd etwa zur Tür drängt – sollte es angebunden werden.
- Die beste Lösung ist es, das Pferd während des Mistens aus der Box zu nehmen.

4.5 Anforderungen an einen Pferdestall

Beim Bau und der Einrichtung von Pferdeställen müssen neben der artgerechten Unterbringung Bewegungsflächen und weitere organisatorische Anforderungen berücksichtigt werden.

Offen oder geschlossen?

Für das **Stallklima** ist entscheidend, ob der Stall offen oder geschlossen ist. Ein sogenannter **Offenstall** ist mindestens zu einer Seite hin völlig offen, das heißt ohne Außenwand. Die Temperatur entspricht der Außentemperatur, es besteht nur ein Schutz vor Nässe und starkem Wind. In einem Stall mit geschlossenen Wänden sind die Außentemperaturen abgemildert. Es muss aber unbedingt für ausreichende **Frischluftzufuhr** gesorgt werden.

Pferde frieren selten, dennoch ist ihr Organismus auf Licht und Luft angewiesen. Durch ihre eigene Körperwärme heizen sie einen Stall regelrecht auf. Wenn im Winter Türen und Fenster geschlossen werden, um etwa das Einfrieren der Selbsttränken zu verhindern, haben diese Ställe zu wenig Luftaustausch. Schadgase wie Ammoniak sammeln sich an; zudem sind diese Ställe zu dunkel. Diese Effekte müssen unbedingt vermieden werden. Es gibt mehrere Varianten, das Einfrieren des Wassers zu verhindern: eine gute Isolation der Wasserleitungen beziehungsweise beheizbare Tränken oder der Einbau eines Durchlauferhitzeres erlauben es, auch im Winter Ställe offen zu lassen.

Stallhygiene

Selbsttränken (bzw. Wassereimer) und **Futterkrippen** müssen **täglich kontrolliert** und sollten einmal wöchentlich gründlich gereinigt werden. Zur Stallhygiene gehört auch die regelmäßige Entfernung von Spinnweben und Vogelkot. Einmal jährlich sollte eine Grundreinigung der Box stattfinden.

Für die Wurmbekämpfung sollte in Absprache mit dem Tierarzt eine alle Pferde umfassende Strategie (siehe Seite 103) verfolgt werden. Durch das Entwurmen gehen für einige Tage vermehrt Würmer mit dem Kot ab. Daher müssen die Ställe danach besonders gründlich ausgemistet werden und die Pferde sollten solange nicht gemeinsam auf die Weide gehen.

Mäuse und Ratten halten sich bevorzugt in Pferdeställen auf, wenn sie dort genügend Nahrung finden. Daher muss alles Futter - auch Möhren oder Belohnungsfutter - in verschlossenen, sicheren Behältern aufbewahrt werden. Bei Anzeichen eines vermehrten Mäuse- oder Rattenbefalls (erkennbar am spezifischen Kot) muss professionelle **Ungezieferbekämpfung** erfolgen.

Weiträumig abmisten

Wo mehrere Pferde auf begrenztem Raum gehalten werden, sollte möglichst überall abgemistet werden - nicht nur jeweils in der Box, sondern **auf allen Bewegungsflächen.** Pferdemist, der am Boden liegenbleibt, erhöht die **Gefahr von Infektionen** und starkem Wurmbefall. Auf Reitplätzen und in Reithallen verschlechtert Pferdemist die Elastizität und Durchlässigkeit des Bodens.

Entsorgung des Pferdemists

Bei täglichem Ausmisten mit Stroheinstreu fallen pro Pferd etwa 10 Tonnen Mist im Jahr an. Dieser Mist muss bis zur endgültigen Entsorgung gelagert werden. Wegen der Entwicklung von Schadgasen wie Ammoniak sollte der Misthaufen in einiger Entfernung vom Stallgebäude angelegt werden.

Pferdemist kann teilweise als landwirtschaftlicher Dünger genutzt werden. Wo - speziell in Ballungsräumen - regelmäßig sehr große Mengen an Mist anfallen, muss dieser gewerblich entsorgt werden. Daraus ergibt sich ein nicht zu unterschätzender Organisations- und Kostenfaktor.

Zusätzlicher Raumbedarf

Nicht nur Pferde müssen in einem Stall sicher untergebracht werden können, sondern auch ein ausreichender **Futtervorrat** sowie die **Gerätschaften** für den Stalldienst. Insbesondere die Lagerung von Heu und Stroh braucht viel Platz. Futter muss trocken, sauber, unzugänglich für versehentlich freilaufende Pferde und unerreichbar für Ungeziefer, Mäuse und Ratten gelagert werden. In einem Stall mit Reit- oder Fahrbetrieb ist zudem eine gut belüftete **Sattelkammer** nötig, in der die Ausrüstung Platz findet.

Es müssen genügend **Anbindemöglichkeiten** für die Pferdepflege vorhanden sein, gegebenenfalls eine Waschbox und Platz für ein Solarium. Schmied oder Tierarzt brauchen Bereiche, in denen sie ungestört arbeiten können.

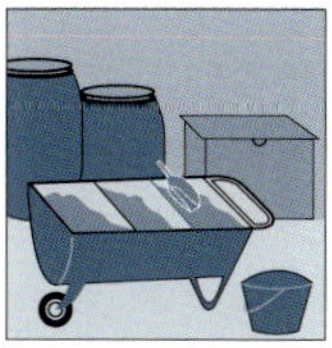

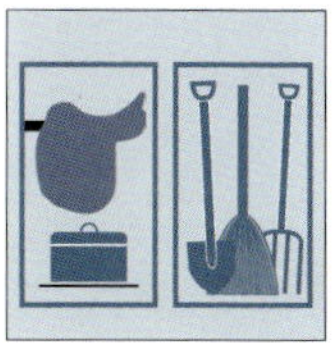

Reithalle und Außenplätze

Für die systematische Arbeit mit dem Pferd muss ein Reitstall über einen entsprechenden **Platz** beziehungsweise eine **Halle** verfügen. Ein geeigneter Reitplatz braucht vor allem einen trittfesten, aber genügend federnden Boden mit der Möglichkeit zur Bewässerung, am besten mit einer Einzäunung. Das Mindestmaß für einen Reitplatz entspricht einem Standard-**Dressur-**

Eine moderne Reitanlage muss den Anforderungen von Pferden und Reitern entsprechen.

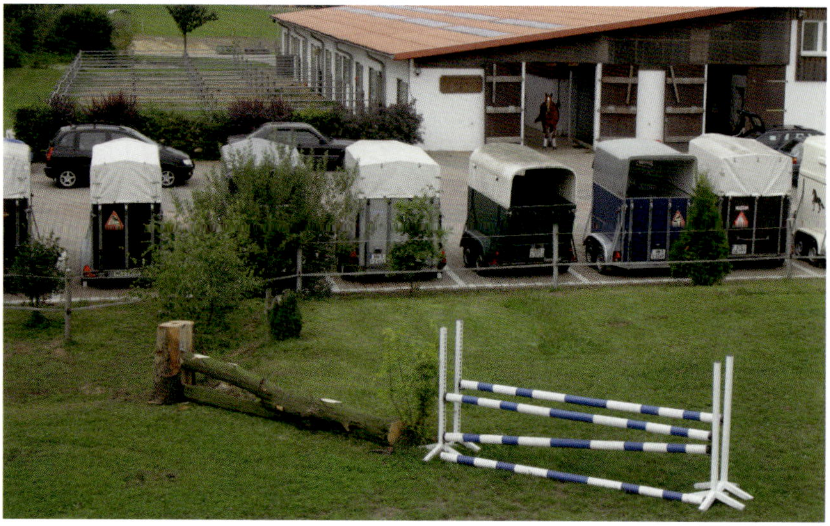

viereck (20 x 40 m); ein größerer (Spring-)**Außenplatz** ist wünschenswert. Weitere sinnvolle Trainingsanreize können ein **Ausreitgelände**, eine angelegte **Galoppierbahn** oder kleine feste **Geländehindernisse** bieten.
Pferdesportler ohne Tagesfreizeit sind besonders im Winter für die Bewegung ihres Pferdes auf eine Reithalle (Standard-Mindestmaß: 20 x 40 m; gleichmäßige, blendfreie Ausleuchtung) angewiesen. Für Longenarbeit und eventuell auch Freiarbeit mit dem Pferd bieten sich ein Round-Pen oder ein eingezäunter **Longierplatz** beziehungsweise eine Longierhalle an.
Damit die Pferdebeine im Training gesund bleiben, muss großer Wert auf die Qualität des Bodens gelegt werden. Der **Reitboden** muss nicht nur fachgerecht angelegt, sondern auch regelmäßig gepflegt und bewässert werden. Konsequentes Aufsammeln des Pferdemists trägt wesentlich zum Erhalt der Bodenqualität bei.

Paddocks und eine großzügige Führanlage bieten Alternativen für freie und kontrollierte Bewegung.

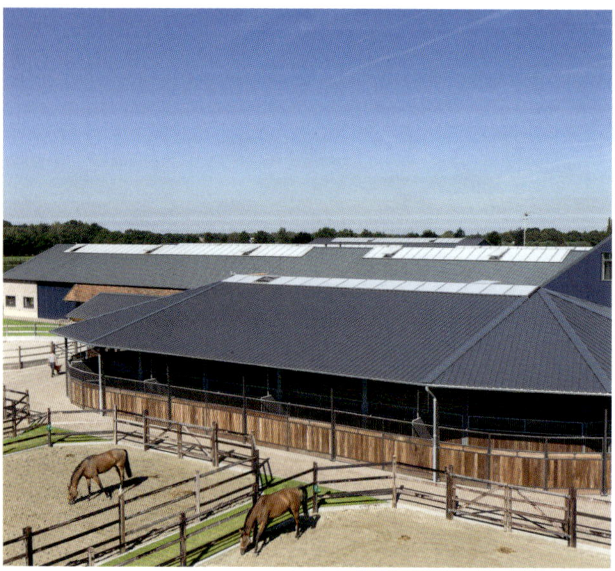

4.6 Bewegung und Management

Das fachgerechte Management beinhaltet **alle Faktoren der Haltung** (Unterbringung, Fütterung, Gesundheitsfürsorge, Bewegungsangebote) und kombiniert tägliche Abläufe mit längerfristigen Maßnahmen (z.B. Schmiedetermine, Gesundheitsvorsorge).
Pferde, die als Sport- oder Freizeitpartner eingesetzt werden, erhalten durch Training regelmäßige, **kontrollierte Bewegung.** Zusätzlich muss jedes Pferd täglich die Möglichkeit zur **freien, ungehinderten Bewegung**, am

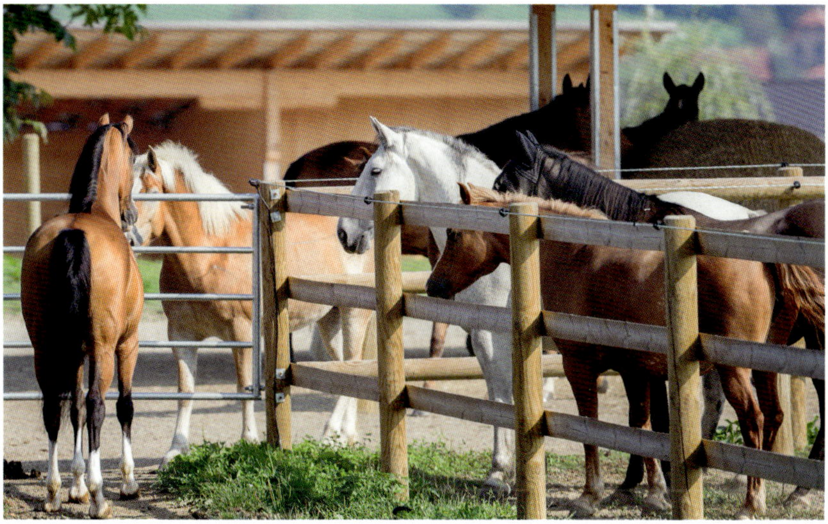

Pferdegesellschaft bietet Beschäftigung.

besten an der frischen Luft, haben – je mehr, desto besser.
Ein Mangel an kontrollierter Bewegung muss durch ein deutlich erhöhtes Angebot an freier Bewegung ausgeglichen werden. Pferde, die nicht gezielt bewegt werden können (Zuchtstuten, Jungpferde, Rentner) brauchen so viel freie Bewegung wie möglich.

Freie Bewegung

Bei den Angeboten zur freien Bewegung geht es neben einem Beitrag zur Erfüllung des Bewegungsbedürfnisses um die Befriedigung weiterer **artspezifischer Bedürfnisse**: Licht und Luft, Wälzen, Sozialkontakte, Erkundung der Umgebung.
Ob das Pferd sich in einem Paddock oder Auslauf tatsächlich bewegt, ist abhängig von der **Bewegungsfläche**, den **Bewegungsanreizen** und der Beschaffenheit des **Bodens**. Außerdem ist das Bewegungsbedürfnis während der freien Bewegung direkt abhängig von der Art, Intensität und Dauer des Trainings, also der kontrollierten Bewegung.

Bewegungsflächen

Weidegang mit Pferdegesellschaft ist für alle Pferde ein wünschenswertes Angebot zur **freien Bewegung**. Wenn sich kein Weidegang realisieren lässt, brauchen Pferde alternative Möglichkeiten. Für alle Bewegungsflächen gilt: je größer, desto besser. In jedem Fall sollte sich das Pferd in allen drei Grundgangarten bewegen können. Wichtig ist die Anzahl der Pferde, die sich gemeinsam auf der Bewegungsfläche aufhalten – je mehr Pferde, desto mehr Platz ist nötig.
Erst ab einer Auslaufgröße von mindestens 150 qm kann sich das Pferd zumindest kurzzeitig in allen drei Grundgangarten bewegen, so dass dann von freier Bewegung gesprochen werden kann.
Bei längeren Weide- oder Auslaufaufenthalten muss Zugang zu Raufutter und Wasser geboten werden.

Bewegungsanreize

Damit Bewegungsräume zu möglichst viel Bewegung einladen, sollten Koppeln und Ausläufe möglichst in der Form eines **Rechtecks** angelegt werden. Entscheidend für die tatsächliche Bewegung sind allerdings die Be-

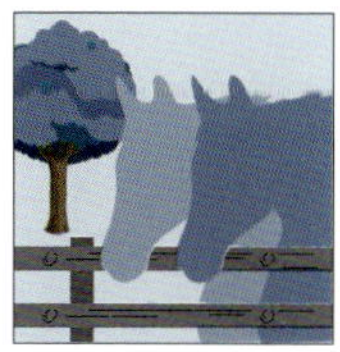

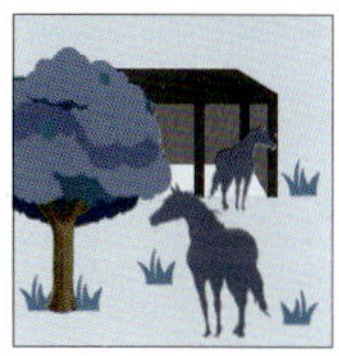

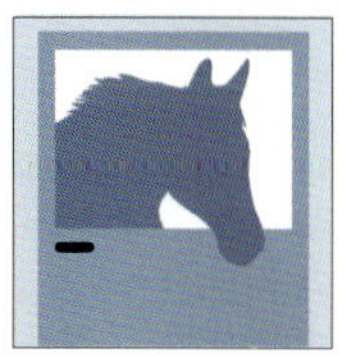

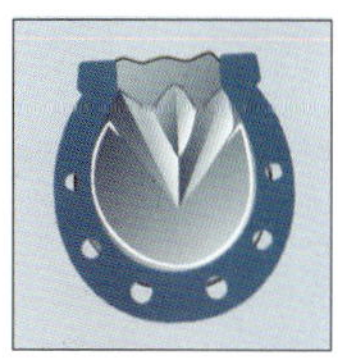

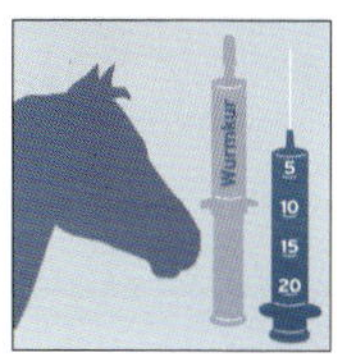

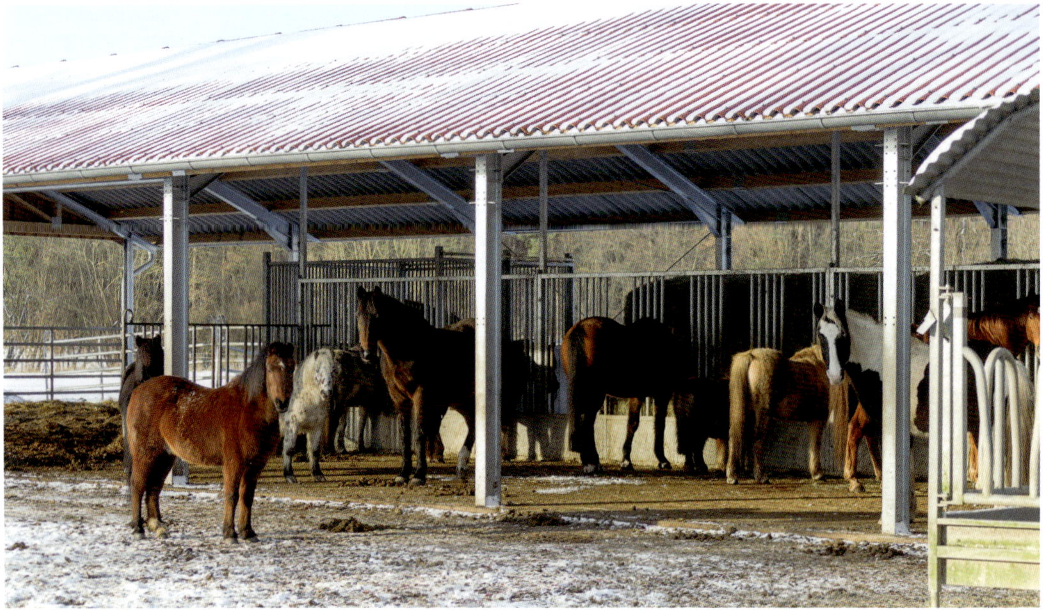

Offenstallhaltung im Winter – die Qualität des Bodens ist entscheidend.

wegungsanreize. Die größten Anreize gehen von der **Gesellschaft anderer Pferde** aus, aber auch von der Aufnahme von **Futter** und **Wasser**. Weitere Bewegungsanreize können durch die möglichst weit voneinander entfernte Platzierung von Heufütterung und Wasser oder dem Witterungsschutz sowie Geländemodellierungen (z.B. Sandhaufen) geboten werden.

Regelrecht **verhindert wird Bewegung** durch **schlechten Boden**. In einem morastigen Paddock oder auf einer sogenannten Matschkoppel mit Staunässe bewegen sich Pferde nur, wenn es absolut unvermeidlich ist. Sie fühlen sich auf diesem Untergrund nicht sicher; ihr Instinkt rät ihnen, sumpfige Stellen zu vermeiden. Eine Bewegungsfläche, die auch in den Wintermonaten tatsächlich zur Bewegung genutzt werden soll, braucht einen trockenen, eventuell **befestigten Untergrund**. Vorübergehendes Stehen auf einem morastigen Auslauf schadet der Gesundheit aber nicht.

Stundenweiser Aufenthalt im Paddock sollte auch im Winter eine Selbstverständlichkeit sein.

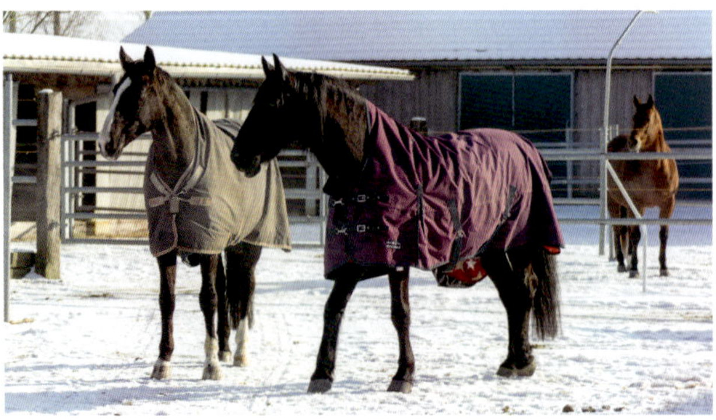

Freie Bewegungsmöglichkeiten für Pferde lassen sich bei günstigen Witterungs- und Tageslichtbedingungen im Sommerhalbjahr sehr viel einfacher realisieren. Entscheidende Qualitätsunterschiede in der Pferdehaltung zeigen sich im Winterhalbjahr.

Kontrollierte Bewegung

In freier Natur bewegen sich Pferde rund 16 km am Tag: beim Grasen, auf dem Weg zu Wasserstellen oder auf der Suche nach neuen Futterplätzen. Kaum ein Betrieb mit Pferdehaltung kann den Pferden entsprechend groß-

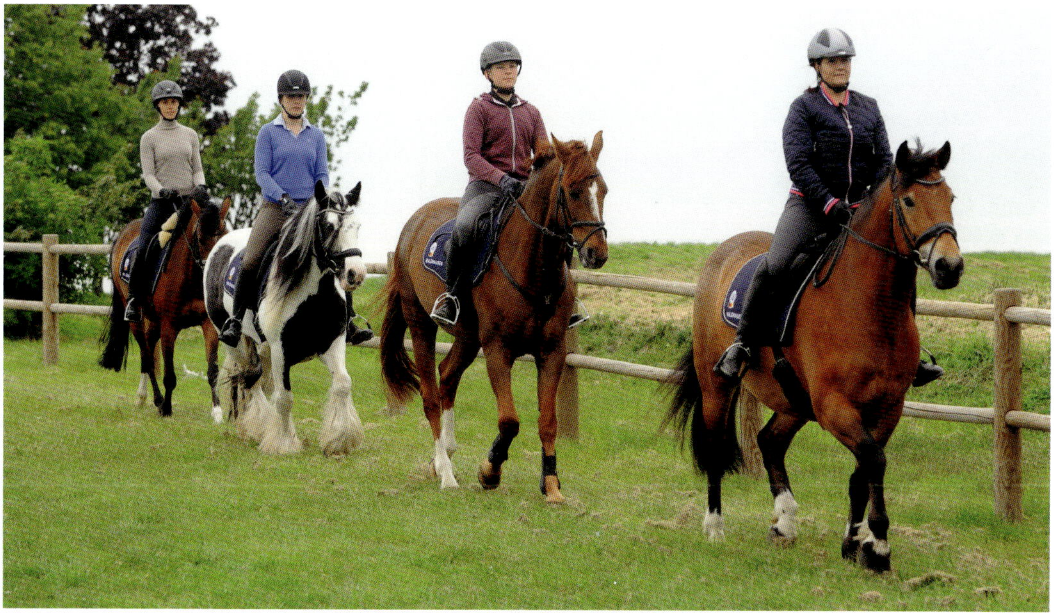

Training in der Gruppe auf dem Außenplatz

zügige, naturbelassene Bewegungsräume bieten. In der Regel ist für Pferde, die geritten oder gefahren werden, **regelmäßiges Training** nötig, damit sie ihre körperliche Leistungsfähigkeit erhalten.

Ausbildung und Training

Pferde, die gezielt bewegt werden (geritten, gefahren u.a.), brauchen eine **systematische Grundausbildung** – auch am Boden – und ein gezieltes Training für den jeweiligen Einsatz. Das gilt nicht nur für Sportpferde. Auch ein Pferd, das später als Freizeitpferd im Gelände eingesetzt werden soll, muss zunächst den grundsätzlichen Gehorsam unter dem Sattel lernen und systematisch trainiert werden. Aber auch ein Pferd, das für einen speziellen Verwendungszweck bereits ausgebildet ist, braucht immer wieder Grundlagentraining und Abwechslung in der täglichen Arbeit. Als Leitlinie für die tägliche Arbeit eignet sich ein durchdachter **Trainingsplan**, der auf Pferd und Pferdesportler individuell abgestimmt ist.

Im täglichen Training muss eine Balance zwischen **Kontinuität** und **Abwechslung** gefunden werden.

Zusätzliche Bewegungsangebote wie Ausritte, Longieren, Laufenlassen, Zeiten in der Führanlage, Lauf-

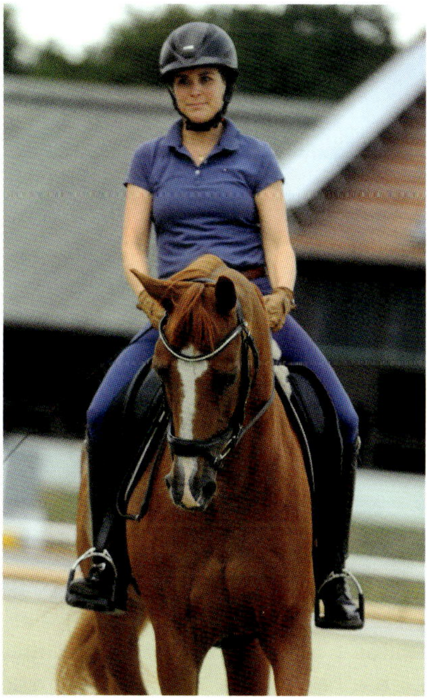

Dressurmäßige Arbeit auf einem geeigneten Platz gehört zum Grundlagentraining für jedes Pferd.

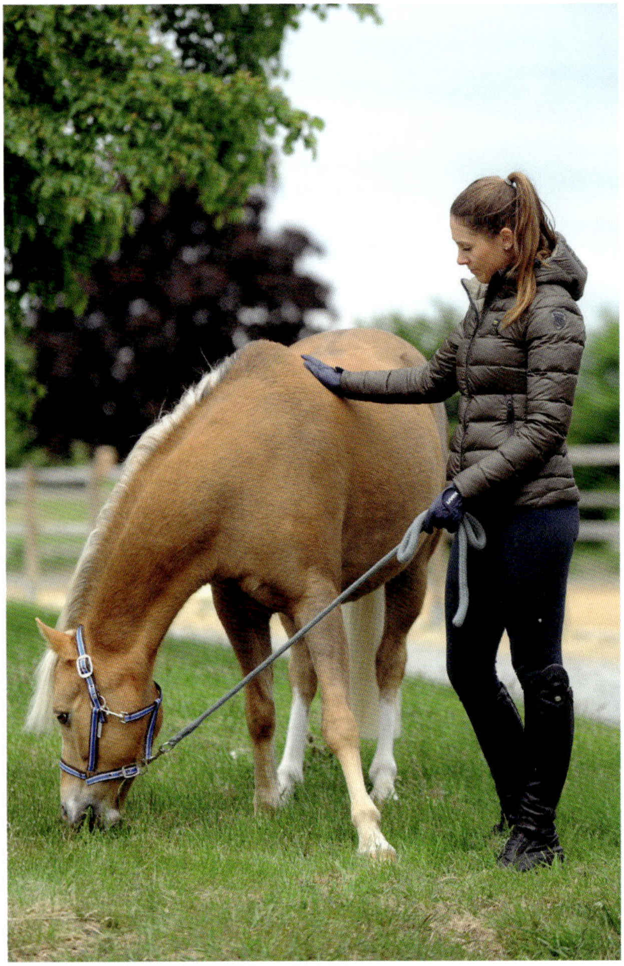

Grasenlassen an der Hand ist eine schöne Ergänzung zum gezielten Training.

band-Training, Bodenarbeit, Spazierenführen oder Handgrasen können dabei unterstützen, dass arttypische Bedürfnisse der Pferde besser erfüllt werden. Dabei kann natürlich nicht jedes mögliche Angebot jeden Tag erfolgen, aber über einen längeren, wiederkehrenden Zeitraum hinweg sollten solche Zusatzangebote immer wieder mit eingeplant werden.

Fachgerechtes Management und Tagesablauf

Das Management eines Pferdes umfasst die sinnvolle Kombination aller Faktoren der Haltung: Unterbringung, Fütterung, Gesundheitsfürsorge sowie Einheiten freier und kontrollierter Bewegung. Dabei müssen alle **täglichen Abläufe** – vor allem Fütterung und Bewegung – mit **längerfristigen Maßnahmen** wie **Schmiedetermine, Wurmkuren, Impfungen, Zahnkontrolle** oder die Teilnahme an Veranstaltungen kombiniert werden. Das Ergebnis ist ein individuell abgestimmter, passender Tagesablauf für jedes Pferd.

Der Tagesablauf

In einem pferdegerechten Tagesablauf müssen **Fütterung, Bewegungsangebote** und **Ruhezeiten** sinnvoll miteinander kombiniert und die Abläufe an die Jahreszeiten, das Wetter und somit an Temperatur und Tageslichtdauer angepasst werden. Strukturiert wird der Tag meist durch die Fütterung von Kraftfutter und Raufutter, falls Pferde nicht unbegrenzten Zugang zu Heu haben. Dabei sollte mit Rücksicht auf das **empfindliche Verdauungssystem** des Pferdes und seinen kleinen Magen das **Raufutter immer vor dem Kraftfutter** gegeben werden (siehe Seite 96). Zwischen der Kraftfuttergabe und einer Trainingseinheit sollten mindestens eine, besser 2 Stunden Zeit liegen. Eine mögliche Zeitspanne ohne Zugang zu Futter – zum Beispiel beim Aufenthalt auf der Weide oder im Auslauf – darf vier Stunden nicht überschreiten.

Geforderte Leistungen

Soll ein Pferd eine spezielle Leistung erbringen, dann müssen die Voraussetzungen dafür gegeben sein. Allerdings erfordert das Training eines Pferdes für den **Einsatz in sportlichen Wettkämpfen** ein besonderes Wissen und ein sehr **sorgfältiges Management**. Gründliche Ausbildung, tägliches Training, besondere Maßnahmen wie etwa Lehrgänge, sportlicher

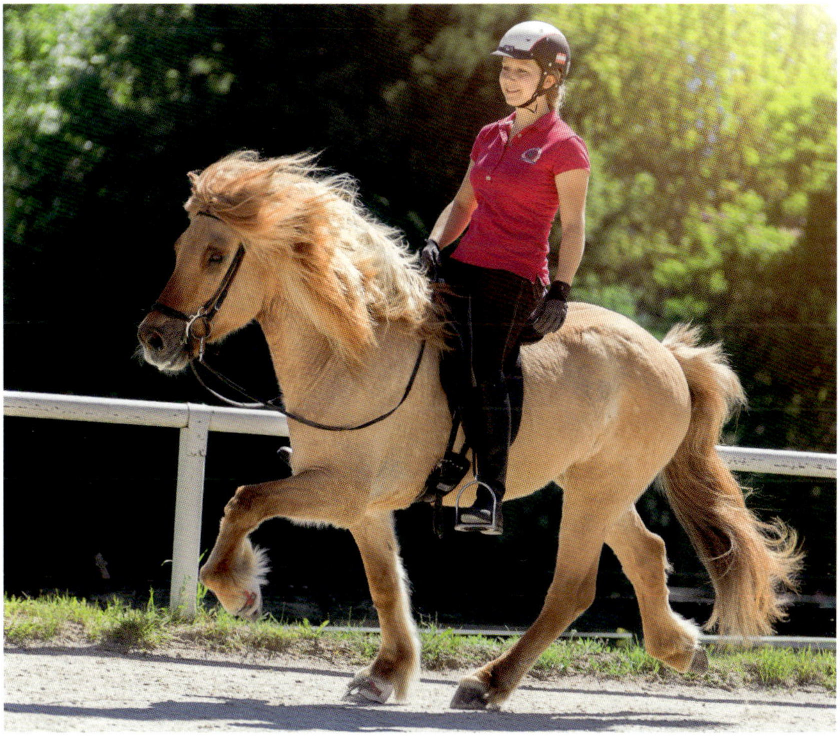

Für den sportlichen Einsatz brauchen alle Pferde gezieltes, regelmäßiges Training.

Einsatz und **Erholungszeiten** müssen durchdacht werden, damit Pferde die geforderten Leistungen dauerhaft erbringen können. Bei der Planung von Erholungszeiten muss nicht nur die **physische**, sondern auch die **psychische Belastung** berücksichtigt werden. Nervliche Anspannung erfordert eine weit längere Trainingspause als etwa eine große muskuläre Anstrengung.

Fehlendes oder **fehlerhaftes Management** gepaart mit hohen Ansprüchen an die Leistung eines Pferdes birgt das Risiko der Überlastung. Typische **Folgen** sind zum Beispiel Erkrankungen der Gliedmaßen bis hin zum Verschleiß und/oder psychische Schäden. Diese können aber auch Folge von fehlerhaftem oder sogar zu geringem Training sowie unzureichenden Haltungsbedingungen sein.

Im Überblick:

Tierschutz und Leistung im Pferdesport

Verboten

- ist, einem Pferd – außer in Notfällen – Leistungen abzuverlangen, denen es offensichtlich nicht gewachsen ist oder die seine Kräfte übersteigen.
- ist, bei einem sportlichen Wettkampf Dopingmittel zu verabreichen.
- sind, Ausbildungs- und Trainingsmaßnahmen, die für das Pferd mit erheblichen Schmerzen, Leiden oder Schäden verbunden sind.

§§

Zur Vorbereitung auf die Prüfung

Diese Themen werden an praktischen Beispielen vor Ort geprüft.

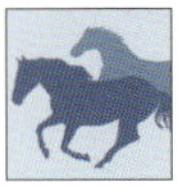

Pferde können auf unterschiedliche Weise gehalten werden.
- Welche natürlichen Bedürfnisse müssen bei der Haltung berücksichtigt werden?
- Welche Haltungsformen gibt es?
- Welche Haltungsformen gibt es vor Ort (Reitverein/Pferdebetrieb, in dem die Prüfung stattfindet)?

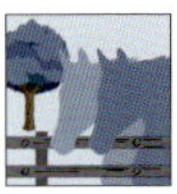

Eine weitläufige Weide entspricht am ehesten dem ursprünglichen Lebensraum der Pferde.
- Was muss berücksichtigt werden, wenn man Pferde auf der Weide halten will?
- Was sind die Vorteile, was sind die Schwierigkeiten bei der Weidehaltung?

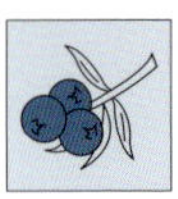

Viele häufig vorkommenden Pflanzen sind für Pferde giftig.
- Welche giftigen Pflanzen sind zum Beispiel für Pferde besonders gefährlich?
- Wo muss man mit dem Vorkommen von Giftpflanzen rechnen?
- Gibt es möglicherweise giftige Pflanzen vor Ort?
- Was kann man tun, um Pferde vor Giftpflanzen zu schützen?
- Wie verhält man sich, wenn ein Pferd eine giftige Pflanze gefressen hat?

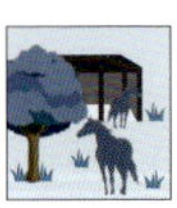

Die Gruppen-Auslaufhaltung ist eine beliebte zeitgemäße Haltungsform.
- Welche Faktoren muss man berücksichtigen, wenn man Pferde in einer Gruppen-Auslaufhaltung halten möchte?
- Was sind die Vorteile, was sind die Schwierigkeiten bei dieser Haltungsform?
- Was muss man bei der Zusammenstellung einer Pferdegruppe berücksichtigen?
- Was kennzeichnet einen Bewegungsstall?

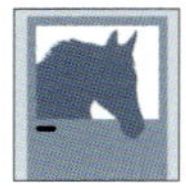

Die Pferdehaltung in Einzelboxen ist eine sehr verbreitete Haltungsform.

- ➤ Welchen Anforderungen muss eine Pferdebox genügen (ggf. vor Ort zeigen)?
- ➤ Wie müssen Boden, Türen, Zwischenwände, Fenster und die Stallgasse beschaffen sein?
- ➤ Was sind die Vorteile, was sind die Nachteile bei dieser Haltungsform?

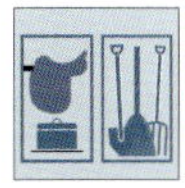

Pferde müssen in einem Stall sicher untergebracht werden können, aber es gibt noch weitere Anforderungen an einen fachgerechten Stall.

- ➤ Welche Räumlichkeiten und Möglichkeiten müssen für die Versorgung und Pflege von Pferden vorhanden sein?
- ➤ Welche unterschiedlichen Bewegungsflächen für Pferde sind generell denkbar?
- ➤ Welche stehen vor Ort zu Verfügung?

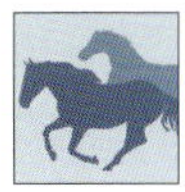

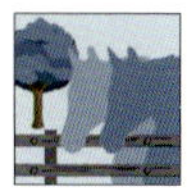

Beim Training oder Einsatz von Pferden für einen bestimmten Zweck wird von kontrollierter Bewegung gesprochen.

- ➤ Was muss bei der Planung kontrollierter Bewegung und der Gestaltung der entsprechenden Anforderungen bedacht werden?
- ➤ Warum brauchen Pferde zusätzlich freie Bewegung, und wie kann diese realisiert werden?
- ➤ Wie wird kontrollierte und freie Bewegung für die Pferde vor Ort organisiert?

Notizen

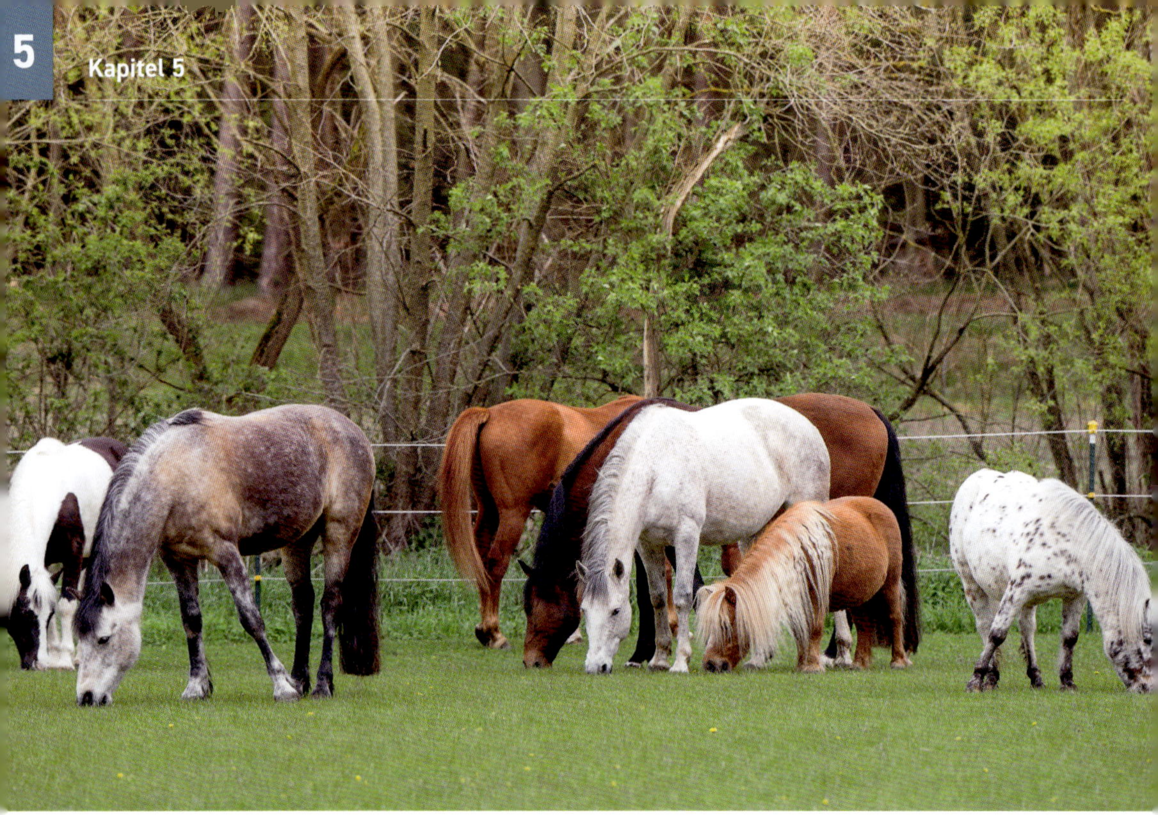

Frisches Gras ist das natürliche Lieblingsfutter aller Pferde.

5 Fütterung

Das Verdauungssystem der Pferde als ursprüngliche Steppenbewohner ist perfekt auf die Aufnahme von Gras zugeschnitten, sowohl in frischem als auch in getrocknetem Zustand.

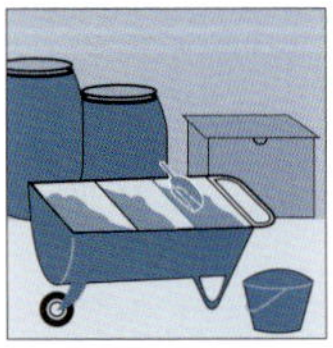

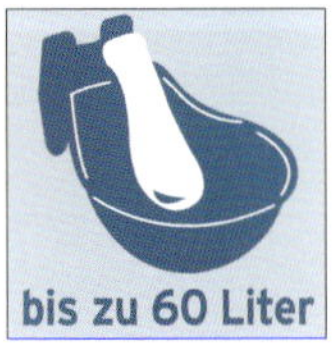

Grasflächen, die als Pferdeweide genutzt werden sollen, müssen verschiedene **Voraussetzungen** erfüllen.
Eine Neuansaat erfolgt nur unter bestimmten Bedingungen, zudem muss das jeweils geltende Landesrecht beachtet werden. Im Handel gibt es Saatmischungen extra für Pferdeweiden. Sie sollten eher energiearme, trittfeste und an den Standort angepasste Gräser beinhalten. Jede Pferdeweide muss gepflegt werden, zu den Pflegemaßnahmen gehören beispielsweise das regelmäßige Nachmähen, ausreichende Ruhezeiten und die bedarfsgerechte Düngung. Nicht nur bei der Haltung, sondern auch bei der Bereitstellung von Futter stellt der vergleichsweise hohe Flächenbedarf eine Herausforderung dar.

Getrocknetes Gras – **Heu** – ist nach wie vor der wichtigste, unverzichtbare Bestandteil des Pferdefutters. Es ist das einzige Futtermittel, das Pferden unbedenklich in unbegrenzter Menge zu Verfügung gestellt werden kann (mit Ausnahme von Pferden und Ponys, die zur Fettleibigkeit neigen). Besonderes Augenmerk muss auf die **Qualität** des Heus gelegt werden: Es soll grünlich aussehen und frisch nach Kräutern riechen, auf keinen Fall schimmelig oder verdorben. Gutes, pferdegerechtes Heu bietet die beste Grundlage für eine gesunde Ernährung. Gras kann auch in Form von **Silage** konserviert werden (siehe Seite 92 f.).
Die Futtermittelindustrie bietet eine breite Vielfalt von **Produkten für die**

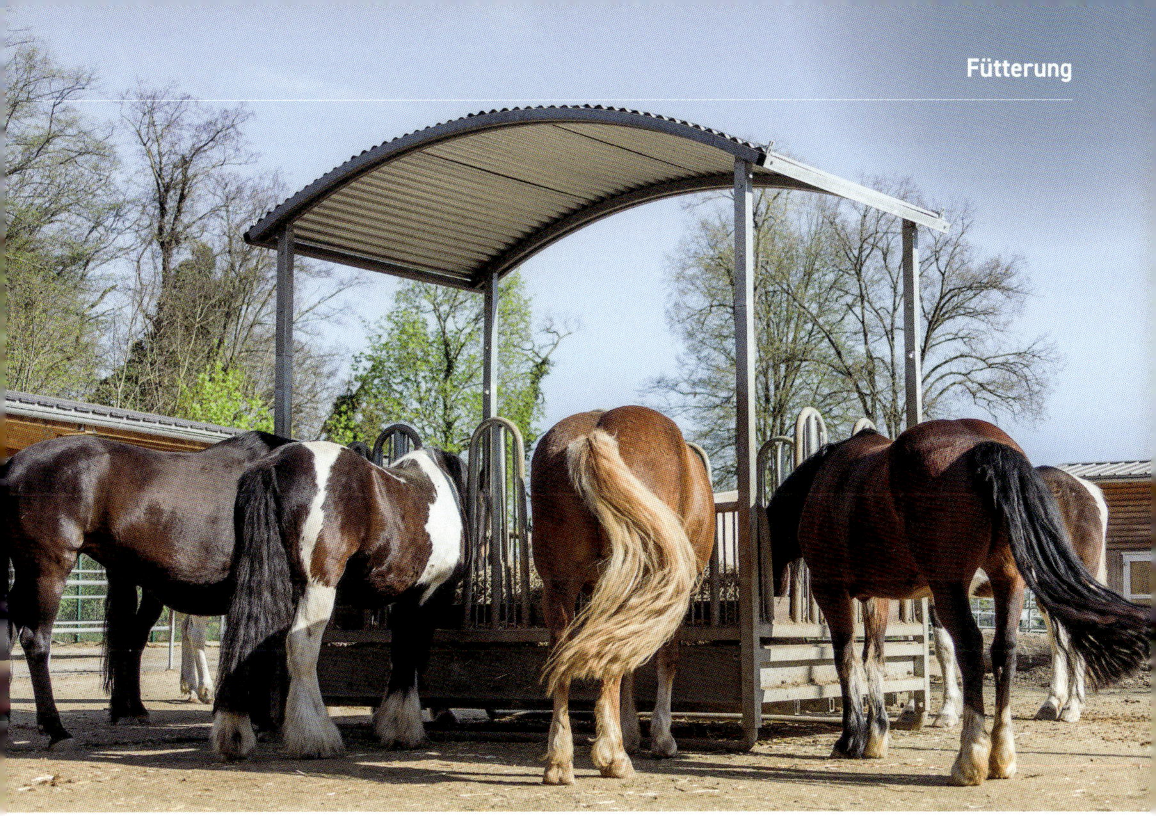

Getrocknetes Gras – Heu – ist der wichtigste Bestandteil der Fütterung.

Pferdefütterung an: von Heuersatz in Form von Heucobs bis zu Kraftfuttermischungen und speziellem Zusatzfutter in jeder denkbaren Variante. Einschlägige Werbung stellt die Lösung fast aller denkbaren Leistungs- und Gesundheitsprobleme durch den Griff zum entsprechenden Zusatzfuttermittel in Aussicht. Diese Mittel sollten aber nur nach genauer Bedarfsprüfung eingesetzt werden.

Wenig naturnahe Fütterung kann eher zu Erkrankungen des Stoffwechsels und der Verdauung führen. Heutzutage sind Fälle von Vernachlässigung beim Füttern selten geworden – Probleme durch **unpassende Fütterung** oder **Überfütterung** sind dagegen an der Tagesordnung. Oft sind die Anzeichen nicht unmittelbar an Gewichtszunahme oder -verlust abzulesen. Aber wenn Pferde ungewohntes Verhalten und vor allem mangelnde Leistungsbereitschaft zeigen, ist es wichtig, die Fütterung fachgerecht zu überprüfen.

Pferdegerechtes Futter, insbesondere Heu in guter Qualität, ist oft nicht leicht zu beschaffen. Aber ausreichende Versorgung mit geeignetem Raufutter ist die Grundlage jeder richtigen Fütterung und damit entscheidend für das Wohlergehen jedes Pferdes.

Tierschutz und Fütterung

Im Tierschutzgesetz ist festgelegt, dass ein Tierhalter sein Tier entsprechend seinen natürlichen Bedürfnissen füttern muss – die nicht-ausreichende Versorgung mit Raufutter ist somit tierschutzrelevant.

Jeder Pferdehalter muss sich die nötigen Kenntnisse aneignen, um sein Pferd bedarfsgerecht füttern zu können.

§§

Die Verdauungsorgane

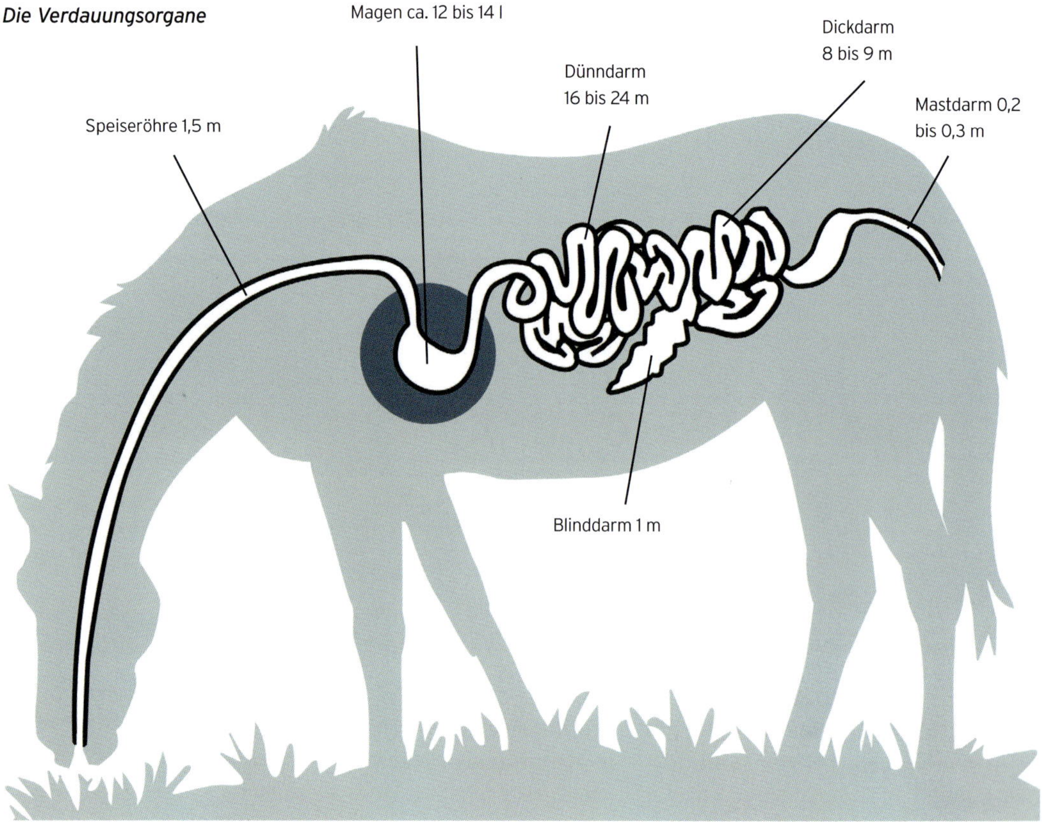

5.1 Nahrungsaufnahme und Verdauung

Das Verdauungssystem der Pferde ist auf die Aufnahme von **rein pflanzlicher Nahrung** spezialisiert.

Vom Maul bis in den Magen

Pferde sind außerordentlich geschickt darin, ihre Nahrung passend auszuwählen. Sehr bewegliche Lippen mit sensiblen **Tasthaaren** erlauben es ihnen, unerwünschte Bestandteile oder Fremdkörper auszusortieren.
Mithilfe der Lippen, der Schneidezähne und der Zunge wird die Nahrung erfasst und in den hinteren Bereich des Mauls transportiert, wo die Backenzähne die aufgenommene Nahrung zerkleinern.

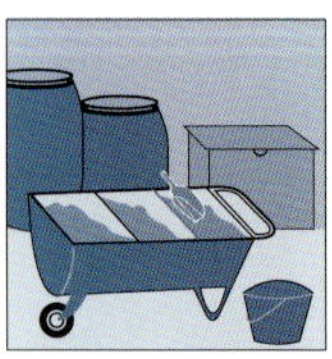

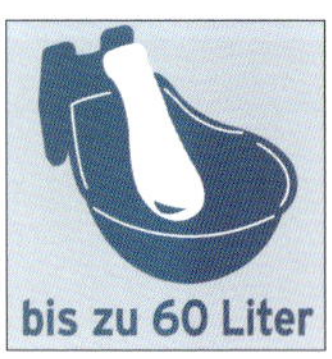

Der Kauvorgang löst die **Speichelproduktion** aus, durch Zusatz von Speichel entsteht ein Speisebrei, der durch die bis zu 1½ m lange Speiseröhre in den Magen abgeschluckt wird.
Ein kräftiger Schließmuskel verhindert, dass Nahrung in den Schlund zurückfließt, wenn der Magen gefüllt ist. Daher können Pferde nicht erbrechen – was einmal heruntergeschluckt wurde, muss die lange Magen-Darm-Passage antreten.
Der **Pferdemagen** ist relativ klein und liegt weit vorn, das heißt, noch in dem Teil der Bauchhöhle, der durch die Rippen geschützt ist. Er fasst nur **12 bis 14 Liter** Inhalt. Im Magen wird das Futter geschichtet und mit Magensaft versetzt. Diese Verdauungsphase ist wichtig für den ungestörten Ablauf der Verdauung.

Zur Sicherheit

- Sowohl für die Nahrungsaufnahme als auch für die Verdauung brauchen Pferde viel Zeit und Ruhe.
- Während der Fütterungszeiten und mindestens eine Stunde danach sollten Pferde nicht gestört und auf keinen Fall geritten werden.

Vom Dünndarm bis zum Äppelhaufen

Der Weg der Nahrung führt weiter über den 16 bis 24 m langen Dünndarm und dann über den 8 bis 9 m langen Dickdarm. Der zwischen Dünn- und Dickdarm abzweigende Blinddarm (bis zu 1 m lang) zieht sich auf der rechten Pferdeseite von der Flanke bis in Richtung Brustbein. Hier werden schwer verdauliche Nahrungsbestandteile zersetzt.

Die unverdaulichen Reststoffe werden als **Kot** abgesetzt. Bei einem gesunden Pferd mit intakter Verdauung soll der Kot die Form kleiner Äpfel haben – daher spricht man auch von Pferdeäpfeln oder umgangssprachlich von Äppelhaufen.

Am Aussehen des Kots lassen sich **Verdauungs- und Gesundheitsprobleme** ablesen. Pferdeäpfel sollen weich, aber deutlich geformt, glänzend grün-braun-gelb gefärbt sein und keinen unangenehmen Geruch haben.

Weicher, breiiger und unangenehm riechender Kot kann ein Anzeichen dafür sein, dass die Nahrung nicht lange genug im Darm geblieben ist und daher auch nicht gründlich aufgeschlossen und verwertet wurde. Helle, trockene und harte Pferdeäpfel können ein Hinweis auf beginnende **Verstopfung** sein. Sie kann möglicherweise durch einen zu hohen Anteil an schwer verdaulichen Stoffen, zum Beispiel bei ausschließlicher Haferfütterung oder

Im Überblick:

Mögliche Verdauungsprobleme

- Unzerkleinert heruntergeschluckte Nahrung (z.B. Apfelstücke) oder quellfähige Nahrungsmittel, die trocken verfüttert wurden (z.B. getrocknete Rübenschnitzel, Weizenkleie) **Schlundverstopfung**
- Hygienisch nicht einwandfreies Futter (Befall mit Bakterien oder Schimmelpilzen, gefrorenes oder vergorenes Futter) **Fehlgärungen und Entzündungen in Magen und Darm,** auch **Magenüberladung** oder **Verdichtung des Mageninhalts**
- Futtermittel, die verkleistern können (Roggen oder Weizen) nur in geringem Umfang verfüttern **Gefahr von Magenentzündungen und Fehlgärungen**
- Zu hoher Fruktangehalt (Gras im Frühjahr) oder mangelhafter Stärkeaufschluss (zu viel unbehandelte Gerste oder Mais) **schwerwiegende Erkrankungen (z.B. Hufrehe)**
- Zu niedriger Anteil von Raufutter (Heu, Futterstroh) **Verdauungsprobleme, Entzündung der Magenschleimhaut**
- Frisches, nicht abgelagertes Heu und Stroh wird oft zu gierig aufgenommen **Gefahr von Kolik, Magen- und Darmentzündung, Hufrehe**
- Zu hoher Strohanteil oder Wassermangel **Gefahr von Verstopfung**

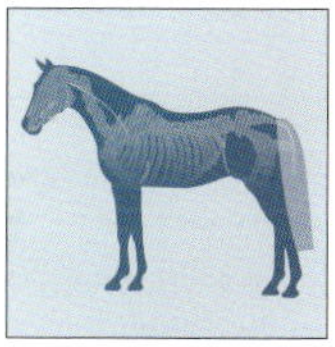

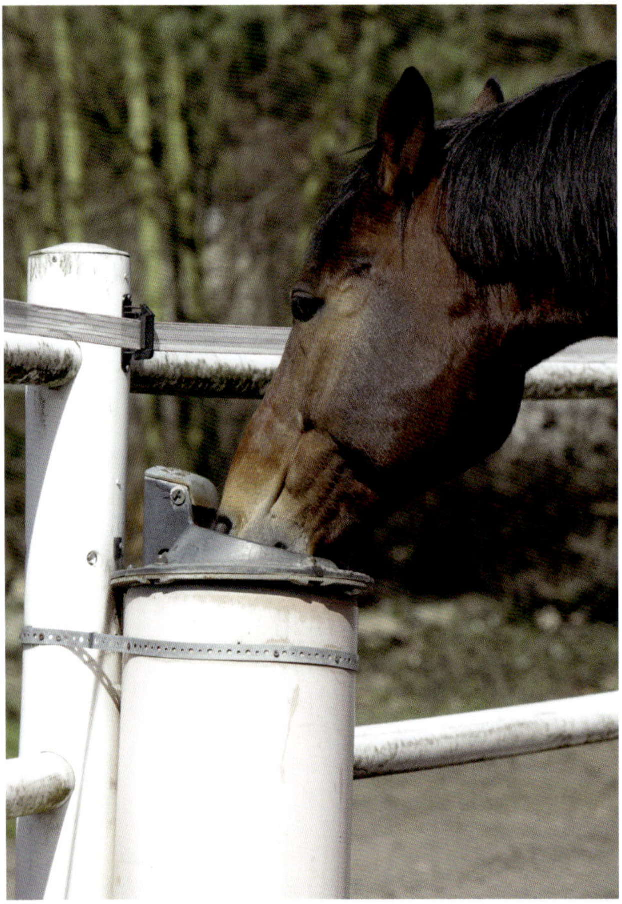

Tränken müssen frei zugänglich und frostfest sein.

durch altes, grobstängeliges Heu und Stroh, hervorgerufen werden.

Das Absetzen von **Kotwasser** kann Zeichen einer generellen Verdauungsstörung sein; die Ursachen dafür sind allerdings noch nicht komplett erforscht. Öfters regelt sich diese Störung von selbst. Wenn nicht, muss systematische Ursachenforschung betrieben werden.

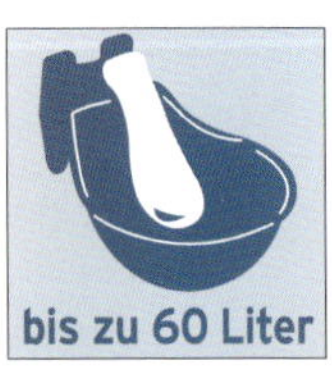

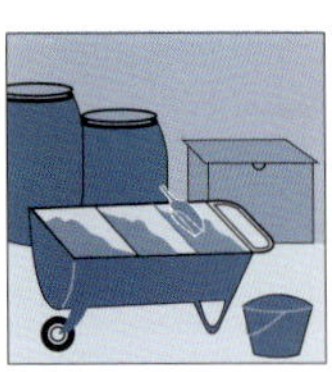

5.2 Wasser- und Futtermengen

Pferde haben einen hohen Bedarf an Wasser und Futter. Beides in erforderlicher Menge und in guter Qualität bereitzuhalten setzt eine sorgfältige Planung voraus.

Richtiges Tränken

Ein ausgewachsenes Großpferd mit einem Gewicht von 500 bis 600 kg braucht, je nach Witterung, körperlicher Belastung und Fütterung mit Raufutter, etwa **25 bis 60 Liter Trinkwasser** am Tag. Das Wasser sollte entweder in einer Selbsttränke frei zugänglich sein oder aus einem Eimer mehrmals täglich frisch angeboten werden. Dabei sollten Pferde ihren Durst vor der Fütterung und 1 bis 3 Stunden danach stillen können. Der Wasserbedarf steigt zum Beispiel nach der Gabe von Heu oder Futterstroh, nach Wasserverlust durch Ausscheidungen (Schwitzen) und ist darüber hinaus abhängig von der Witterung. Tränkanlagen beziehungsweise Tränkeimer müssen täglich kontrolliert und gegebenenfalls gereinigt werden.

Pferde prüfen in der Regel das Wasserangebot sorgfältig und nehmen nur **sauberes Wasser** auf. Sie sollten **ausgiebig** saufen können; zu geringe Wasseraufnahme gefährdet die Gesundheit. Pferdetränken sollten daher so leichtgängig wie möglich sein. Drücken mit der empfindlichen Nase, um den Wasserfluss auszulösen, ist manchen Pferden möglicherweise unangenehm. Schwimmertränken werden besser angenommen. Es kann hilfreich sein, Pferden zusätzlich Wasser aus dem Eimer anzubieten.

Passendes Futter

Die richtige **Zusammensetzung, Dosierung** und **Qualität** des Futters entscheiden über Gesundheit, Wohlbefinden und Leistungsbereitschaft eines Pferdes. Daher sollte die genaue Wahl der Futtermittel und -menge immer von einem Fachmann vorgenommen werden.

An erster Stelle in der Fütterung steht die Gabe von genügend **Raufutter**, also Heu oder Silage und Futterstroh

Im Überblick:

Tränken

- Ein Pferd braucht in Abhängigkeit von Körpergewicht, Raufuttergabe, Witterung und Flüssigkeitsverlust **bis zu 60 Liter sauberes Wasser am Tag** (mindestens 3-mal pro Tag bis zur Sättigung anbieten, vor und 1 bis 3 Stunden nach den Mahlzeiten tränken).
- Übermäßige Wasseraufnahme **direkt vor der Fütterung** sollte vermieden werden.
- Selbsttränken oder Eimer müssen **regelmäßig gereinigt** werden.
- **Erhitzten Pferden** sollte nicht zu viel auf einmal und kein zu kaltes Wasser vorgesetzt werden.
- Bei **hohen Temperaturen** wird empfohlen, Pferden während oder nach dem Training Wasser anzubieten. So kann einer Überhitzung vorgebeugt werden.

(Hafer, Weizen- und Gerstenstroh). Pferden sollte vor jeder Kraftfuttermahlzeit Raufutter vorgelegt werden (siehe Seite 96). Heu ist dabei das einzige Nahrungsmittel, das man Pferden unbedenklich zur Selbstversorgung bis an die Sättigungsgrenze (ad libitum) anbieten kann (mit Ausnahme von Pferden und Ponys, die zu Übergewicht neigen). Jedes Pferd muss täglich mindestens **1,5 kg Raufutter** (Heu, Stroh, gut strukturierte Silage) **pro 100 kg Körpergewicht** erhalten. Durch Stroh, das üblicherweise auch zum Einstreuen des Stalls verwendet wird, kann das Pferd seinen Raufutterbedarf ergänzend decken, die Gabe von Stroh darf das Füttern von Heu oder Silage allerdings nie vollständig ersetzen. Andernfalls besteht die Gefahr einer **Verstopfungskolik.** Die reichliche Gabe von Heu oder Silage verhindert am besten, dass Pferde zu viel Stroh aufnehmen. Qualitativ einwandfreies Raufutter befriedigt nicht nur das Kaubedürfnis des Pferdes, sondern schützt auch vor Fehlgärungen und damit vor Koliken.

Bei Pferden in Weidehaltung, die keine besondere Leistung erbringen müssen, kann auch **Gras als alleiniges Futtermittel** ausreichen. Zusätzlich ist aber immer die Versorgung mit Mineralfutter nötig; außerdem brauchen auch Weidepferde Zugang zu einem Salzleckstein. Im Laufe der Wachstumsperiode ändern sich Nährstoffgehalt und -zusammensetzung des Weidegrases. Gegenüber dem frischen Gras im Frühjahr wird der Rohfaseranteil immer größer.

Da die Grasaufnahme nur schwer gesteuert werden kann, ist bei Haltung auf Gras auch Überfütterung mit entsprechenden schweren Erkrankungen, wie Kolik und Hufrehe (siehe Seiten 113, 117), möglich. Gefährdet sind vor allem leichtfuttrige Ponyrassen. Auf jeden Fall sind für die Anlage, Bewirtschaftung und Pflege von Pferdeweiden entsprechende **Fachkenntnisse** nötig.

Zur Sicherheit

- Große Vorsicht ist bei der Fütterung von Gras im Frühjahr geboten; es hat einen sehr hohen Energie- und Eiweißgehalt und einen geringen Rohfaseranteil. Eine Gesundheitsgefahr für Pferde (Erkrankung an Hufrehe) geht zusätzlich von hohem Fruktangehalt (Pflanzen-Speicherstoffe aus Fruchtzucker) im Gras aus, insbesondere nach kalten Nächten. Um Koliken und Stoffwechselstörungen zu vermeiden, sollten Pferde im Frühjahr stundenweise an die Grasaufnahme gewöhnt werden.

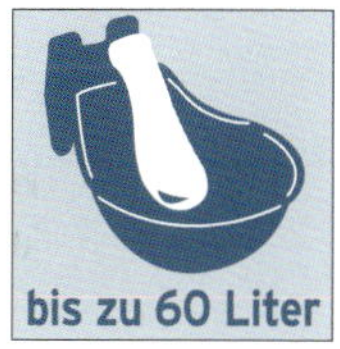

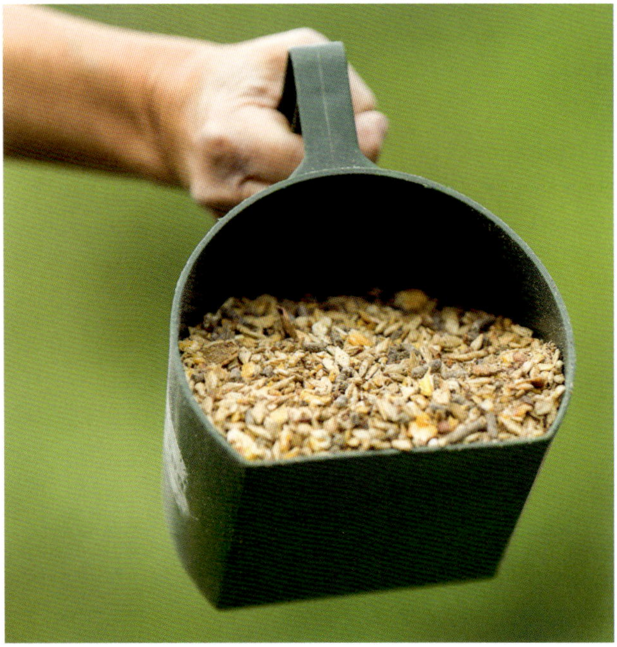

Jede Kraftfutterration muss genau abgemessen und individuell zugeteilt werden.

Individuelle Rationen

Die Ermittlung des Futterbedarfs für ein einzelnes Pferd richtet sich nach vielen **verschiedenen Faktoren: Rasse, Alter, Größe**, ungefähres **Körpergewicht, Haltungsform, Temperament** und vor allem danach, mit welcher Dauer und Intensität das Pferd gearbeitet wird **(Leistung).**

Eine länger andauernde Unter- oder Überversorgung mit Futtermitteln, Vitaminen und Mineralien kann zu einem Abfall der Leistungsbereitschaft und gesundheitlichen Problemen führen.

Der **tägliche Futterbedarf** eines Großpferdes (ca. 500 kg) das regelmäßig arbeitet, kann durch circa 2,5 kg Kraftfutter und 7,5 kg Heu sowie Mineralfutter nach Bedarf abgedeckt werden. Im individuellen Einzelfall muss die gesamte Ration allerdings sorgfältig an die **tatsächlichen Bedürfnisse** angepasst werden. Das gilt vor allem für **Ponys**. Sie sind meist sehr gute Futterverwerter; ihre Rationen sollten **eiweiß- und energiearm** sein.

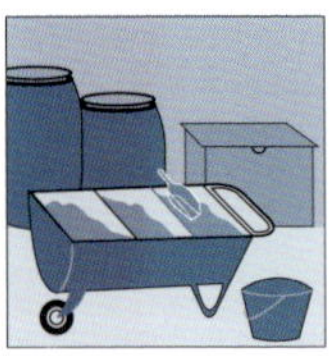

Es ist sinnvoll, die üblicherweise gefütterten Mengen einmal genau abzuwiegen, um nicht auf ungefähre Schätzungen angewiesen zu sein.

Der Futterbedarf eines Pferdes richtet sich nach Rasse, Alter, Körpergewicht, Haltungsform, Temperament und Leistung. 2,5 kg Kraftfutter und 7,5 kg Heu pro Tag gelten als Anhaltspunkt für ein Großpferd, das regelmäßig gearbeitet wird.

Nährstoffmangel und -überangebot

Richtige, angepasste Fütterung legt den Grundstein für die Gesundheit des Pferdes. Bei Verdacht auf Nährstoffmangel ist es ratsam, den Tierarzt hinzuzuziehen. Eine detaillierte Aussage über **Nährstoffe in der Fütterung** lässt sich allerdings nur durch eine individuelle Laboranalyse der entsprechenden Futtermittel treffen. Solche Analysen werden zum Beispiel von Untersuchungslaboren der Hochschulen oder anderen entsprechenden Instituten angeboten.

Erst auf der Grundlage einer genauen Einschätzung von Nährstoffbedarf und möglichem -mangel sollte man mit der **gezielten Zufütterung** beginnen. Zwar bietet die Futtermittelindustrie viele Zusatz-Futtermittel an, aber deren Verwendung ist keinesfalls unbedenklich. Nicht nur der Mangel, sondern auch das **Überangebot** an speziellen Mengen- und Spurenelementen sowie Vitaminen (z.B. Selen, Mangan, Kupfer, Vitamin A, Vitamin D) kann ernsthafte gesundheitliche Schäden hervorrufen.

Pferde, die schwitzen, brauchen zusätzlich Salz (Leckstein oder Fütterung von Salz). Fohlen dürfen wegen starker Durchfallgefahr keinen Zugang zu Salzlecksteinen haben!

Futterumstellung

Die tägliche **Kraftfutterration** muss an die geforderte Leistung angepasst werden. Dafür sollte die Futtergabe aber keinesfalls von Tag zu Tag verändert werden.

Eine Ausnahme ist das sofortige Herabsetzen des Kraftfutters auf ein Minimum **(Erhaltungsfutter)** bei Boxenruhe oder deutlicher Reduzierung der Bewegung aus gesundheitlichen Gründen.

Eine Anpassung zu mehr oder anderem Futter sollte **schrittweise** erfolgen; der empfindliche Verdauungstrakt reagiert sensibel auf jede **Futterumstellung**. Zudem kommt es nicht selten vor, dass Pferde ungewohntes Futter komplett verweigern.

Zur Sicherheit

- Bei einem Stallwechsel jeder Art - auch während Pferdesportveranstaltungen oder Urlaub mit dem Pferd - sollte das gewohnte Futter mitgenommen werden. Jede Futterumstellung muss vorsichtig und schrittweise erfolgen.

Fresspausen

Pferde vertragen **keine langen Fresspausen.** In freier Natur fressen sie durchschnittlich 16 Stunden am Tag, im Extremfall bis zu 20 Stunden.

Fresspausen, in denen Pferden kein Futter zur Verfügung steht, dürfen 4 Stunden nicht überschreiten. Daran sollte sich die Zeitgestaltung für einen Aufenthalt im Auslauf oder auch für den Transport von Pferden orientieren.

Bei der Fahrt zu Veranstaltungen muss genügend Raufutter mitgeführt und entsprechend angeboten werden.

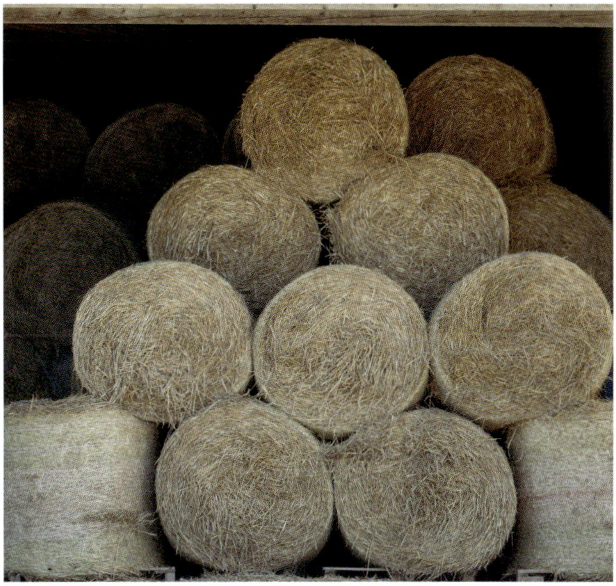

Raufutter ist der zentrale Bestandteil der Pferdefütterung; trockene und luftige Lagerung hilft, die Qualität zu erhalten.

5.3 Futtermittel für Pferde

Pferdefutter wird in drei große Gruppen eingeteilt: **Kraftfutter** (Einzel- oder Mischfutter), **Saftfutter** und **Raufutter.** Zusätzlich werden oft Vitamin- und Mineralienmischungen zugefüttert, außerdem Belohnungsfutter aus der Hand.

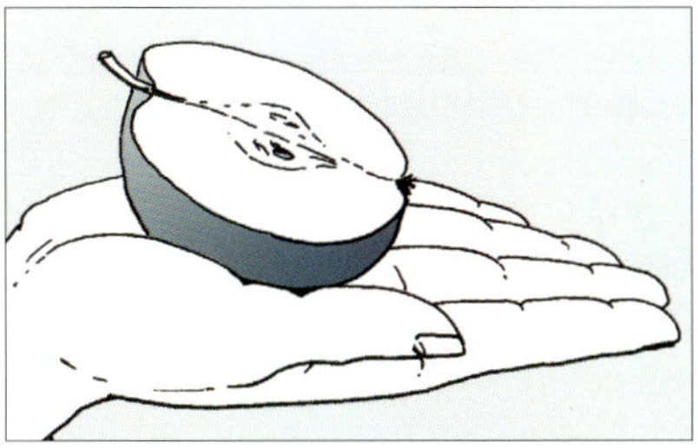

Beim Füttern aus der Hand gilt: Hand flach halten, Daumen eng anlegen!

Belohnungsfutter

Als Belohnungsfutter eignen sich zum Beispiel Äpfel, Möhren oder Bananen. Im Handel angebotene spezielle Leckerli sollten nur dann gefüttert werden, wenn sie keinen Industriezucker enthalten; auch Pferde können an Karies erkranken.

Im Überblick:
Pferdefutter

- **Raufutter**
  - Heu
  - Heucobs
  - Heulage
  - Grassilage
  - Maissilage
  - Stroh (bevorzugt Hafer-, Weizenstroh)
- **Saftfutter**
  - Grünfutter (frisches Weide- oder Wiesengras, auf dem Halm oder geschnitten)
  - Möhren, Äpfel, rote Beete u.a.
  - Futterrüben
- **Kraftfutter**
  - Hafer (ganz, geschrotet oder gewalzt)
  - Mais (gebrochen, geschrotet, wärmebehandelt)
  - Gerste (gewalzt oder geschrotet)
  - industriell gefertigte Futtermischungen (lose oder pelletiert)
- **Ergänzende Futtermittel**
  - Trockenschnitzel (eingeweicht)
  - Weizenkleie (eingeweicht oder angefeuchtet)
  - Pflanzenöl
  - Leinsamen
  - Bierhefe
  - Mineralfutter

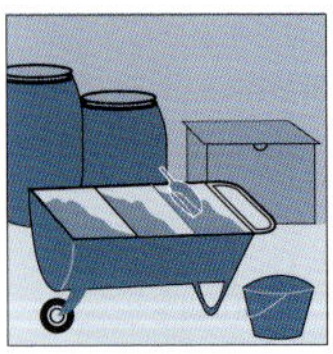

5.4 Fütterung in der Praxis

Dem Verdauungssystem und dem kleinen Magen der Pferde käme die Fütterung **vieler kleiner Portionen** pro Tag entgegen. Das lässt sich organisatorisch oft nur schwer umsetzen. Trotzdem sollten bei Pferden, die regelmäßig gearbeitet werden, mindestens drei Futterrationen pro Tag gegeben werden.

Pünktliche Mahlzeiten

Ideal ist es, jedes Mal Krippenfutter (Kraftfutter) und Raufutter anzubieten; dabei gilt die Regel: **Raufutter vor Kraftfutter**. Das Fressen von Raufutter führt zu deutlich vermehrter Speichelbildung; der Speichel spielt eine wichtige Rolle als Säurepuffer gegenüber der Magensäure.
Pferde verfügen über eine zuverlässige **innere Uhr**. Daher erwarten sie ihr Futter zur gewohnten Zeit. Während der Fütterung und in der Verdauungsphase sollte Ruhe im Stall herrschen.
Moderne Technik macht es möglich, Kraftfuttergaben individuell dosiert und elektronisch gesteuert in kleinen Rationen über den ganzen Tag zu verteilen. Wird diese Fütterungstechnik in speziellen Futterständen in einer Auslaufhaltung genutzt, bietet die Fütterung den Pferden zugleich zahlreiche Bewegungsanreize.

Zur Sicherheit

- Futtermittel, die sichtbar verunreinigt sind (Erdreste an Futtermöhren), Fremdkörper enthalten (Staub, Unkrautsamen, Ratten-, Mäusekot im Getreide), vergoren oder schimmelig sind, sind für Pferde nicht geeignet. Es besteht die Gefahr von Atemwegserkrankungen, Koliken, Magengeschwüren, Vergiftungserscheinungen oder allergischen Reaktionen.

Praktischer Ablauf der Fütterung

Kraftfutter wird aus der **Futterkrippe** gefüttert, **Raufutter vom Boden** aus (siehe Seite 75).
Wegen der möglichen Belastung durch Staub und Schimmelpilze dürfen Pferde mit bekannter Atemwegsallergie nur angefeuchtetes Heu und kein Futterstroh erhalten. Außerdem bieten sich für sie staubfreie Hobelspäne als Einstreu eher an als Stroh.

Zur Sicherheit

- Gartenabfälle eignen sich nicht als Pferdefutter! Mit dem Rasenmäher geschnittenes Gras darf auf keinen Fall an Pferde verfüttert werden; es besteht hohe Kolikgefahr. Abschnitte von Ziersträuchern und Hecken sind vielfach hoch giftig (siehe Seite 71 f.).

Futterneid

Futterneid gehört zum genetischen Erbe vieler Pferde. Durch die **Rangordnung** in einer Pferdeherde wird auch geregelt, wer als Erstes an die begehrteste Futter- oder Wasserstelle darf. Daher ist es für Pferde völlig natürlich, ihren vierbeinigen Nachbarn von Futter und Wasser wegzudrängen, den Konkurrenten in der Gruppenhaltung nicht an den Trog zu lassen oder von der Heuraufe zu vertreiben.

Unterschiedlich starke Ausprägungen dieses Futterneides kann man zur Fütterungszeit in vielen Pferdeställen beobachten. Pferde zeigen **Unruhe** und sichtbare **Drohgebärden**, beißen ins Trenngitter zur Nachbarbox oder schlagen gegen die Boxenwände. Es besteht die Gefahr, dass futterneidische Pferde sich bei diesen Attacken selbst und in Gruppenhaltung auch andere Pferde verletzen.

Futterneid lässt sich Pferden **nicht abgewöhnen**. Es gibt jedoch einige Maßnahmen, um die Problematik zu entschärfen, wie zum Beispiel das Anbinden der Pferde beim Füttern, Fressstände auf der Weide oder im Laufstall, Sichttrennungen bei Boxen und die Möglichkeit, das gierigste Pferd zuerst zu füttern. Im Einzelfall kann es helfen, futterneidische Pferdenachbarn zu trennen.

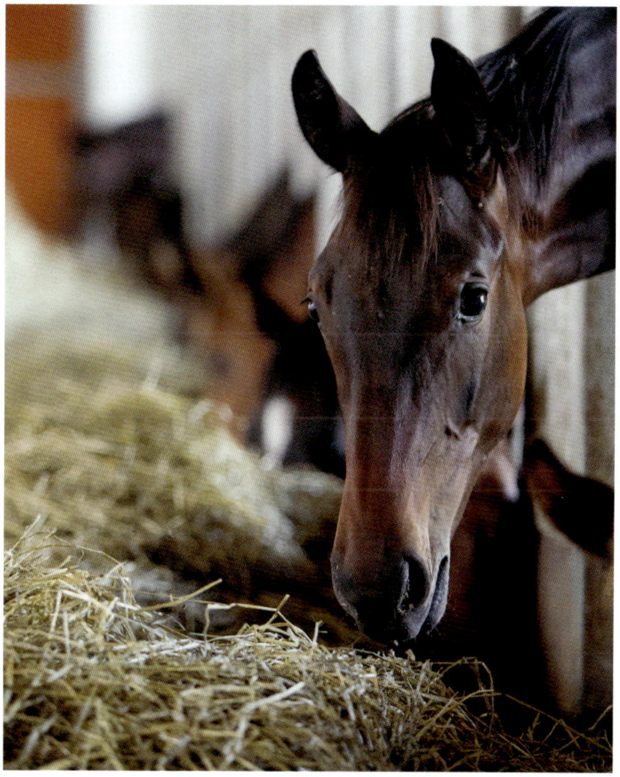

Fressgitter bieten eine praktische Möglichkeit, Pferden unbegrenzt Heu zur Verfügung zu stellen.

Im Überblick:

Fütterung

- Pferde benötigen beständigen Zugang zu **Raufutter**.
- **Heu** sollte möglichst oft gefüttert werden, im Idealfall zur freien Verfügung stehen.
- Pferde mit **allergischen Atemwegserkrankungen** sollten nur nasses Heu und kein Stroh erhalten.
- Pferde brauchen mindestens drei Futterrationen pro Tag. Besser ist es, ihnen **mehrere kleine Portionen** zu geben.
- Kraftfutter und Saftfutter werden aus der **Krippe** gefüttert, Raufutter vom **Boden** aus.

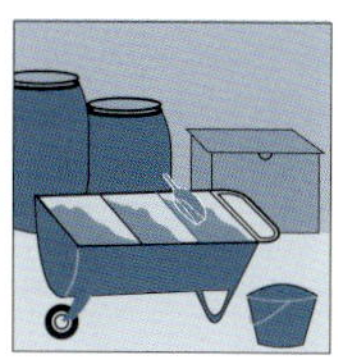

Zur Vorbereitung auf die Prüfung

Diese Themen werden an praktischen Beispielen vor Ort geprüft.

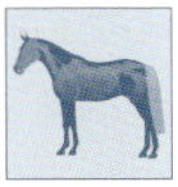

Die Verdauungsorgane der Pferde sind perfekt auf die Aufnahme und Verarbeitung von Gras ausgelegt.

- Was sind die Besonderheiten ihres speziellen Verdauungssystems im Vergleich zum Menschen?
- Welchen Weg nimmt die Nahrung vom Maul bis zum Äppelhaufen?
- Welche speziellen Verdauungsprobleme können beim Pferd entstehen?

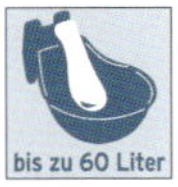

Pferde brauchen regelmäßigen Zugang zu Wasser.

- Wieviel Wasser nimmt ein Großpferd durchschnittlich am Tag auf?
- Wovon hängt die benötigte Wassermenge ab?
- Welche Beschaffenheit muss das Wasser für Pferde haben?
- Was ist beim Tränken zu beachten?

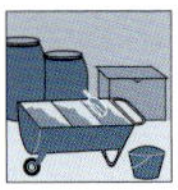

Pferde brauchen generell große Mengen an Futter.

- Welches ist das wichtigste Futtermittel für Pferde?
- Welche Futtermittel kann man Pferden zur Selbstversorgung zur Verfügung stellen?
- Warum muss man beim Anweiden - speziell im Frühjahr - besonders aufmerksam sein?
- Wie werden die Futtermittel systematisch eingeteilt?
- Welche Varianten von Raufutter gibt es?
- Welche Futtermittel gehören zum Saftfutter?
- Welche Möglichkeiten gibt es für pferdegerechtes Kraftfutter?
- Welche ergänzenden Futtermittel kann man zusätzlich füttern?
- Welche Futtermittel stehen vor Ort zur Verfügung (ggf. zeigen und benennen)?

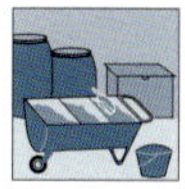

Der Futterbedarf einzelner Pferde ist sehr unterschiedlich.

- Welche Standard-Futtermengen gelten für ein Großpferd, das regelmäßig gearbeitet (geritten, gefahren o.Ä.) wird?
- Wie unterscheiden sich die benötigten Futtermengen unterschiedlicher Pferde- und Ponyrassen generell (Beispiele)?
- Wie kann man die benötigte Ration und deren genaue Zusammensetzung für ein Pferd ermitteln?
- Woran erkennt man, ob ein Pferd passendes/zu viel/zu wenig Futter erhält?

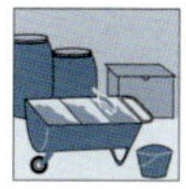

Es gibt verschiedene Möglichkeiten, Pferden ihr benötigtes Futter zur Verfügung zu stellen.

- Wie soll die Pferdefütterung (mit zugeteilten Rationen) praktisch ablaufen?
- Wie oft am Tag sollen Pferde Futter bekommen, in welcher Reihenfolge?
- Wie kann mit Futterneid umgehen?
- Wie läuft die Fütterung im Reitverein oder Pferdebetrieb vor Ort praktisch ab?

Notizen

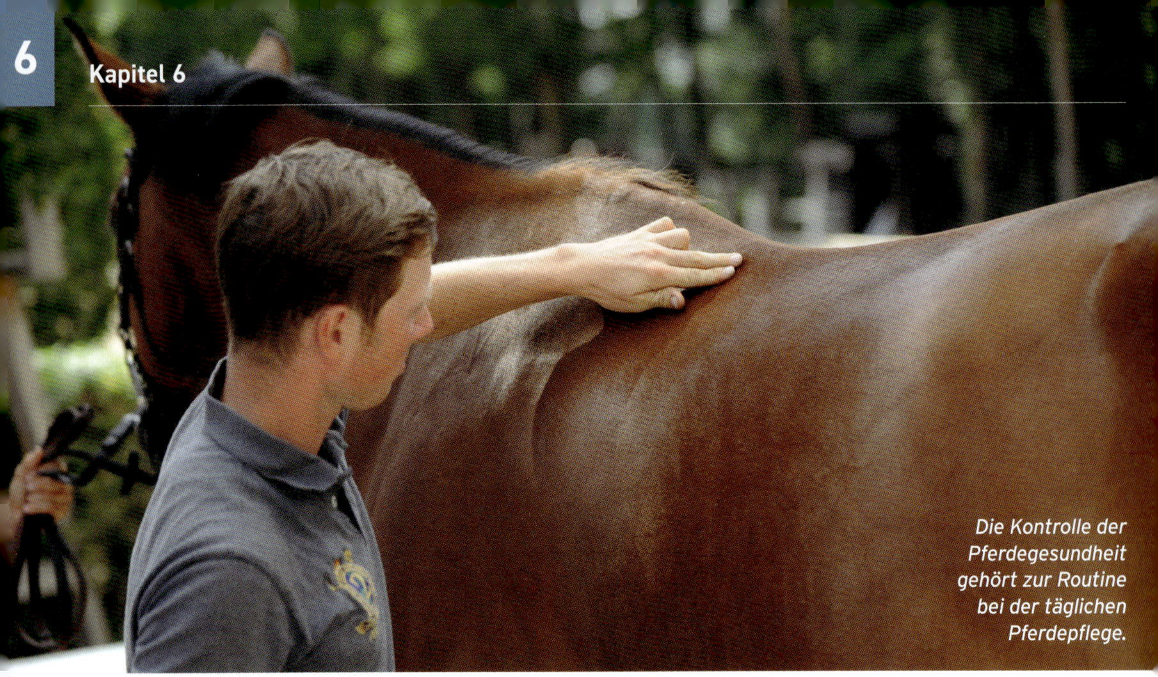

Die Kontrolle der Pferdegesundheit gehört zur Routine bei der täglichen Pferdepflege.

6 Krankheiten und Gesundheitsfürsorge

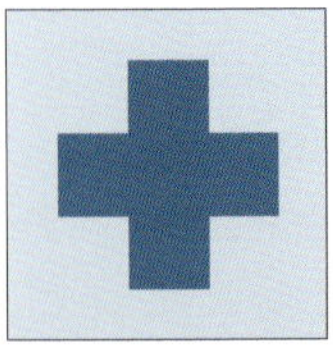

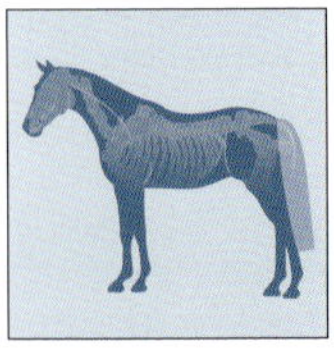

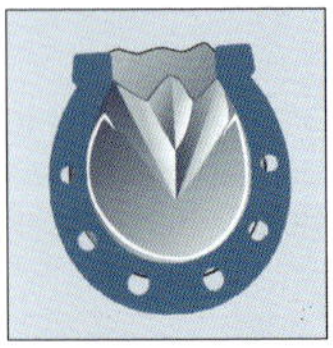

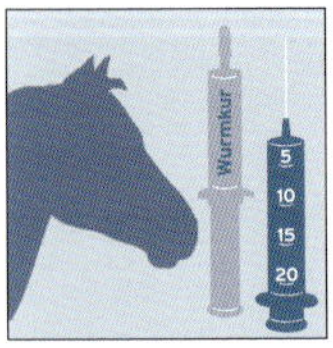

Wer die Verantwortung für ein Pferd übernimmt, muss für eine fachgerechte Gesundheitsfürsorge – Hufpflege, Entwurmung, Zahnkontrolle und Impfungen – sowie für das Wohlergehen des Pferdes im Krankheitsfall sorgen. Auf Pferdebesitzer können dadurch unerwartete Kosten und schwerwiegende Entscheidungen zukommen.

Gesund oder krank?

Jeder Pferdehalter muss den **Gesundheitszustand** seines Pferdes sorgfältig überwachen. Nicht alle Krankheitsanzeichen sind so leicht zu erkennen wie eine äußere Verletzung oder ein heftiger Husten; Erkrankungen kündigen sich oft schleichend an und viele Krankheitsbilder sind nicht eindeutig. Pferde **leiden** in der Regel **stumm**. Durch ihre hohe Anpassungsfähigkeit können sie einen hohen Leidensdruck aushalten. Umso wichtiger ist es, die Anzeichen für physische und psychische Probleme sensibel wahrzunehmen.

Ein **gesundes Pferd** hat **wache, glänzende Augen** und ein **lebhaftes Ohrenspiel**, ein glattes und **glänzendes Fell** und frisst mit **Appetit**.

Jedes außergewöhnliche Benehmen eines Pferdes, sei es ungewohnt teilnahmsloses Verhalten oder Unruhe, verbunden mit Scharren oder Wälzen, kann dagegen ein Alarmsignal sein. Grund zur Besorgnis gibt es auf jeden Fall, wenn ein Pferd Futter in der Krippe lässt.

Ein wichtiges Indiz für die Gesundheit ist der **Futterzustand**. Deutliches Über- beziehungsweise Untergewicht beeinträchtigt die Gesundheit und das Leistungsvermögen. Auffallende Gewichtsveränderungen können zu Krankheiten führen oder Anzeichen für eine bestehende Erkrankung sein.

Der Equidenpass

Nach den Vorgaben der EU muss für jedes Pferd ein Equidenpass (Pferdepass) ausgestellt werden, in dem relevante Informationen über das Pferd eingetragen sind: Geschlecht, Alter und

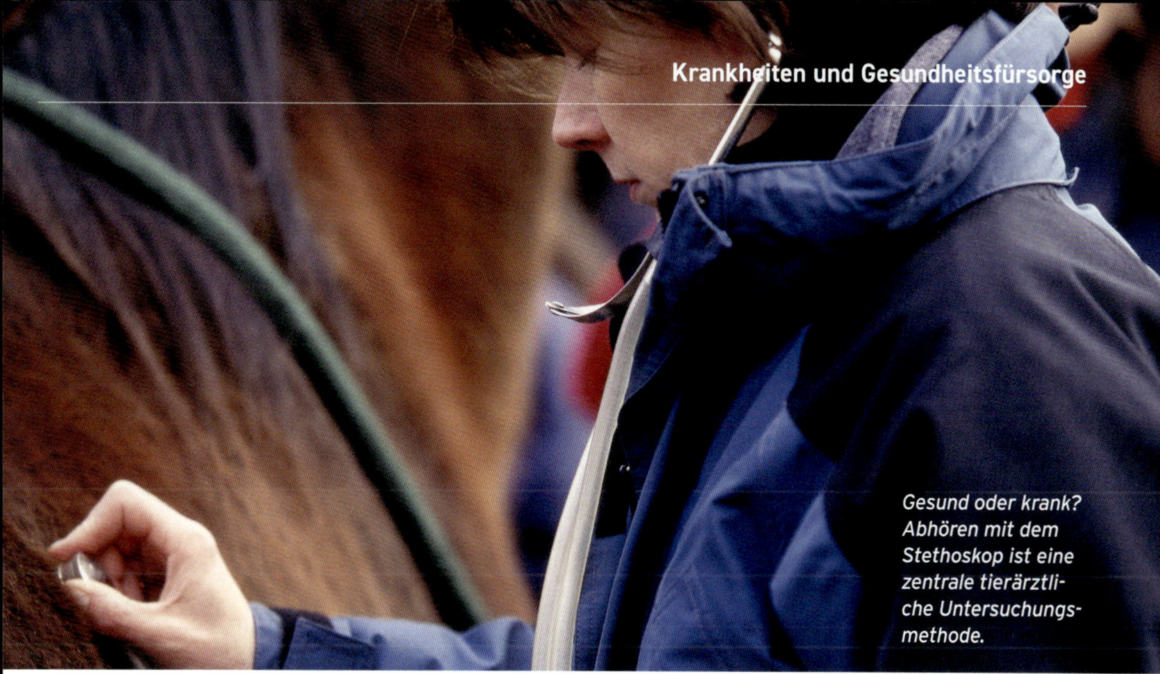

Gesund oder krank? Abhören mit dem Stethoskop ist eine zentrale tierärztliche Untersuchungsmethode.

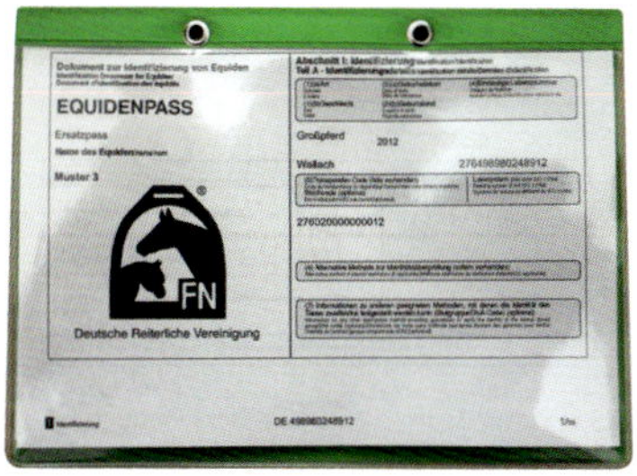

Abstammung, Fellfarbe und besondere Kennzeichen, an denen das Pferd eindeutig identifiziert werden kann. Außerdem werden Impfungen und in bestimmten Fällen auch Behandlungen vom Tierarzt im Pferdepass dokumentiert.

Der Equidenpass gehört zum Pferd. Er muss vom Pferdehalter (Stallbetreiber) so aufbewahrt werden, dass er jederzeit zugänglich ist, zum Beispiel bei einer tierärztlichen Behandlung nach einem Notfall.
Bei jedem Transport eines Pferdes muss der Equidenpass mitgeführt und bei Kontrollen auf Verlangen vorgezeigt werden. Auch bei zahlreichen Reitsportveranstaltungen muss der Equidenpass vorgelegt werden.

Im Überblick:
Krankheitsanzeichen

- Über- und Untergewicht
- Stumpfes Fell, glanzlose Augen
- Teilnahmslosigkeit oder Erregung
- Stark verändertes Verhalten, zum Beispiel ungewohnte beziehungsweise unverständliche Widersetzlichkeit beim Führen, Reiten, Fahren, Longieren usw.
- Verweigern von Futter
- Hautveränderungen: Verletzungen, Entzündungen, Schwellungen; Krusten-, Borken- oder Schorfbildung; Scheuern; kahle Stellen; Rötung und/oder Nässen der Haut
- Tränende, verklebte oder vereiterte Augen
- Husten, Nasenausfluss
- Schwellungen der Beine
- Steifer, ungeregelter Gang; Lahmen
- Lähmungen
- Unruhe, scharren, sich hinlegen und wieder aufstehen, heftiges Schweifschlagen
- Umschauen zum Pferdebauch
- Starkes Schwitzen
- Häufiges Gähnen, Flehmen (Oberlippe hochziehen)
- Erhöhte oder zu niedrige Temperatur, erhöhte Puls- und Atemwerte, Atemnot

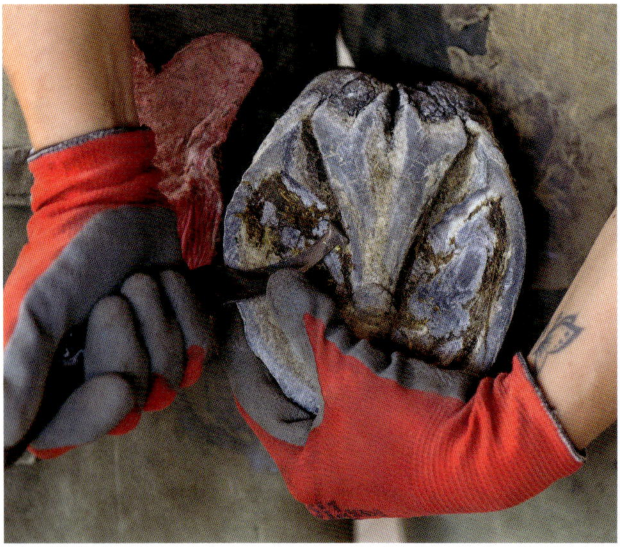

Pferdehufe müssen regelmäßig vom Schmied fachgerecht ausgeschnitten werden.

6.1 Gesundheitsvorsorge

Zur fachgerechten regelmäßigen Gesundheitsfürsorge für Pferde gehören die Bearbeitung der Hufe durch den **Schmied**, **Entwurmen**, die **Kontrolle der Zähne** und **Impfungen**. Hygienemaßnahmen bei der Pferdepflege, im Stall, im Auslauf und auf der Weide können das Risiko der Übertragung von Infektionen und Wurmbefall von Pferd zu Pferd vermindern.

Hygiene

Viele **ansteckende Erkrankungen** werden direkt über den Menschen oder indirekt über Putzzeug oder Ausrüstungsgegenstände übertragen.
Fremde, unbekannte oder möglicherweise kranke Pferde sollten nicht bedenkenlos angefasst werden.
Beim Auftreten von ansteckenden Krankheiten im Stall sollten sich alle, die in direkten Kontakt mit diesen Pferden kommen, danach die Hände waschen und **desinfizieren.** Bei hochansteckenden Erkrankungen werden weitere Maßnahmen wie das Tragen von **Schutzkleidung** oder Überschuhen erforderlich.

Eigenes Putzzeug für jedes Pferd sollte eine Selbstverständlichkeit sein - das gilt auch für Mähnenkämme, Schwämme, Lappen oder Schweißmesser.
Ausrüstungsgegenstände wie Halfter, Satteldecken, Gurte, Abschwitzdecken, Bandagen und Gamaschen sollten möglichst nicht auf verschiedenen Pferden benutzt werden.

Alle waschbaren Teile von Putzzeug und Ausrüstungszubehör sollten regelmäßig gewaschen und anschließend desinfiziert werden.

Hufkorrektur durch den Schmied

Wild lebende Pferde laufen sich ihre Hufe auf natürliche Weise ab. Bei allen Pferden, die als Haustiere gehalten werden, ist eine **regelmäßige Korrektur** der Hufe durch einen Hufschmied nötig - auch bei Weide- und Auslaufhaltung. Er kürzt und begradigt unregelmäßig abgelaufenes Horn und korrigiert, wenn nötig, den Huf so, dass er zum natürlichen Stand der Fesseln passt.
Wenn sich das Hufhorn stärker abläuft, als es nachwächst, ist regelmäßiger **Hufbeschlag** nötig. Regelmäßige Kontrolle der Hufe durch den Schmied und rechtzeitiges Korrigieren der Hufform ist eine der wichtigsten Voraussetzungen für **gesunde Pferdebeine.** Spezielle gesundheitliche Probleme können Spezialbeschläge nötig machen. Je nach Hufwachstum sollten Pferde **alle 6 bis höchstens 8 Wochen ausgeschnitten** beziehungsweise **neu beschlagen** werden.
Fehlerhafte Hufstellungen, unregelmäßige Korrektur der Hufform und zu lange Zwischenräume zwischen den Schmiedeterminen können akute und chronische **Lahmheiten** hervorrufen.

Je nach Einsatz des Pferdes auf unterschiedlichem Geläuf (Grasboden, Asphalt) können **Stollen** - fest aufgeschweißt oder variabel zum Ein- und Ausdrehen - nötig sein.

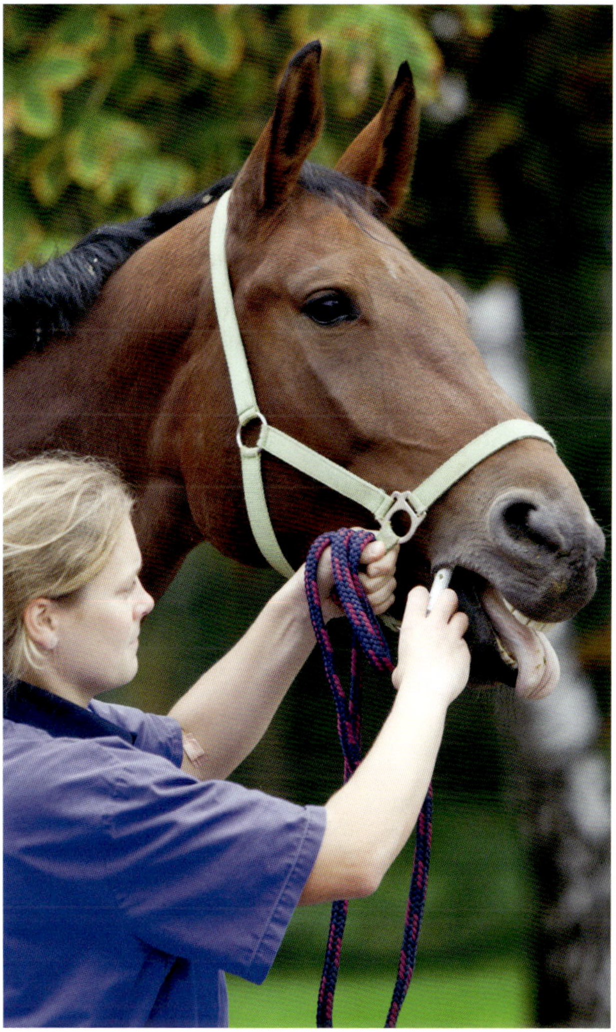

Wenn eine Wurmkur fachgerecht verabreicht wird, kann ein Pferd sie nicht wieder ausspucken.

Entwurmen

Pferde werden sehr häufig von Parasiten im Verdauungsbereich (Würmern) befallen. Starker **Wurmbefall** kann zu ganz verschiedenen Anzeichen führen: verzögerter Fellwechsel, stumpfes Fell, Abmagerung und Magen-Darm-Erkrankungen bis hin zu Koliken.

Daher sollte für jeden Stall beziehungsweise Pferdebestand in Zusammenarbeit mit einem Tierarzt eine Strategie zur Entwurmung erstellt werden.

Es gibt zwei Methoden zur Entwurmung. Bei der **strategischen Entwurmung** werden die Pferde in regelmäßigen Zeitabständen mit Wirkstoffen, die gegen unterschiedliche Parasiten wirksam sind, entwurmt (in der Regel 3- bis 4-mal im Jahr, auf jeden Fall im Frühjahr und Herbst/Winter).

Bei der **selektiven Entwurmung** werden von allen Pferden frische Kotproben gesammelt und durch einen Tierarzt untersucht. Diese Untersuchung gibt Aufschluss über die Menge der Wurmeier, die jedes Pferd ausscheidet. Vom Tierarzt behandelt werden nur die Pferde, die hohe Mengen an Wurmeiern ausscheiden. Aber Vorsicht: Die selektive Entwurmung wird nur für erwachsene Pferde empfohlen und orientiert sich nur an einer Wurmart!

Fachkundige Beratung durch den Tierarzt ist für den Erfolg aller Entwurmungsmaßnahmen entscheidend.

Wurmkuren werden zumeist mit einem Injektor (Oralinjektor), einer **speziellen Spritze,** direkt ins Pferdemaul gegeben. Auf dieselbe Weise können auch andere Medikamente verabreicht werden. Wichtig dabei ist es, den Injektor so weit wie möglich in das Pferdemaul hineinzuschieben.

Die beste Maßnahme gegen die Ausbreitung von Pferdewürmern im Bestand ist das sorgfältige Entfernen aller Pferdeäpfel - sei es im Stall, im Paddock, auf der Weide oder auf allen Bewegungsflächen.

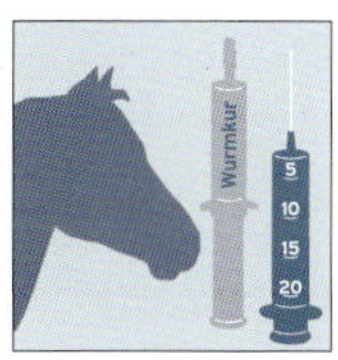

Im Überblick:

Impfung gegen Influenza gemäß LPO

- Grundimmunisierung, bestehend aus zwei Impfungen
- Erste Impfung: jederzeit
- Zweite Impfung: nach mindestens 28, höchstens 70 Tagen
- 14 Tage nach der zweiten Impfung der Grundimmunisierung sind Turnierstarts möglich
- Dritte Impfung der Grundimmunisierung: nach maximal 6 Monaten (+ 21 Tagen)
- Jede weitere Auffrischungsimpfung: nach maximal 6 Monaten (+ 21 Tagen)
- Zwischen Auffrischungsimpfung und Turnierstart: mindestens 7 Tage

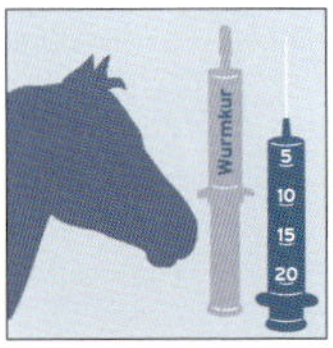

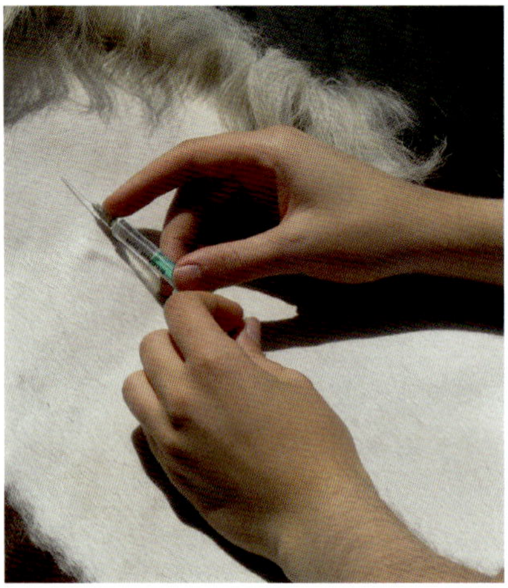

Kleiner Pieks mit großer Wirkung: Impfungen sind ein wichtiger Beitrag zur Pferdegesundheit.

Wichtige Impfungen

Wie Menschen können auch Pferde durch Impfungen vor ansteckenden Erkrankungen geschützt werden. Als Standard gilt dabei die Vorsorge gegen **Tetanus, Influenza** und **Herpes.**

Die **Tetanus-Impfung** sollte für alle Pferde eine **Selbstverständlichkeit** sein. Pferde reagieren besonders empfindlich auf Tetanus-Erreger. Insbesondere bei einer Hautwunde sollte der Tetanus-Impfschutz überprüft werden.

Für die Teilnahme an zahlreichen **Pferdesportveranstaltungen** wird Impfschutz gegen **Influenza** zur Voraussetzung gemacht.

Für alle Pferde und Ponys, die an Turnieren der Deutschen Reiterlichen Vereinigung (gemäß der Leistungsprüfungsordnung = LPO und gegebenenfalls auch der Wettbewerbsordnung = WBO) teilnehmen, ist ein **lückenloser Impfschutz** gegen die Pferdegrippe Influenza vorgeschrieben. Der Pferdepass, in dem die Impfungen eingetragen sind, muss auf jede Veranstaltung mitgeführt und auf Verlangen vorgezeigt werden.

Dringend **zu empfehlen** ist die Impfung gegen **Herpes**. Die unterschiedlichen Herpesviren rufen Atemwegserkrankungen hervor, können aber auch für Verfohlen oder neurologische Schäden verantwortlich sein.

Für die bestmögliche Wirkung des Impfschutzes gegen Herpes ist es am sinnvollsten und effektivsten, alle Tiere eines Bestandes zu impfen. Impfungen gegen Tetanus und Influenza schützen auch bereits das einzelne Tier sehr gut.

Weitere Impfungen

Neben den wichtigsten Impfungen (Tetanus, Influenza, Herpes) kann man Pferde gegen weitere ansteckende Krankheiten impfen. Wie weit andere Impfungen zu empfehlen sind, hängt von der Haltung des Pferdes und der möglichen Übertragungsgefahr beim Kontakt mit anderen Tieren ab. Tierärzte können über **sinnvolle Impfungen**, nötige Intervalle für Auffrischungen und mögliche Risiken beraten.

Alle Impfungen müssen im Equidenpass dokumentiert werden.

Zur Sicherheit

- Jede Impfung belastet den Organismus des Pferdes. Daher sollten die Pferde nach einer Impfung für zwei bis drei Tage deutlich geschont und keiner besonderen Anstrengung oder möglicherweise aufregenden Situation (Ortswechsel) ausgesetzt werden.

Zahnkontrolle

Die Zähne eines Pferdes sollten regelmäßig durch einen Tierarzt untersucht werden. So können eventuelle **Zahnprobleme,** zu denen zum Beispiel die Bildung von **Haken** oder **Fehlstellungen** gehört, früher erkannt werden. Probleme mit den Zähnen können sich unmittelbar auf die Arbeit mit dem Pferd auswirken, weil die geforderten Kaubewegungen mit dem Gebiss im Maul möglicherweise Schmerzen verursachen oder verstärken. Daher sollte ein Tierarzt **ein- bis zweimal jährlich** die Zähne eines Pferdes kontrollieren.
Spätestens wenn ein Pferd auffallend lange und schwerfällig kaut oder dem Pferd beim Fressen Heu-Wickel aus dem Maul fallen, besteht der Verdacht auf eine **Zahnerkrankung.**

Zahnwechsel und Wolfszähne

Probleme mit dem Annehmen des Trensengebisses können bei jungen Pferden durch den Zahnwechsel oder Wolfszähne entstehen. Der **Zahnwechsel** wird in der Regel erst im fünften Lebensjahr abgeschlossen; der Durchbruch neuer Zähne kann vorübergehende Schmerzen hervorrufen.
In der Lücke zwischen Backen- und Schneidezähnen – meist dicht vor dem ersten Backenzahn – sind bei Pferden oft sogenannte **Wolfszähne** ausgebildet. Dabei handelt es sich um individuell unterschiedlich ausgeprägte, **verkümmerte Zähne** aus einer Entwicklungsstufe, in der die Pferde noch mehr Zähne hatten. Meist sind die Wolfszähne nur als kleine weiße Spitzen im Kiefer sichtbar. Normalerweise stören sie ein Pferd nicht. Sie können aber **deutliche Probleme** verursachen, wenn sie genau dort liegen, wo das Trensengebiss auf den Unterkiefer (Lade) drückt. In diesem Fall müssen die Wolfszähne möglichst vor Beginn der Ausbildung gezogen werden, um dem Pferd unnötige Schmerzen zu ersparen.

Im Überblick:

Wichtige Impfungen

- Wundstarrkrampf (Tetanus)
- Pferdegrippe (Equine Influenzaviren)
- Herpes

Weitere mögliche Impfungen

- Borreliose
- Tollwut
- Hautpilzinfektionen (Dermatophytose)
- West-Nil-Fieber (West-Nil-Virus)
- Equine Virus Arteritis (EVA)

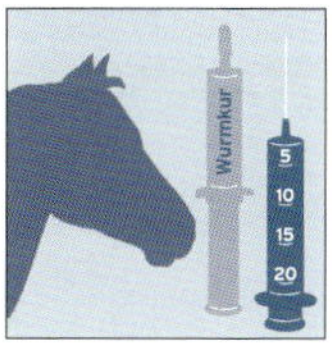

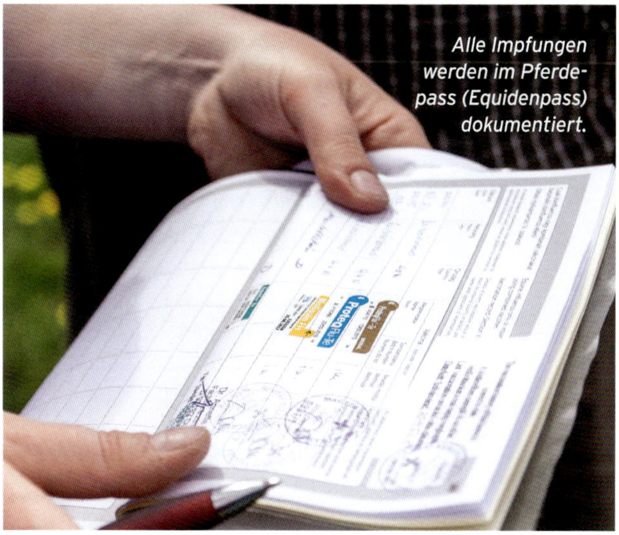

Alle Impfungen werden im Pferdepass (Equidenpass) dokumentiert.

Im Überblick:
Gesundheitsvorsorge

- Zum Schutz vor der Übertragung von ansteckenden Krankheiten sollte jedes Pferd seine **eigene Ausrüstung** haben: Halfter, Putzzeug, Trense, Satteluntерlagen, Decken, Beinschutz.
- Jedes Pferd sollte alle 6 (bis höchstens 8) Wochen von einem **Schmied** behandelt werden.
- In Zusammenarbeit mit dem Tierarzt gibt es eine **Strategie zur Entwurmung** der Pferde.
- Die **Zähne** der Pferde müssen regelmäßig kontrolliert und bei Bedarf (Hakenbildung) vom Tierarzt abgeraspelt werden.
- Die **Impfung** gegen **Tetanus** gehört zur Standard-Fürsorge für jedes Pferd.
- Die **Impfung** gegen Pferdegrippe **(Influenza)** ist für Pferde auf zahlreichen Pferdesportveranstaltungen (z.B. allen Turnieren gemäß LPO und ggf. auch WBO) vorgeschrieben.
- Impfschutz gegen Influenza besteht nur, wenn das Pferd nach einer Grundimmunisierung in vorgeschriebenen Abständen nachgeimpft wird.
- Die **Impfung** gegen **Herpes** wird dringend empfohlen.

6.2 Krankheiten und Notfälle erkennen

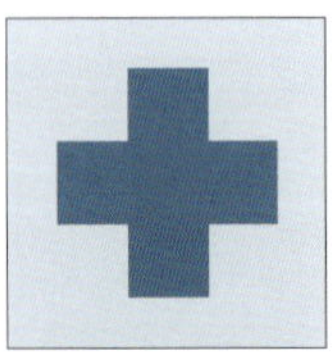

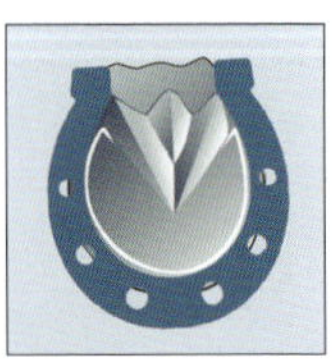

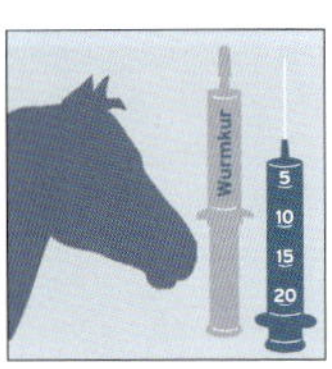

Jeder, der mit einem Pferd umgeht, wünscht sich ein gesundes Pferd. Aber zur **Verantwortung** für ein Pferd im Sinne des Tierschutzes gehört es auch, Krankheiten zu erkennen und für angemessene Behandlung zu sorgen. Dabei sind **akute Erkrankungen** (kurzfristige Erkrankungen mit deutlichen Krankheitsanzeichen, Heilungsaussichten abhängig von der Art der Erkrankung) sehr viel leichter zu erkennen als **chronische Erkrankungen** (schleichender Erkrankungsverlauf, lang andauernd, schlechtere Heilungsaussichten).

Die PAT-Werte

Einen guten Aufschluss darüber, ob ein Pferd gesund und leistungsfähig ist, geben die sogenannten **PAT-Werte**: die Anzahl der **P**ulsschläge und **A**temzüge pro Minute und die Körper-**T**emperatur. Der **Puls** des Pferdes lässt sich am besten am Unterkiefer fühlen. Das Ein- und Ausatmen der Luft durch die Nüstern oder das entsprechende Heben und Senken der Flanken sind Anzeichen der **Atemzüge**. Die **Körpertemperatur** kann im After gemessen werden, am besten mit einem Digitalthermometer.

Bei großer Anstrengung steigern sich die PAT-Werte enorm. So entscheiden Tierärzte, beispielsweise während der vorgeschriebenen Verfassungskontrollen im Distanzsport, anhand der PAT-Werte, ob ein Pferd weiterhin an einer Prüfung teilnehmen kann oder aufhören muss. Aber auch beim regelmäßigen Training geben die PAT-Werte einen Hinweis auf den **Trainingszustand** des Pferdes.

Kontrolle der Atemzüge

Die Atemzüge lassen sich sehr einfach durch Beobachtung ablesen: am Heben und Senken der **Flanken**, aber auch an den entsprechenden Bewegungen der **Nüstern**. Das kann sowohl von unten als auch vom Sattel aus problemlos jederzeit erfolgen. Die Steigerung der Atemfrequenz, aber auch die Zeitspanne für die Beruhigung der Atmung nach einer Anstrengung können Aufschluss über den Trainingsstand eines Pferdes geben.

Kontrolle des Pulses

Der Puls, der den Herzschlag des Pferdes anzeigt, lässt sich an verschiedenen Stellen des Körpers ertasten – dort, wo **Arterien an der Oberfläche des Körpers** verlaufen. Da der Ruhepuls des Pferdes sehr langsam und wenig ausgeprägt ist, braucht man zum Erfühlen des Pulsschlags direkt am Pferd etwas Übung.

Die am besten geeignete Stelle ist der **Unterkiefer**; dort ist eine kleine Einkerbung vorhanden, über die die Gesichtsarterie läuft.
Die Kontrolle des Pulses in jedem einzelnen **Bein** kann bereits vor der Arbeit einen Hinweis auf sich ankündigende lokale Entzündungen in den Gliedmaßen geben. Dazu fasst man mit Daumen und Zeigefinger von hinten um das Pferdebein etwas oberhalb des **Fesselkopfes** und streicht mit der Hand nach unten bis zur breitesten Stelle der Fessel. So hat man die Chance, jeweils innen und außen eine Beinarterie zu tasten.

Messen der Körpertemperatur

Die sicherste Ausgangsposition für das **Fiebermessen** ist der Standort seitlich, aber dicht neben der Hinterhand. Vor dem Einführen des Thermometers (empfehlenswert: ein Digitalthermometer) sollte die Spitze mit Vaseline eingerieben oder mit Wasser benetzt werden, um die Schleimhaut des **Afters** nicht zu verletzen. Zum Einführen und während der Messung muss die Schweifrübe des Pferdes deutlich nach oben angehoben und das Thermometer tief genug eingeführt werden.
Bei unvorhergesehenen Bewegungen des Pferdes kann ein Fieberthermometer leicht in den Darm rutschen, deswegen muss man es gut festhalten. Zur Sicherheit kann man eine **Wäscheklammer** mit einer Schnur am Thermometer befestigen und in die Schweifhaare klemmen. Während der Messung sollte die Spitze des Thermometers im leichten Kontakt mit der Darmwand bleiben, sonst fällt das Messergebnis möglicherweise zu niedrig aus.

Zur Sicherheit

- Jedes Pferd mit geringfügigen Krankheitsanzeichen oder dessen PAT-Werte nur leicht vom Normalbereich abweichen, braucht Schonung – selbst wenn die Ursache nicht klar ist. Überforderung kann eine noch unerkannte Krankheit verschlimmern oder zu chronischen Schäden führen. Es ist wichtig, die Ursache für das Unwohlsein des Pferdes herauszufinden!

Im Überblick:
PAT-Werte

Werte	Ruhezustand
Puls	
Pferd	28-40/Min.
Fohlen	ca. 80/Min.
Atmung	
Pferd	8-16/Min.
Fohlen	24-30/Min.
Temperatur	
Pferd	37,5-38,0 °C
Fohlen	37,5-38,5 °C

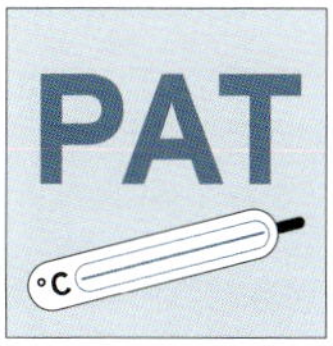

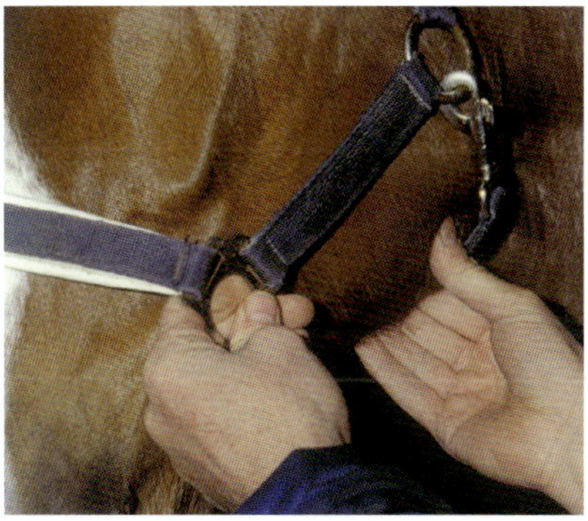

Am Unterkiefer lässt sich der Puls fühlen.

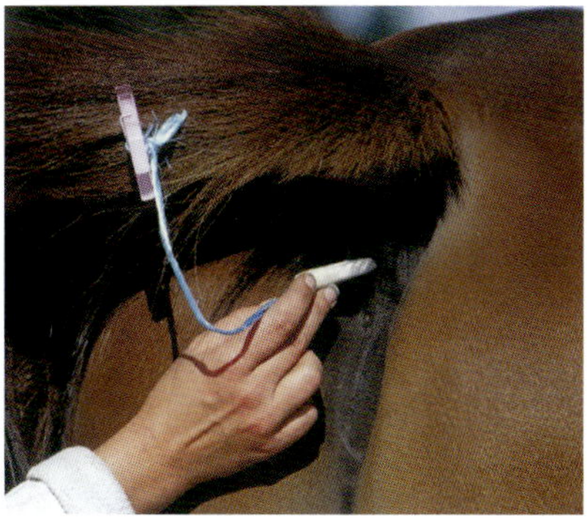

Mit einer Wäscheklammer in den Schweifhaaren kann das Fieberthermometer gesichert werden.

Pferdename: ______________________

Im Besitz von: ______________________

Geboren: ______________________

Tierarzt: ______________________

Schmied: ______________________

Im Notfall: ______________________

Im Notfall

Eine Kolik, der Verdacht auf Vergiftung, Schlundverstopfung, plötzlich auftretendes hohes Fieber und Verletzungen am Körper und den Hufen, die über leichte Schürfwunden hinausgehen, sind **Notfälle**, bei denen der **Tierarzt** so schnell wie möglich kommen sollte.

Unfälle oder plötzlich auftretende **Erkrankungen** können **schnelle**, weitreichende **Entscheidungen** erfordern. Daher sollten in Pensionsställen die **Namen** und **Telefonnummern** des jeweiligen Pferdebesitzers, des behandelnden Tierarztes und des zuständigen Schmieds sowie der nächsten Pferdeklink sofort zugänglich sein.

Mit dem Stallinhaber muss abgesprochen werden, wann ein Tierarzt hinzugezogen werden soll und welche Maßnahmen möglicherweise in **Abwesenheit des Besitzers** getroffen werden dürfen. Notfälle können sofortige Entscheidungen erfordern: zum Beispiel einen Kliniktransport, die Einwilligung zu einer Operation oder schlimmstenfalls zum Einschläfern eines Pferdes.

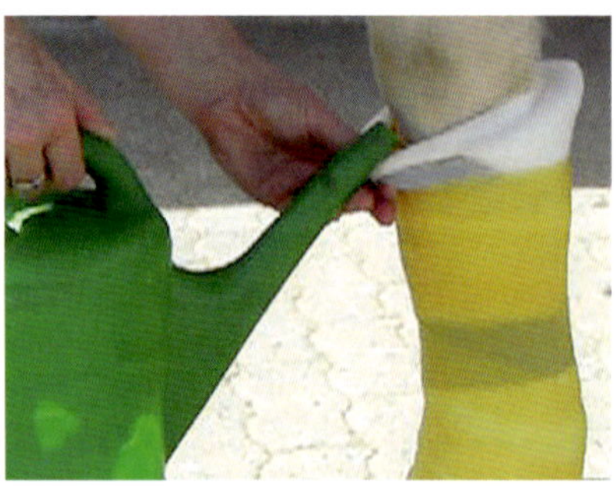

Ein Angussverband, der mit Desinfektionsmittel getränkt wird, braucht viel Polstermaterial zum Aufsaugen der Flüssigkeit.

Gesetzliche Regelungen

Laut EU-Recht gehört der Equidenpass zum Pferd (und nicht zum Besitzer, wie etwa die Eigentumskurkunde). Der Pass muss so aufbewahrt werden, dass er auch im Notfall für den behandelnden Tierarzt immer zugänglich ist - selbst in Abwesenheit des Besitzers (Informationen zum Equidenpass siehe Seite 100 f.).

Die Stallapotheke

In jedem Stall sollte eine spezielle **Notfallapotheke** vorrätig sein. Für Menschen konzipierte Verbandskästen sind dafür nur bedingt hilfreich, weil Pferde andere Mengen und Größen an Verbandsmaterial benötigen. Die Stallapotheke sollte in halbjährlichem Abstand auf **Verfallsdaten** des Inhalts kontrolliert werden; das gilt auch für angebrochene Salbentuben.

Sicherheit beim Anlegen von Verbänden

- Das fachgerechte Anlegen von Verbänden erfordert **Übung**. Zu locker angelegte Verbände rutschen, zu fest angelegte Verbände können Stauungen, Druck- oder Scheuerstellen verursachen. Alle Verbände müssen gut abgepolstert werden; bei der Befestigung mit Kreppband (statt mit Isolierband) kann weniger leicht Schaden entstehen. In einem Erste-Hilfe-Kurs für Pferde kann man die Techniken für das Anlegen eines Verbandes erlernen.

Im Überblick:
Der Inhalt einer Stallapotheke

- **Liste mit Telefonnummern**
  - Pferdebesitzer/Reitbeteiligung, Tierärzte, Schmiede, Tierkliniken
- **Nützliche Instrumente**
  - Fieberthermometer, mit Schnur an einer Wäscheklammer befestigt
  - Einmalhandschuhe, Taschenlampe
  - Scheren (abgerundet und gerade), Pinzette, Zeckenzange, Permanentmarker
- **Material für das Anlegen von Verbänden**
  - sterile Wundkompressen in verschiedenen Größen, auch sehr groß
  - Mullbinden, elastische Binden (unterschiedliche Breiten), Bandagen
  - Polstermaterial (evtl. Bandagierunterlagen)
  - selbstklebende Bandagen, Isolierband
  - mehrere saubere Handtücher (z.B. zum Anlegen eines Druckverbandes)
  - elastischer Deckengurt
- **Versorgung von Wunden und Schwellungen**
  - Desinfektionsmittel (Jod u.a.)
  - Wundsalbe (Zinksalbe), Wundspray, Spray zur Hautdesinfektion
  - Heparin-haltige Salbe für Prellungen ode Verstauchungen, Heilerde
  - Kühlelemente
- **Material für einen Angussverband**
  - Stallbandage, Unterlage
  - Akridinpulver (Rivanol®) oder Jodlösung
- **Material für die Versorgung von Hufverletzungen**
  - Hufzange, Hufraspel
  - Stück aus Jutesack oder grobes Bodenputztuch
  - evtl. Babywindel
  - Kreppband

6.3 Typische Pferdekrankheiten und Erste Hilfe

Eine Reihe von Erkrankungen lassen sich an gut sichtbaren **äußeren Anzeichen** (siehe Seite 101) ablesen. Daher gehört die Kontrolle der Haut, der Gliedmaßen sowie von Augen und Nüstern zur Routine bei der Pferdepflege. Bei jeder schwerwiegenderen Erkrankung, aber auch in allen Zweifelsfälle, sollte ein Tierarzt hinzugezogen werden. Dennoch ist in vielen Fällen Erste Hilfe möglich – zumindest bis der Tierarzt eingetroffen ist.

Äußere Wunden und Verletzungen

- **Kleine Hautabschürfungen** sind in der Regel ungefährlich.
  Erste Hilfe: erst reinigen, dann einmalig mit einem geeigneten **Desinfektionsmittel** behandeln **(z.B. Jodlösung).** Oftmals kommen abdeckende Alusprays oder auch Zinksalben zur Anwendung. Im Sommer besteht die Gefahr, dass selbst in unbedeutend erscheinenden Wunden Fliegen ihre Eier ablegen. In der Folge entzünden sich die Wunden und heilen sehr schlecht. Der Tierarzt muss gerufen werden.

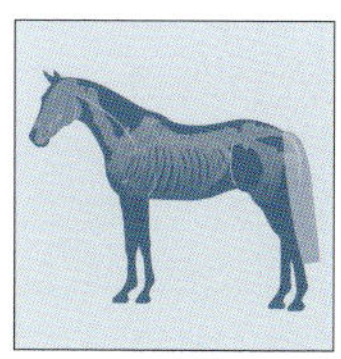

- Durch jede noch so kleine, fast unsichtbare **Wunde** können Erreger eindringen und eine Entzündung hervorrufen, die vor allem an den Gliedmaßen zu einer extrem starken Schwellung mit einer Entzündung der Unterhaut **(Einschuss)** führen kann.
  Erste Hilfe: in Absprache mit dem Tierarzt **Angussverband** mit dem Wirkstoff Akridin (nur für nichtlebensmittel liefernde Tiere) oder Jodlösung zur Desinfizierung; zudem Temperaturkontrolle, ob das Pferd Fieber hat und gegebenenfalls Tierarzt rufen.
- Jede Verletzung mit **anteiliger Durchtrennung der Hautschichten**, jede Riss- oder Stichwunde und jede großflächige Verletzung müssen vom Tierarzt versorgt werden.
  Erste Hilfe: Keine Desinfektion! **Tierarzt rufen!**
- Bei einer **stark blutenden Wunde** muss die **Blutung gestoppt** werden. Gliedmaßen können an geeigneter Stelle oberhalb der Verletzung **abgebunden** werden (mit einem Lederriemen, Gürtel oder Ähnlichem). Alternativ wird über einer **sauberen Wundauflage** oder einem gewaschenen Handtuch ein Druckverband angelegt.

Zur Sicherheit

- Verletzungen an den empfindlichen Augen und den Augenlidern müssen grundsätzlich umgehend von einem Tierarzt behandelt werden. Auf keinen Fall sollten evtl. vorhandene Augentropfen oder -salben auf eigene Faust oder sogar nach Ablauf des Verfallsdatums verwendet werden.

Hautunregelmäßigkeiten, Milben- und Pilzbefall

Unregelmäßigkeiten, die an der **Hautoberfläche** spürbar sind (Schuppen, Schorf, Hautanschwellungen, Haarausfall, Knötchen, Juckreiz), müssen vom Tierarzt untersucht und fachgerecht behandelt werden.
Weisen die Hautveränderungen auf einen beginnenden Befall mit **Pilzen** oder **Milben** hin, muss wegen der hohen **Ansteckungsgefahr** möglichst schnell mit der Behandlung begonnen werden. Schnelles Reagieren ist gerade bei Pilzerkrankungen notwendig, da sie sich durch Berührung und Übertragung mit dem Putzzeug, der Ausrüstung und der Einstreu explosionsartig im Pferdebestand eines Stalls ausbreiten können.
Erste Hilfe: Tierarzt rufen, Behandlung mit entsprechenden tierärztlich verordneten Medikamenten; **Desinfektion** von Putzzeug, Ausrüstung und Stall; Vermeidung jeden direkten Kontakts mit anderen Pferden und der Übertragung durch Menschen. Bei Pilzerkrankungen ist eine **Impfung** auch nach Ausbruch der Erkrankung möglich und kann den Heilungsprozess beschleunigen.

Sattel- und Gurtdruck

Wenn dort, wo die Ausrüstung (Sattel, Gurt, Trense) aufliegen, **Schwellungen** entstehen, dann besteht begründeter Verdacht auf Sattel-, Gurt- oder Trensendruck. Ein erstes Anzeichen kann erhöhte Wärme sein – dann trocknet zum Beispiel nach dem Abspritzen der Sattellage ein abgegrenzter Bereich schneller.
Erste Hilfe: Kühlen, die betroffenen Stellen schonen, die Ausrüstung überprüfen und gegebenenfalls abändern.

Schwellungen am Körper und an Gliedmaßen

Schwellungen, die man sehen kann oder beim Abtasten fühlt, können verschiedene Ursachen haben. In Verbindung mit **erhöhter Wärme** sind sie häufig Anzeichen für **Entzündungen.** Auch nach stumpfen Druck- und Stoßverletzungen oder wenn Sehnen, Bänder und Gelenke des Pferdes erkranken, treten Schwellungen auf. Diese Anzeichen muss jeder Pferdehalter sehr ernst nehmen.

Erste Hilfe: Schonung und **Kühlen** mit Wasser. Für genaue Diagnostik, weitere Behandlung und Dauer der nötigen Schonung muss der **Tierarzt** hinzugezogen werden.

Lahmheiten

Eines der bekanntesten Anzeichen für eine Pferdeerkrankung ist die Lahmheit. Dafür gibt es eine Fülle möglicher **Ursachen.**

Ein lahmendes Pferd versucht oft, das betroffene Bein weniger zu belasten. Je nach Stärke kann die Lahmheit schon im Schritt oder erst im Trab erkennbar werden, wenn das Pferd **auf ebener Fläche vorgetrabt** wird (siehe Seite 132). Im Trab berühren die diagonalen Beinpaare abwechselnd den Boden – jede kleine Veränderung des gleichmäßigen Zweitaktes ist gut zu sehen und auf hartem Boden auch zu hören.

Aber nicht alle Lahmheiten sind auf Anhieb klar zu erkennen, dennoch haben alle unregelmäßigen oder ungewohnt steifen Bewegungen eines Pferdes eine Ursache, zum Beispiel akute Entzündungen in den Gliedmaßen oder chronische Gelenkserkrankungen wie Hufrollenentzündung, Spat oder Arthrose.

Erste Hilfe: Schonung! Bei starker Lahmheit muss sofort der **Tierarzt** gerufen werden. Bei schwach ausgeprägter Lahmheit können sich die zugrunde liegenden Probleme im besten Fall von selbst lösen. Verschwindet die Veränderung im Gang nicht innerhalb weniger Tage, muss ein Tierarzt die Ursache herausfinden.

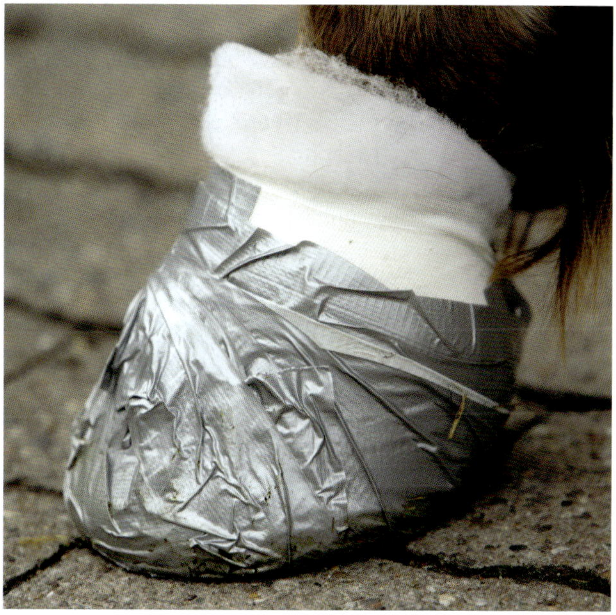

Verletzungen am Huf müssen wegen der hohen Infektionsgefahr fachgerecht verbunden werden.

Einschränkungen der Beweglichkeit

Bei Pferden können akute Einschränkungen der Beweglichkeit auftreten, oft auch als **„Blockaden"** bezeichnet. Pferde sind geschickt darin, kleinere Blockaden selbst zu lösen.

Gezieltes **Training** kann hier **Abhilfe** schaffen, gegebenenfalls auch in Kombination mit Osteopathie, Physiotherapie oder Chiropraktik (begleitend auch Akupunktur). Alle Maßnahmen sollten mit dem Tierarzt abgesprochen werden.

Hufgeschwür

Bei plötzlich auftretenden, sehr starken Lahmheiten ist häufig eine **Entzündung im Huf**, bei der sich ein Abszess bildet (Hufgeschwür), die Ursache. Typisches Anzeichen dafür ist eine Schmerzreaktion beim Abtasten mit der Hufzange.

Erste Hilfe: Tierarzt rufen! Der Tierarzt entfernt Hufhorn, um, wenn möglich, einen Zugang zum Abszess zu bekommen. Dann kann der Abszessinhalt (Eiter) abfließen. Anschließend wird ein Hufverband angelegt.

Nageltritt

Ein Nagel, eine Scherbe oder ein Stein können in den Huf eingedrungen sein und sehr starke Schmerzen verursachen.

Erste Hilfe: Den Gegenstand nur dann entfernen (Stelle merken!), wenn er bei jedem Schritt des Pferdes noch schlimmere Verletzungen anrichtet; ansonsten sollte die Behandlung durch den Tierarzt abgewartet werden.

Es kann auch vorkommen, dass ein frisch eingeschlagener Hufnagel dem Pferd Schmerzen verursacht - man spricht vom **Vernageln**. Dann muss der Nagel so schnell wie möglich fachgerecht gezogen werden.

Bei Hufverletzungen besteht eine besondere Gefahr für eine Tetanus-Infektion. Daher muss der Impfschutz sofort überprüft und das Pferd gegebenenfalls in den nächsten Stunden geimpft werden.

Husten

Tränende Augen, weißlicher oder gelber **Ausfluss** aus den Nüstern und **Hustengeräusche** sind bei Pferden immer Anzeichen für eine behandlungsbedürftige Erkrankung. Husten kann verschiedene **Ursachen** haben: zum Beispiel eine Erkrankung des Kehlkopfes, der Bronchien, der Lunge oder eine Allergie.

Werden solche akuten Krankheiten nicht behandelt oder nicht ausgeheilt, dann kann es zur **chronischen Bronchitis** kommen. Dauerhaft auftretender, trockener, quälender Husten kann ein Anzeichen sein. Diese Pferde benötigen besonders viel frische Luft und regelmäßige, angepasste Bewegung. Betrifft die chronische Erkrankung die Lunge und/oder das Herz, spricht man von einer **Dämpfigkeit** des Pferdes. Als Kennzeichen gilt die an der seitlichen Bauchwand quer verlaufende sogenannte „Dampfrinne".

Trockener Husten in Verbindung mit hohem Fieber sind erste Anzeichen für eine Infektionskrankheit, wie zum Beispiel der **Influenza** (Pferdegrippe; siehe Seite 104).

Erste Hilfe: Hustende Pferde brauchen **Schonung**. Abhängig von der Form des Hustens können schleimlösende und bronchienerweiternde Kräutermischungen eingesetzt werden. Auch das Inhalieren mit Kochsalzlösung kann helfen. Auf jeden Fall muss ein Tierarzt die Ursache des Hustens feststellen.

Allergien

Pferde können wie Menschen Allergien gegen typische Allergieauslöser (Allergene) entwickeln. Allergische Erkrankungen können die Haltung eines Pferdes erschweren und die Leistungsfähigkeit beeinträchtigen.

Besonders häufig werden Allergien durch Allergene in der Luft ausgelöst: **Pollen** von Gräsern, Bäumen und Unkräutern, **Staubmilben** und Sporen von **Schimmelpilzen**.

Befallene Pferde reagieren zum Beispiel mit allergischem **Hustenreiz** und zeigen in der Folge eine Überempfindlichkeit gegen jede Form von Staub, zum Beispiel auch gegen staubigen Hallenboden.

Erste Hilfe: Sobald die Ursache der allergischen Reaktion geklärt ist, muss versucht werden, Pferde dem Kontakt mit den Auslösern (Allergenen) möglichst nicht mehr oder so wenig wie möglich auszusetzen. Pferde mit allergischem Hustenreiz brauchen ständig eine staubarme Umgebung. Wenn sich diese Pferde sehr viel oder ständig an **frischer Luft** aufhalten, kann sich ihr Gesundheitszustand erheblich verbessern.

Bei Allergien gegen **Insekten** – Auslöser sind in der Regel Fliegen und Mücken – hilft es, je nach Schweregrad, die Pferde durch konsequentes Eindecken mit speziellen Sommerdecken vor Insektenstichen zu schützen. Bei leichterem Verlauf hilft Insektenabwehr in Form von Sprays und Lotionen.

Sommerekzem

Das Sommerekzem bei Pferden ist eine **allergische Hautreaktion** auf den Speichel stechender **Insekten**, insbesondere der Kriebelmücken. Diese stechen vorrangig dort, wo die Pferdehaare senkrecht stehen (Mähne, Schweif, Bauchnaht). Stark juckende Ekzeme veranlassen die Pferde, sich extrem zu scheuern, es kann sogar bluten. Besonders häufig sind importierte Islandpferde von dieser Erkrankung betroffen. Sogenannte **Ekzemer-Decken**, die den Körper des Pferdes möglichst komplett einhüllen, können vor Insektenstichen schützen, ebenso Mittel zur Insektenabwehr in Form von Sprays oder Lotionen. Bei bereits befallenen Pferden kann der Juckreiz durch spezielle Mittel gemildert werden. Ein Tierarzt muss hier zurate gezogen werden.

Kolik

Anzeichen von Erkrankungen des Verdauungsapparates müssen bei Pferden ganz besonders ernst genommen werden. Kolik ist der Sammelbegriff für **alle Erkrankungen, die Bauchschmerzen auslösen:** zum Beispiel Magenüberladung, Darmverschluss, Verstopfung (auch durch Wurmlarven), Vergiftung, Sandfressen, Aufblähung. Pferde reagieren mit deutlichen **Schmerzanzeichen** auf eine Kolik: zum Beispiel mit Unruhe, Schwitzen, Scharren, heftigem Hinwerfen und Wälzen oder aber auch mit Fressunlust, Teilnahmslosigkeit, häufigem Liegen, Gähnen, Flehmen (siehe Foto Seite 9) und Umschauen zum Bauch.

Erste Hilfe: Den Tierarzt rufen! Kein Wasser oder Futter! Bei Hitze so kühl wie möglich unterbringen; bei einigermaßen ruhigem Allgemeinbefinden führen, am besten auf weichem Untergrund, falls sich das Pferd zum Wälzen hinlegt; bei hochgradiger Kolik in eine geräumige, dick eingestreute Box oder in eine Halle oder einen Paddock bringen, damit es sich bei heftigem Wälzen nicht festlegt.

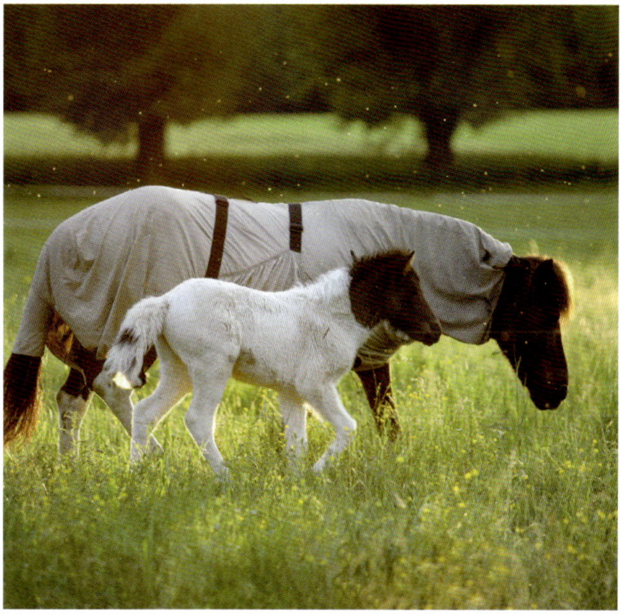

Eine Ekzemer-Decke, die den Körper eines Pferdes möglichst komplett einhüllt, hilft Pferden, die allergisch auf Insektenstiche reagieren.

Magengeschwüre

Zu den **Hauptursachen** gehören neben **Stress** eine **nicht artgerechte Fütterung** und vermeidbare Fütterungsfehler (siehe Seite 92 ff.): zu hoher Kraftfutteranteil, zu wenig Raufutter, verunreinigtes Futter, Kraftfuttergabe vor dem Raufutter, lange Fresspausen (über vier Stunden). In diesen Fällen wird die Nahrung nicht genügend eingespeichelt und der Speichel kann seine Rolle als Säurepuffer im Magen nicht erfüllen. In der Folge können akute, aber auch chronische Schmerzen entstehen. Die Symptome können sehr unterschiedlich sein und sind nicht immer leicht zu deuten.

Betroffene Pferde zeigen Veränderungen im Verhalten und im Training. Typische **Anzeichen** bei Pferden sind Appetitlosigkeit oder ein schlechter Allgemeinzustand wie stumpfes Fell, apathisches Verhalten und Abmagerung. Zudem leiden die Pferde häufig an leichten, wiederkehrenden Koliken, deren Ursache zunächst nicht gefunden wird. Auch ein Abfall der Leistungsbereitschaft kann auf Magengeschwüre deuten. Einige Patienten kauen außerdem leer, flehmen oder gähnen oft, knirschen mit den Zähnen und stoßen auf. Oft bleiben Magengeschwüre aber lange unerkannt, weil Pferde die Schmerzen stumm dulden und nur in besonders schweren Fällen Kolikanzeichen zeigen.

Erste Hilfe: In einem akuten Fall muss der **Tierarzt** gerufen werden. Magengeschwüre können medikamentös behandelt werden. Bei bestätigter Diagnose ist eine **gründliche Überprüfung der Haltung, Fütterung** und **der Anforderungen** im Training nötig. Fachgerechte Fütterung und eine artgerechte Haltung sind die besten und wirksamsten Maßnahmen gegen Magengeschwüre.

Schlundverstopfung

Gefährlich für das Pferd kann sich ebenfalls eine Schlundverstopfung auswirken. Sie kann durch hastiges **Herunterschlingen** und anschließendem **Aufquellen von Futtermitteln** (trockene Rübenschnitzel, trockene Weizenkleie) in der Speiseröhre entstehen. Ein deutlicher Hinweis ist Nasenausfluss, der Anteile von Futter enthält.

Erste Hilfe: Tierarzt rufen! Lebensbedrohliche Situation, keinerlei Futteraufnahme.

Vergiftungen

Giftstoffe werden in den meisten Fällen über das Futter (Giftpflanzen siehe S. 71f.) aufgenommen. Die Anzeichen von Vergiftungen sind sehr unterschiedlich und oft nicht eindeutig zuzuordnen. Bekannte **Vergiftungsfolgen** sind: spontane Kolik, Magen-Darm-Entzündungen, Durchfall, Atemnot, Zittern, Krämpfe, Benommenheit, Raserei, Lähmungen, Torkeln, auffallende Schreckhaftigkeit, erhöhte Puls- und Atemwerte, verlangsamte Herztätigkeit.

Neben sofort auftretenden Reaktionen gibt es auch schleichende, längerfristige und schwer zu erkennende Vergiftungsfolgen wie zum Beispiel Leber- oder Nierenerkrankungen. Ist die Ursache der Vergiftung bekannt – etwa die Aufnahme einer speziellen Giftpflanze – sollte der Tierarzt diese Information so schnell wie möglich bekommen.

Erste Hilfe: Kein Wasser oder Futter, Ursache für Vergiftung (z.B. Giftpflanze) sichern – **Notfall für den Tierarzt!**

Verhaltensstörungen

Pferde können sich monotone, wiederkehrende Bewegungen angewöhnen, an denen sie als sprichwörtliche „Gewohnheitstiere" hartnäckig festhalten. Die bekanntesten sind **Koppen** (Luftschlucken), **Weben** (schwankende Gewichtsverlagerung von einem Vorderbein aufs andere), **Wetzen der Zähne** an Gitterstäben oder beständiges **Hin- und Herlaufen** in der Box beziehungsweise an einem Zaun entlang.

Für die beschriebenen Verhaltensmuster kann es verschiedene **Ursachen** geben. Verhaltensstörungen können entstehen, wenn Pferde nicht artgerecht untergebracht sind oder ihre natürlichen Bedürfnisse nicht ausleben können. Außerdem haben wissenschaftliche Studien gezeigt, dass weitere Faktoren, wie zum Beispiel die Genetik, eine Verhaltensstörung begünstigen können.

Die Wahrscheinlichkeit, dass sich eine angewöhnte Verhaltensstörung wieder abstellen lässt, ist eher gering. Die besten **Erfolgsaussichten** hat eine **Änderung der Haltungsform** und des Managements mit möglichst viel freier Bewegung, bedarfsgerechter Fütterung, ständigen Sozialkontakten und der Überprüfung möglicher Stressfaktoren in der Ausbildung oder im Einsatz.

Schonung und Rehabilitation

Ein **krankes Pferd** braucht **Schonung**. Da Pferde für ihre physische und psychische Gesundheit auf Bewegung angewiesen sind, sollte die Maxime für jede Einschränkung sein: so viel wie nötig, aber so wenig wie möglich. Komplette **Boxenruhe** ist für Pferde ein völlig **unnatürlicher** Zustand, der auf längere Sicht zum Beispiel zu einem Verlust an Muskelmasse führt. Daher muss nach jeder Schonung des Pferdes ein gezieltes **Wiederauftrainieren** erfolgen. Dabei gilt, dass die Rehabilitation mindestens so viel Zeit braucht wie die vorangegangene Auszeit. Nach Erkrankungen, die eine lange Trainingspause oder gar komplette Boxenruhe erfordern, ist die anschließende Rehabilitation eine anspruchsvolle Aufgabe. Für das Erstellen eines Trainingskonzeptes sollte der behandelnde Tierarzt mit einbezogen werden.

6.4 Infektionskrankheiten und Tierseuchen

Jeder Pferdehalter fürchtet zu Recht die Gefahr, dass sich sein Pferd mit einer schweren Erkrankung ansteckt. Verschiedene Faktoren führen dazu, dass sich hochansteckende Krankheiten und Seuchen sehr schnell ausbreiten können. In großen Pferdebeständen mit öfters wechselndem Bestand ist das Infektionsrisiko höher.

Mögliche Ansteckungsquellen

Immer dort, wo fremde Pferde sich begegnen, besteht auch das Risiko, dass eine **ansteckende Erkrankung** von einem Pferd auf ein anderes übertragen wird. Bei der **direkten Krankheitsübertragung** wird der Krankheitserreger bei der Berührung zweier Pferde übertragen. Auch ist es möglich, dass ein Erreger beispielsweise über das Putzzeug oder einen benutzten Eimer von einem erkrankten auf ein weiteres Pferd gelangt, diese Form nennt man **indirekte Krankheitsübertragung**.

Durch Impfungen oder auch die Verwendung getrennter Ausrüstung für jedes Pferd kann man das Risiko, dass sich eine ansteckende Krankheit verbreitet, senken.

Herpes und Druse

Bei Herpes und Druse handelt es sich um Infektionskrankheiten, die sich durch eine hohe Ansteckungsgefahr auszeichnen.

Die **Infektion mit Herpesviren** kann sich beim Pferd unterschiedlich äußern. Herpesviren können die Geburt lebensschwacher Fohlen oder Aborte verursachen, vor allem im letzten Drittel der Trächtigkeit. In anderen Fällen wird das Nervensystem geschädigt. Die **Folgen** sind unter anderem Lähmungserscheinungen und Koordinationsstörungen. Auch rufen Herpesviren eine Infektion der Atemwege hervor, die sich durch Fieber, wässrigen Nasen- und Augenausfluss sowie Husten auszeichnet. Oftmals ist diese Infektion der Atemwege der Wegbereiter für eine schwerwiegende Erkrankung der Atemwege durch weitere Erreger. Die **Impfung gegen Herpesviren** ist empfehlenswert, da sie im

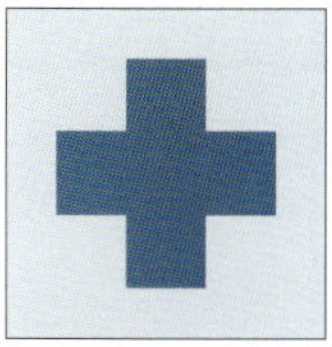

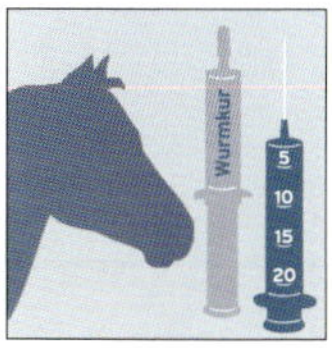

Überlanges, lockiges Fell, das auch beim Fellwechsel erhalten bleibt, ist ein typisches Anzeichen für das Cushing-Syndrom.

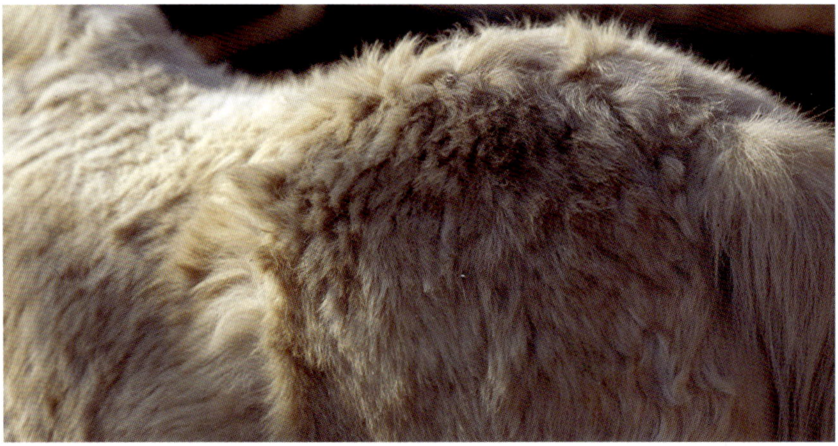

Falle einer Infektion den Schweregrad abmildert. Die Herpesimpfung sollte alle Pferde des Bestandes umfassen. Typisch für **Druse** ist eine eitrige Entzündung der Lymphknoten, die durch das Anschwellen der Lymphknoten und auch das Ausbrechen nach außen sichtbar werden kann. Typischerweise ist der Kopf-Hals-Bereich besonders betroffen. Weitere **Krankheitssymptome** sind Fieber, gelb-grünlicher Nasenausfluss, Husten, Abgeschlagenheit, Fressunlust und Schluckbeschwerden.

Wegen der hohen Ansteckungsgefahr ist es dringend erforderlich, dass betroffene Betriebe eine strenge **Quarantäne** einhalten und verstärkte Maßnahmen zur Hygiene einführen. Dabei müssen nicht nur die Pferde, sondern auch die Menschen einbezogen werden; sie sind nicht selten der Überträger von Krankheitserregern.

Zur Sicherheit

- Zum Schutz des eigenen Pferdes und aller benachbarten Pferde in einem Betrieb sollte sich jeder, der mit Pferden umgeht, strikt an Quarantänevorschriften und Hygienemaßnahmen im Zusammenhang mit ansteckenden Erkrankungen halten.

Infektionskrankheiten und Tierseuchen

Die Infektionskrankheiten Herpes und Druse unterliegen keiner staatlichen Bekämpfung durch die **Veterinärbehörden** und müssen daher auch nicht dort gemeldet werden.

Allerdings gibt es auch meldepflichtige Infektionskrankheiten (z.B. Kontagiöse Equine Metritis = Ansteckende Gebärmutterentzündung). Zur Meldung verpflichtet sind unter anderem Veterinär- und Untersuchungsämter sowie Tierärzte, die bei ihrer Arbeit eine meldepflichtige Infektionskrankheit feststellen.

Neben dieser **Meldepflicht** gibt es noch die **Anzeigepflicht**, unter die beim Pferd auftretende Tierseuchen, wie zum Beispiel die ansteckende Blutarmut der Einhufer (Equine Infektiöse Anämie) oder die Infektion mit dem West-Nil-Virus fallen. Hier müssen nicht nur Tierärzte oder Untersuchungslabore, sondern auch Pferdewirte, Landwirte oder Pferdebesitzer einen Verdacht oder Ausbruch dieser Infektionskrankheiten bei den Veterinärämtern anzeigen. In diesen Fällen greifen bei Verdacht oder Ausbruch staatliche Bekämpfungsmaßnahmen.

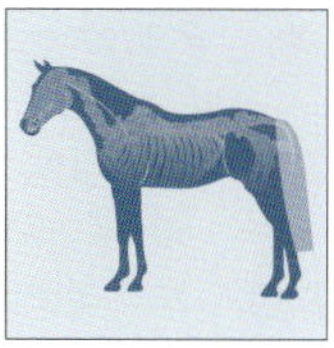

Im Überblick:

Weitere typische Pferdekrankheiten und Verletzungen

- **Strahlfäule:** durch Bakterien ausgelöste, übel riechende Fäulnisvorgänge im Huf. Ursache: zu feuchte Einstreu, mangelnde Pflege.
  Behandlung: nach Maßgabe von Tierarzt oder Schmied; außerdem saubere, trockene Einstreu.
- **Mauke:** nässender Ausschlag im Bereich der Beine, vorwiegend in den Fesselbeugen. Ursache: Nässe, schmutzige Einstreu, Bakterien.
  Der Heilungsprozess ist meist langwierig – Untersuchung durch den Tierarzt; Behandlung nach Anweisung; Fesselbeugen trocken halten!
- Das **Kehlkopfpfeifen**, auch als „Ton" bekannt: hier liegt eine Lähmung des Kehlkopfmuskels vor, sodass sich im Atemweg ein Engpass bildet. Eine Operation kann in manchen Fällen Abhilfe leisten.
- **Periodische Augenentzündung:** chronische, unheilbare Augenentzündung, die im schlimmsten Fall zum völligen Erblinden führen kann. Durch eine frühzeitig eingeleitete Therapie können gegebenenfalls weitere Schübe beziehungsweise weitreichende Schäden verhindert werden. Wichtig ist frühes Handeln!
- **Hufrehe:** schwere und sehr schmerzhafte Entzündung der Huflederhaut. Die Huflederhaut liegt im Inneren des Hufes und verbindet die Hufsohle und das Hufbein. Die Pferde versuchen die Vorderbeine zu entlasten, sie fußen auf den Trachten (siehe Seite 55, Abb. Huf). Mögliche Ursachen: Es gibt verschiedene Auslöser für Hufrehe. Eine Ursache ist die Überfütterung von leichtfuttrigen Pferden (Ponys) mit Futtermitteln, die leicht verdauliche Kohlenhydrate enthalten (z.B. Kraftfutter, frisches Gras im Frühjahr). Lebensbedrohlich! – Notfall für den Tierarzt.
- **Ballen- oder Kronentritt:** offene Verletzungen an Ballen oder Krone, meist verursacht vom Pferd selbst. Je nach Ausmaß der Verletzung muss der Ballen oder Kronentritt vom Tierarzt versorgt werden. Das Wachstum des Hufes kann beeinträchtigt werden, tierärztliche Überwachung ist ratsam.
- **Kreuzverschlag** (auch als Feiertagskrankheit oder Lumbago bezeichnet): angeschwollene, harte Kruppenmuskulatur; zittern, schwitzen, steife Hinterhand, einknicken. Ursachen: kann durch zu energiereiche Fütterung bei zu wenig Bewegung (z.B. nach „Stehtag") hervorgerufen werden; führt zu einer Schädigung der Muskulatur, ist lebensbedrohlich – Notfall für den Tierarzt!
- **Entzündungen der Sehnen und Bänder:** häufig auftretende Erkrankung, verursacht zum Beispiel durch einseitige oder zu hohe Belastung; Diagnose durch Ultraschall. Diese Entzündungen erfordern längere Schonung und sehr systematischen Wiederaufbau des Trainings; hohe Rückfallquote; durch Verlust von Elastizität im Gewebe Verlust von Belastungsfähigkeit.
- **Cushing** (= Equines Cushing Syndrom ECS): chronische Hormonstörung vor allem älterer Pferde und Ponys, unter anderem gekennzeichnet durch eine Überproduktion von Cortisol. Die sichtbaren Symptome sind Störungen im Fellwechsel, Hufrehe und Veränderung des Erscheinungsbildes. Cushing muss behandelt, kann aber nicht geheilt werden.

Im Überblick:
Tierschutzgesetz

- **§ 1 Niemand darf einem Tier ohne vernünftigen Grund Schmerzen, Leiden oder Schäden zufügen.**
- **§ 2 Wer ein Tier hält, betreut oder zu betreuen hat, muss**
  1. das Tier seiner Art und seinen Bedürfnissen entsprechend angemessen ernähren, pflegen und verhaltensgerecht unterbringen,
  2. darf das artgemäße Bewegungsbedürfnis eines Tieres nicht dauernd und nicht so einschränken, dass dem Tier vermeidbare Schmerzen, Leiden oder Schäden zugefügt werden,
  3. muss über die für eine angemessene Ernährung, Pflege und verhaltensgerechte Unterbringung erforderlichen Kenntnisse und Fähigkeiten verfügen.
- **§ 3 Es ist verboten,**
  ... einem Tier, außer in Notfällen, Leistungen abzuverlangen, denen es wegen seines Zustandes offensichtlich nicht gewachsen ist oder die offensichtlich seine Kräfte übersteigen,
  ... an einem Tier bei sportlichen Wettkämpfen Dopingmittel anzuwenden
  ... ein Tier auszubilden oder zu trainieren, sofern damit erhebliche Schmerzen, Leiden oder Schäden für das Tier verbunden sind.

6.5 Verantwortung für das Lebensende

Die Lebenserwartung von Pferden liegt meist im Bereich von 20 bis 35 Jahren - Ponys haben die höchste Lebenserwartung. Allerdings sterben die wenigsten Pferde an Altersschwäche. Selbst wenn die Bereitschaft dafür vorhanden ist, dem eigenen Pferd ein unbeschwertes Gnadenbrot zu gönnen, muss jeder Pferdebesitzer damit rechnen, die Verantwortung für das Lebensende seines Pferdes übernehmen zu müssen. Es gilt, zwischen möglichen **medizinischen Behandlungen einerseits** und dem **Ersparen von chronischem Leiden und nicht linderbaren Schmerzen andererseits** abzuwägen.

Der behandelnde Tierarzt ist der kompetente Ansprechpartner für alle Entscheidungen im Zusammenhang mit dem Lebensende eines Pferdes. Gerade Tierliebhaber scheuen und fürchten oft die **emotional belastende Entscheidung** und die damit verbundenen organisatorischen Maßnahmen. Aber das Lebensende kann so gestaltet werden, dass dem Pferd Aufregung und Angst erspart bleiben. Dazu gehört aber auch, dem Pferd bis zur letzten Minute die gewohnte Fürsorge und Zuwendung zu schenken.

Tierschutzgerechtes Lebensende

Das Tierschutzgesetz verbietet eine Tötung ohne vernünftigen Grund. Dennoch sollte - schon aus ethischen Gründen - ein Pferd eingeschläfert werden, wenn nicht behebbare Schäden beziehungsweise chronische Leiden vorliegen, die ein artgerechtes Weiterleben unmöglich machen. Bei erheblichen, nicht zu lindernden Schmerzen (z.B. nach einem schweren Unfall ohne Aussicht auf Heilung) besteht sogar die Pflicht zum Einschläfern. Pferde, in deren Pass der Status „Lebensmitteltier" eingetragen ist und die frei von Medikamenten-Rückständen sind, dürfen auf Wunsch des Besitzers der Schlachtung zugeführt werden.

Eintrag als Schlachttier/ Nicht-Schlachttier

In der EU gelten Pferde, unabhängig von ihrer tatsächlichen Nutzung, grundsätzlich als lebensmittelliefernde Tiere; das heißt, sie sind zum menschlichen Verzehr bestimmt. Pferdebesitzer haben aber die Wahl, ihr Pferd im Equidenpass als **lebens-**

mittellieferndes Tier (Schlachttier) oder **nicht-lebensmittellieferndes Tier (Nicht-Schlachttier)** einzutragen. Für die Eintragung als lebensmittelliefernides Tier (Schlachttier) gilt: Diese Pferde dürfen nur mit Medikamenten behandelt werden, die für lebensmittelliefernde Tiere zugelassen sind. Jede Medikation muss vom Tierarzt dokumentiert werden. Sollte aufgrund einer Erkrankung die Anwendung eines Medikaments notwendig werden, das nur für nicht-lebensmittelliefernde Tiere zugelassen ist, kann der Tierarzt jederzeit im Equidenpass den Status lebensmittelliefernd" in „nicht-lebensmittelliefernd" ändern. Diese Eintragung kann dann nicht wieder rückgängig gemacht werden.

Für die Eintragung als nicht-lebensmittellieferndes Tier (Nicht-Schlachttier) gilt damit: Diese Eintragung kann nur einmal getroffen und **nicht wieder rückgängig** gemacht werden. Der Tierarzt hat von vornherein ein breiteres Spektrum an Wirkstoffen, aus denen er für die Behandlung wählen kann.

Wenn es für die Anwendung eines bestimmten Medikaments erforderlich ist, kann der Status vom Schlachttier zum Nicht-Schlachttier zu jeder Zeit durch den Tierarzt geändert werden. Und natürlich kann der Pferdebesitzer sich am Lebensende seines Tieres bei einem „Schlachtpferd" auch für ein Einschläfern durch den Tierarzt entscheiden.

Für jeden Pferdebesitzer wird der schwere Abschied vom eigenen Pferd leichter, wenn er selbst einen würdigen Rahmen dafür gestaltet.

Im Überblick:

Tierschutz und das Lebensende

- **Gefordert wird:** angemessene Gesundheitsfürsorge, Ersparen von vermeidbarem Leid und Schmerzen.
- **Verboten ist:** das Töten eines Wirbeltieres ohne vernünftigen Grund.

§§

Umgang mit dem Tierkörper

Der Körper eines toten Tieres wird in der Regel von einer **Tierkörperverwertungsanstalt** abgeholt. Wer einen anderen Umgang mit dem ehemaligen vierbeinigen Partner wünscht, kann sich an ein **Tierkrematorium** wenden. Diese Einrichtungen kümmern sich nach Absprache um den Abtransport und die Verbrennung.

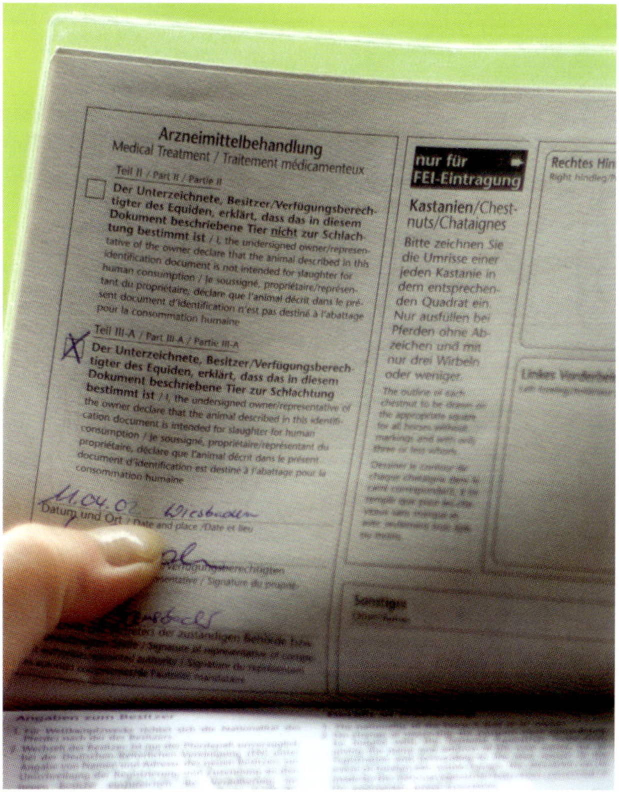

Eintrag im Equidenpass Schlachttier/ Nicht-Schlachttier

Zur Vorbereitung auf die Prüfung

Diese Themen werden an praktischen Beispielen vor Ort geprüft.

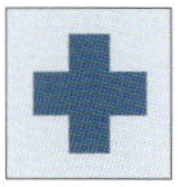

Zum Umgang mit dem Pferd gehört die Verantwortung für die Pferdegesundheit.

- An welchen Anzeichen kann man erkennen, ob ein Pferd gesund oder krank ist?
- Welche Maßnahmen für die Gesundheitsfürsorge sind regelmäßig nötig?
- Was sollte eine Notfall-Apotheke im Stall enthalten?

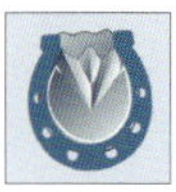

Pferde brauchen regelmäßige Hufpflege und -korrektur.

- Wie sind Pferdehufe beschaffen, wie heißen die einzelnen Bereiche des Hufes (am Pferd zeigen und benennen)?
- Warum/wann brauchen Pferde möglicherweise Hufeisen?
- In welchen zeitlichen Abständen müssen Pferde vom Schmied ausgeschnitten und eventuell zusätzlich beschlagen werden?
- Welche Folgen können zu lange Abstände zwischen den Besuchen des Schmiedes haben?

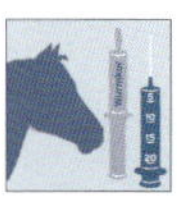

Pferde sind anfällig für den Befall mit Parasiten (Würmern) und müssen regelmäßig geimpft werden.

- Wie kann man die Wurmbekämpfung sinnvoll organisieren?
- Wie oft müssen Pferde generell entwurmt werden?
- Welche Maßnahmen dämmen die Ausbreitung von Würmern effektiv ein?
- Wie wird Wurmbekämpfung vor Ort durchgeführt?

- Welche Impfungen für Pferde gelten als Standard?
- In welchen Zeitabständen muss der auf Turnieren vorgeschriebene Influenza-Impfschutz durchgeführt werden?
- Welche weiteren Impfmaßnahmen sind sinnvoll?

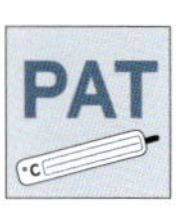

Puls, Atmung und Temperatur können wichtige Hinweise auf die Pferdegesundheit geben.

- Wie sind die PAT-Werte eines gesunden Pferdes in Ruhe und unter Belastung?
- Wie kann man den Puls eines Pferdes ermitteln (ggf. am Pferd zeigen)?
- Wie zählt man die Atemzüge eines Pferdes (ggf. am Pferd zeigen)?
- Wie misst man die Körpertemperatur des Pferdes (ggf. am Pferd zeigen)?

Kranke Pferde müssen entsprechend versorgt und behandelt werden.

- Welche Erkrankungen gelten als Notfälle, bei denen der Tierarzt sofort kommen muss?
- Welche möglichen Pferdeerkrankungen kommen häufig vor; welche Maßnahmen kann man ergreifen (Beispiele)?
- Wie erkennt man eine Lahmheit - und wie verhält man sich, wenn ein Pferd lahmt?
- Welche möglichen Anzeichen für Vergiftungen gibt es?
- Wie muss man sich beim Auftreten hoch ansteckender Krankheiten in einem Stall verhalten (Beispiele)?
- Welche Maßnahmen können die Ausbreitung von Krankheiten möglicherweise verhindern?
- Wie muss man sich beim Verdacht auf eine Pferdeseuche verhalten?

In der EU ist die Ausstellung eines Equidenpasses für jedes Pferd gesetzlich vorgeschrieben.

- Wozu ist der Equidenpass da, wann muss er griffbereit sein?
- Was steht alles im Equidenpass, was wird darin notiert?
- Wo werden Equidenpässe im Reitverein oder Pferdebetrieb vor Ort aufbewahrt?
- Was bedeutet die Eintragung Schlachttier/Nicht-Schlachttier im Equidenpass?
- Wie kann man der Verantwortung für das Lebensende eines Pferdes gerecht werden?

Notizen

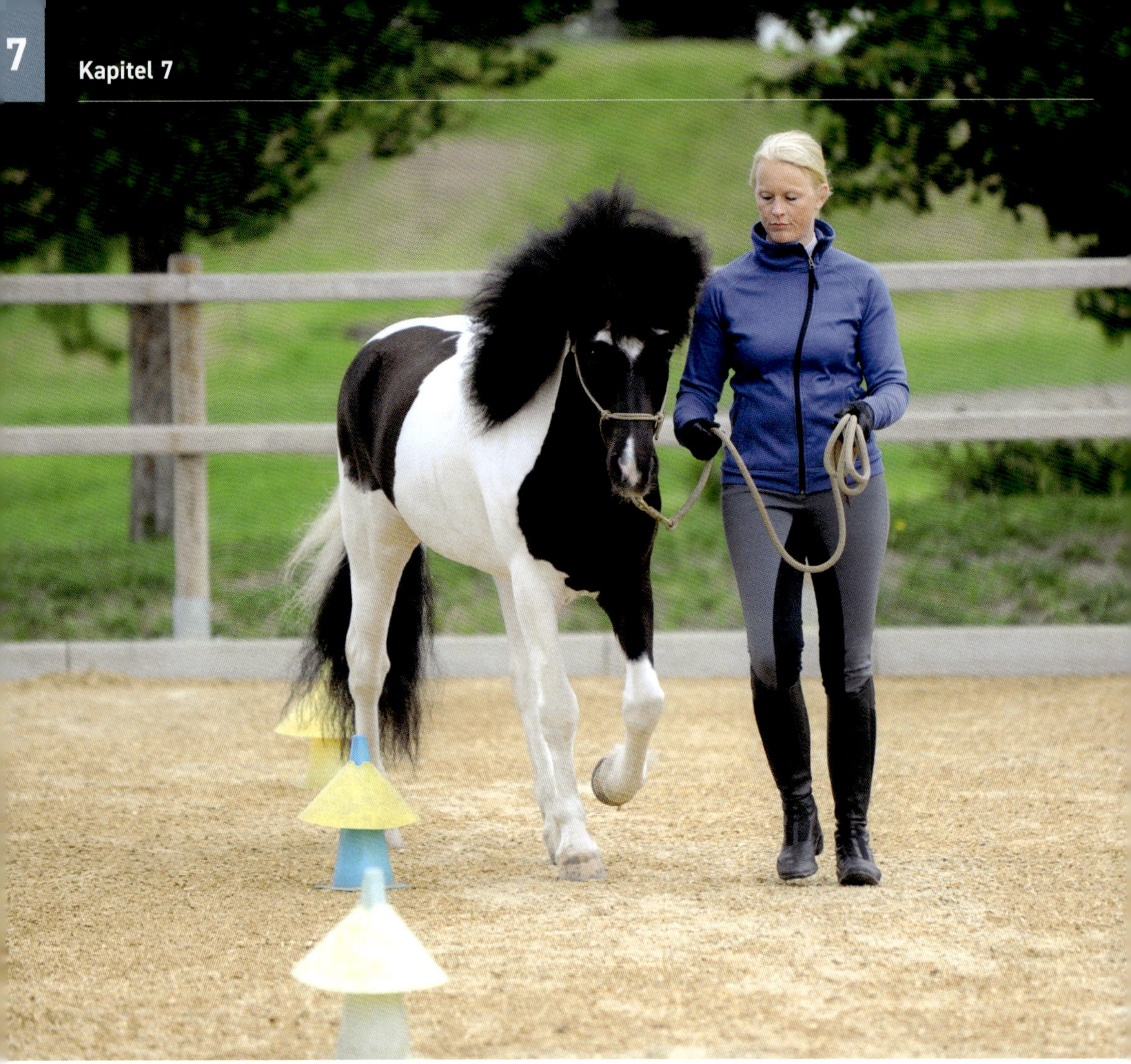

Führen per Körpersprache – dann kann das Leitseil durchhängen.

7 Bodenarbeit und Führen im eingezäunten Bereich

Pferde werden regelmäßig geführt: vom Stall zum Putzplatz, auf die Weide, auf den Reitplatz oder in die Reithalle und zurück in den Stall. Dabei gerät leicht in Vergessenheit, dass der Gehorsam beim Führen keine Selbstverständlichkeit darstellt. Das Kräftemessen gegen einen Menschen würde ein Pferd in jedem Fall gewinnen.

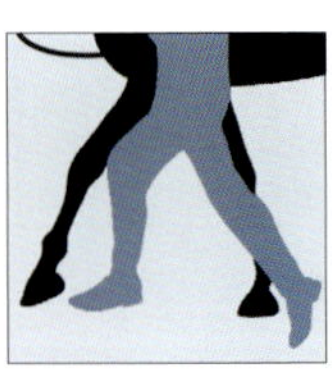

Ausschlaggebend dafür, dass Pferde **sicher geführt** werden können, ist eine **gute Erziehung.** Schon im Fohlenalter können Übungen, wie zum Beispiel das Halfter anzulegen, geführt zu werden oder die Hufe zu geben, die Weichen für ein harmonisches Miteinander von Pferd und Mensch stellen.

Auf der Basis von **Vertrauen und Gewöhnung** lernen Pferde, sich vom Boden aus leiten zu lassen. Konflikte können auftreten, wenn das Instinktverhalten der Pferde zum Ausbruch kommt: das Scheuen, die Reaktion auf Artgenossen oder das Abreagieren angestauter Bewegungsenergie.

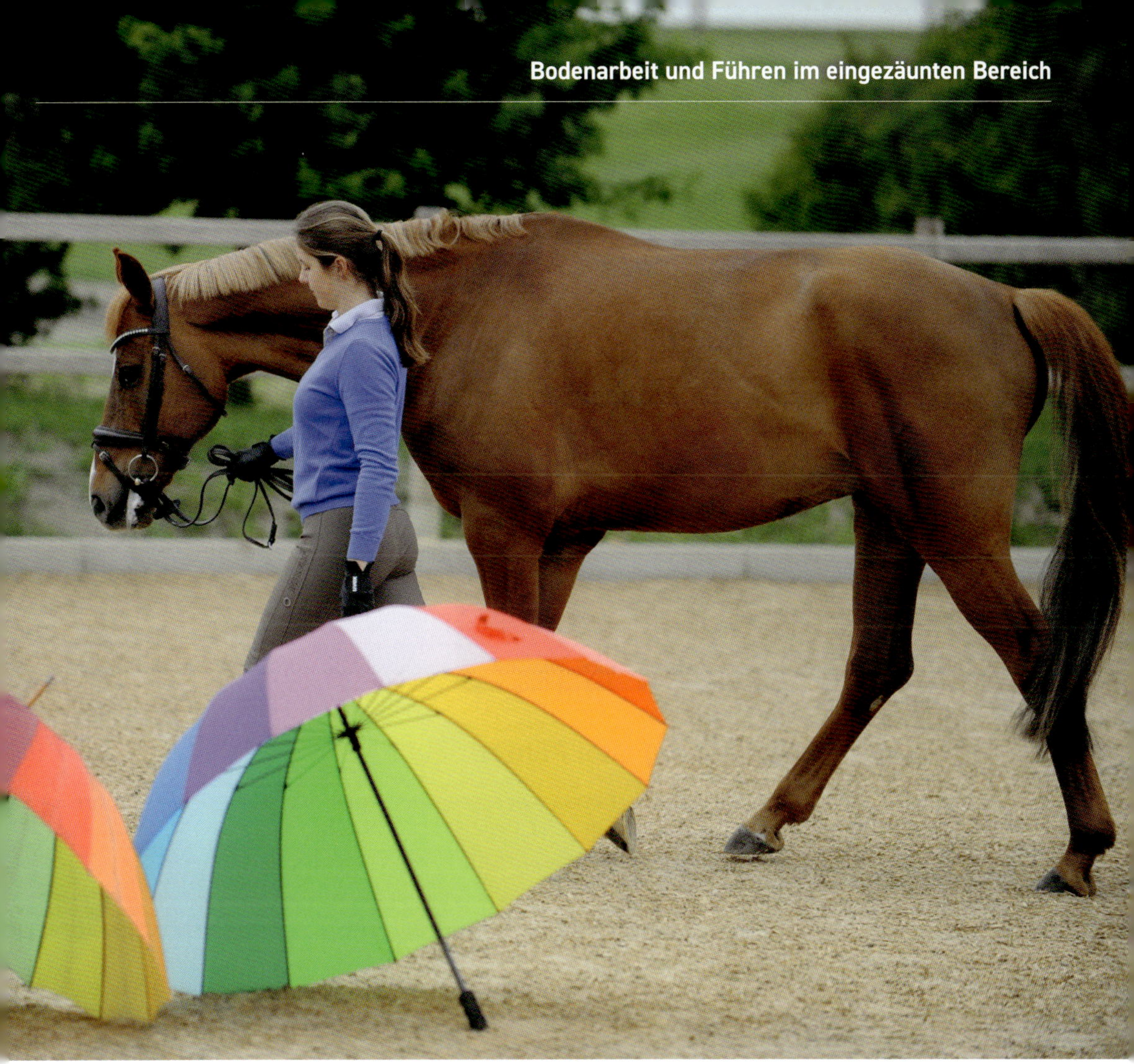

Desensibilisierung – die Gewöhnung an ungewohnte Außenreize

Sicheres Führen vonseiten des Menschen und sicheres Folgen vonseiten des Pferdes sind die Voraussetzung für jeden Umgang mit dem Pferd. Führen kann und muss geübt werden!

Regelmäßiges Training für Pferde kann nicht nur unter dem Sattel oder im Gespann stattfinden, sondern auch **vom Boden** aus. Die unterschiedlichen Techniken dieses Trainings werden unter dem Begriff **Bodenarbeit** zusammengefasst. Bodenarbeit kann weit über Führ- und Gewöhnungsübungen hinausreichen.

Der Umgang und das Miteinander mit dem Pferd in alltäglichen Führsituationen kann durch Übungen aus der Bodenarbeit systematisch verbessert werden. Dafür helfen vor allem Führübungen mit konkreten Aufgabenstellungen – auch in Form von Hindernissen – und systematische Desensibilisierung gegenüber Außenreizen.

Führstrick mit Karabinerhaken

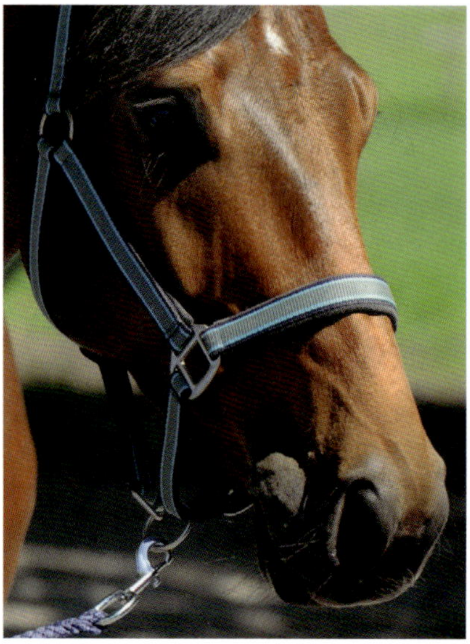

7.1 Ausrüstung zum Führen

In alltäglichen Situationen werden Pferde überwiegend mit Strick und Halfter geführt. In besonderen Situationen, zum Beispiel bei Aufregung eines Pferdes, in Schrecksituationen oder beim Heranführen an einen unbekannten Gegenstand, kann eine alternative Ausrüstung wie ein Knotenhalfter oder eine Trense hilfreich sein.

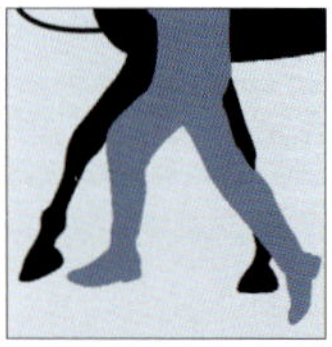

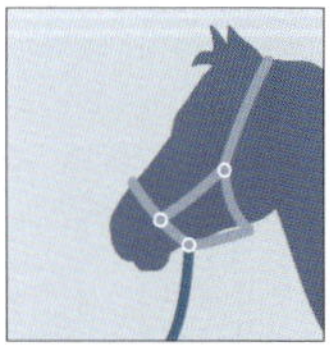

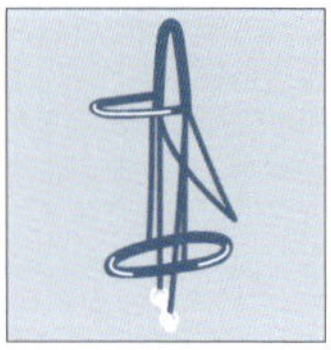

Strick und Halfter

Strick und Halfter sind die **gängigste Ausrüstung** im **alltäglichen Umgang** mit dem Pferd. Für eine sichere Einwirkung ist ein **gut passendes** und korrekt sitzendes Halfter aus Nylon oder Leder Voraussetzung. Es soll eng anliegen, ohne zu drücken oder einzuschnüren; eine eventuelle Polsterung verhindert, dass die Riemen des Halfters hinter den Ohren oder auf dem Nasenrücken einschneiden. Der **Führstrick** wird im mittleren Ring unten am Halfter befestigt. Stricke aus Baumwolle sind weicher und flexibler als harte Nylonstricke.
Stricke gibt es in zwei grundsätzlichen Varianten: Der **Anbindestrick** hat einen sogenannten **Panikhaken**, der sich auch dann noch sicher mit einer Hand lösen lässt, wenn ein angebundenes Pferd in Panik dagegen zieht. Im Gegensatz dazu können gängige Karabinerhaken unter Zug nicht mehr geöffnet werden.

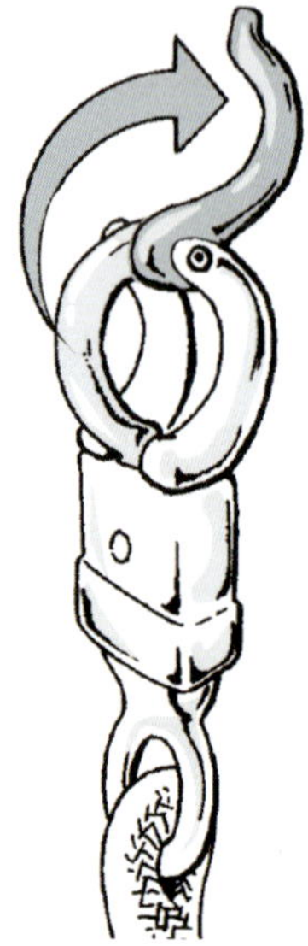

Panikhaken

Allerdings kann es beim Führen mit dem Anbindestrick passieren, dass durch Nachfassen am Strick der Panikhaken versehentlich gelöst wird. Daher sollten für gezielte Führübungen oder für eine sichere Kontrolle des Pferdes außerhalb eines umzäunten Geländes nur **Führstricke** mit Haken verwendet werden, die sich nicht mit einer Hand öffnen lassen (Karabinerhaken, Bullsnap). Stricke mit einfachen Karabinerhaken eignen sich allerdings nicht zum Anbinden.
Beim Führen von links mit Strick und Halfter verläuft der Führstrick **von oben nach unten** durch die aufrechte rechte Faust. Der Strick kann mit einer Hand oder beiden Händen gehalten werden. Soll eine Hand frei bleiben, dann liegt das Ende des Stricks mit in der führenden Hand. Beim Führen mit beiden Händen kann bei Bedarf dem Pferdekopf mehr Bewegungsspielraum gegeben werden.

Zur Sicherheit

➤ Führen eines Pferdes mit der Hand am Halfter – ohne Führstrick – ist purer Leichtsinn. Mit einer einzigen heftigen Kopfbewegung kann sich das Pferd losreißen. Dabei ist die Verletzungsgefahr für die Führperson groß.

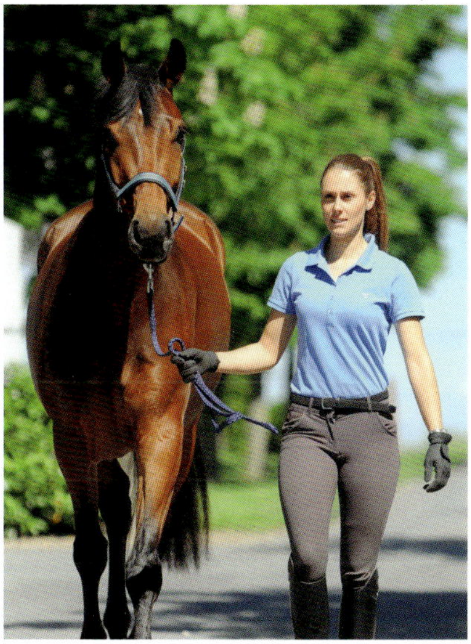

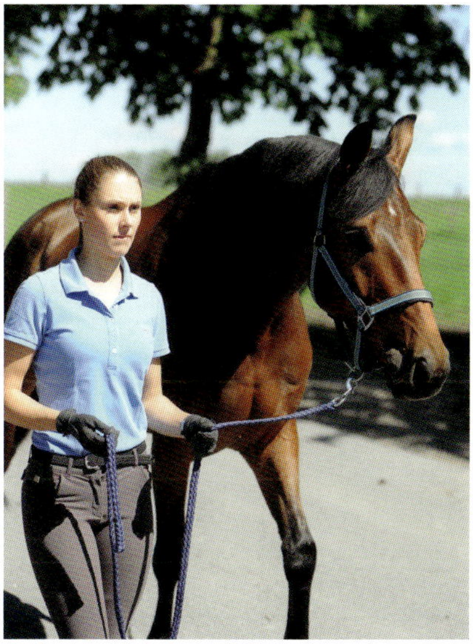

links: Führen von links mit einer Hand

rechts: Führen von rechts mit beiden Händen

Einsatz einer Führkette

Eine Führkette besteht aus einer Kombination von Führstrick und Kette. Korrekt verschnallt **kreuzt** die Führkette **den Nasenriemen des Halfters.** Beim Zug auf die Kette wird deutlicher Druck auf den empfindlichen **Nasenrücken** des Pferdes ausgeübt. Der Gebrauch einer Führkette kann in bestimmten Situationen helfen, ein aufgeregtes oder weniger umgängliches Pferd zu kontrollieren und somit mögliche Gefahren zu vermeiden. Die Führkette sollte auch nur in solchen Situationen zum Einsatz kommen; für den täglichen Gebrauch ist ihre Wirkung zu scharf. Aufgrund ihrer Wirkung gehört sie in erfahrene Hände. Auf keinen Fall darf ein Pferd an der Führkette angebunden werden!

Knotenhalfter und Leitseil

Das Knotenhalfter entspricht in seiner Konstruktion dem regulären Halfter, wird aber seitlich am Kopf geschlossen. Es besteht aus dünnen, **geflochtenen Seilen**; dabei gibt es große Unterschiede in der Härte und im Durchmesser der Seile. Die **Knoten**, die dem Halfter seinen Namen geben, liegen an speziellen **Nervenaustrittspunkten am Kopf** des Pferdes. Im Normalzustand liegt das Knotenhalfter lose an.

Druck und Zug am Knotenhalfter sind für das Pferd wegen der schmalen Auflagefläche und der Verstärkung der Wirkung durch die Knoten auf besonders sensible Bereiche unangenehm. So lernt das Pferd schnell, **keinen Gegendruck** gegen das Knotenhalfter aufzubauen; die Führperson kann ihrerseits sehr präzise nachgeben und für ein gehorsames Pferd eine Führsi-

Die korrekt eingeschnallte Führkette kreuzt den Nasenriemen des Halfters.

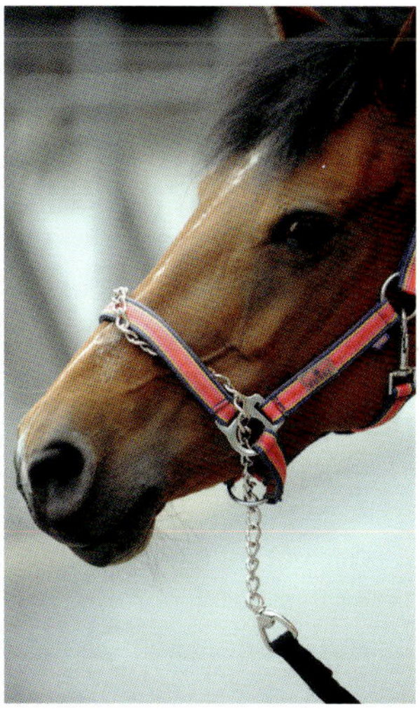

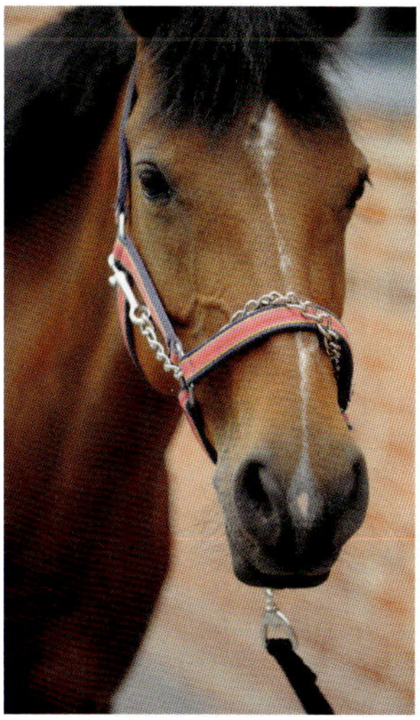

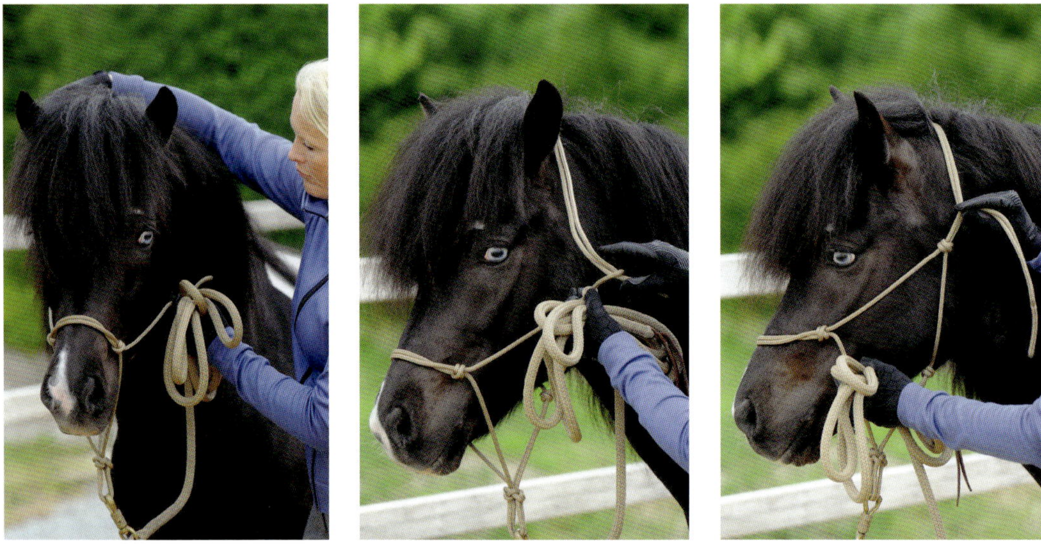

Das Knotenhalfter wird über den Pferdekopf geführt und seitlich mit einem Knoten geschlossen. Der Nasenriemen soll locker zwischen Jochbeinleiste und Nüsternrand verlaufen.

tuation ohne jeden Druck auf den Pferdekopf herstellen. Daher eignet sich das Knotenhalfter gut, eine zugleich **effektive und feine Kontrolle** über den Pferdekopf auszuüben, dabei aber das empfindliche Pferdemaul zu schonen.

Für das Erlernen von Führtechniken durch **Anfänger** ist das Knotenhalfter wegen seiner verstärkten Wirkung **nicht geeignet**. Auch das **Anbinden** am Knotenhalfter ist **tabu**, weil beim plötzlichen Erschrecken eines Pferdes weitaus größerer punktueller Druck auf den empfindlichen Pferdekopf entsteht als mit einem konventionellem Halfter.

Typischerweise wird ein Knotenhalfter mit einem **Leitseil** kombiniert. Dabei handelt es sich um ein längeres Seil (ca. 3 bis 5 m), das den Führstrick ersetzt. Das Leitseil erlaubt der Führperson mehrere **unterschiedliche Führpositionen**, auch in einem kontrollierten Abstand zum Pferd. Das lose Ende des Leitseils - meist verdickt oder mit einer Lederklatsche versehen - kann außerdem den Gebrauch einer Gerte ersetzen. Das Leitseil wird generell mit **beiden Händen** gehalten; sein Einsatz erfordert entsprechende Übung.

Führen auf Trense

Beim Führen in einer Umgebung, die auf ein Pferd möglicherweise beunruhigend wirkt - zum Beispiel auf dem Turnierplatz, im Straßenverkehr oder in der Tierklinik - bietet die Ausrüstung mit einer **Trense** mehr Kontrolle als mit einem Halfter. Das gilt allerdings nur dann, wenn das Pferd an die Wirkung des Gebisses im Pferdemaul gewöhnt ist und gelernt hat, dem leichten Druck des Gebisses nachzugeben.

Im Normalfall wird beim Führen so **wenig Druck** wie möglich auf das **Gebiss** ausgeübt. Idealerweise hängen die Zügel ganz leicht durch und das Pferd orientiert sich ausschließlich an der **Körpersprache** des Menschen.

Im Konfliktfall signalisiert der verstärkte Druck auf Kinnladen und Zunge dem Pferd, dass dieses Verhalten nicht erwünscht ist. Mit Rücksicht auf das empfindliche Pferdemaul sollte allerdings ein Ruck an den Zügeln nur im Notfall erfolgen. Gedankenloses Ziehen am Zügel muss beim Führen auf Trense unterbleiben.

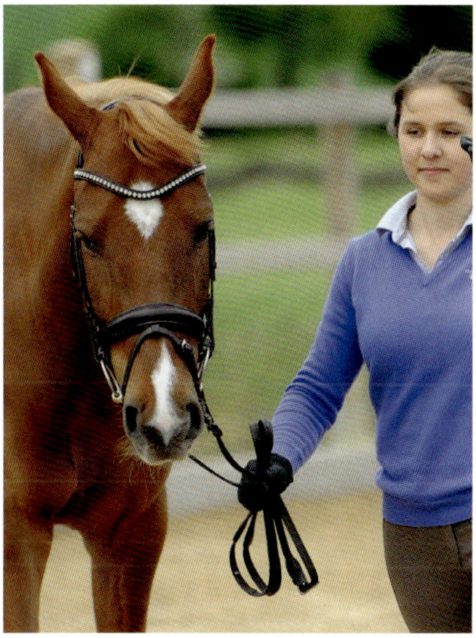

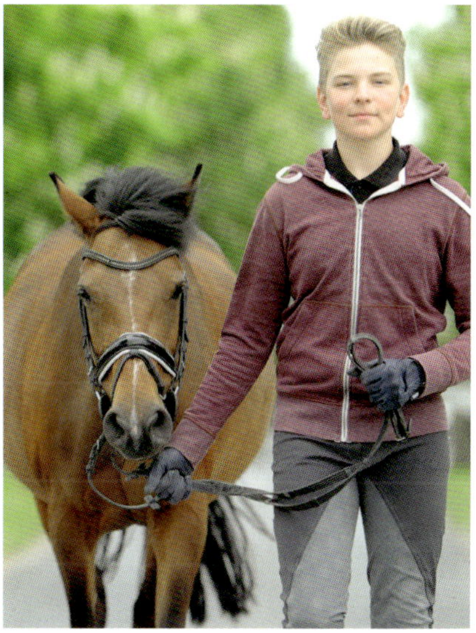

links: Das Zügelende liegt geordnet in der rechten Hand.

rechts: Das Zügelende liegt geordnet in der linken Hand.

Jeder Verantwortliche für ein Pferd – auch wenn er selbst nicht im Pferdesport aktiv ist – sollte ein Pferd fachgerecht auftrensen (siehe Seite 59 f.) und auf Trense führen können.

Zum Führen werden die **Zügel** über den Pferdehals nach unten genommen. **Zwei Finger der rechten Hand** fassen hinter den beiden Gebissringen zwischen die Zügel. Diese beiden Finger verhindern, dass die Gebissringe schmerzhaft seitlich an das Maul gedrückt werden können. Das Zügelende bleibt entweder geordnet mit in der rechten Hand oder wird in die linke Hand genommen.

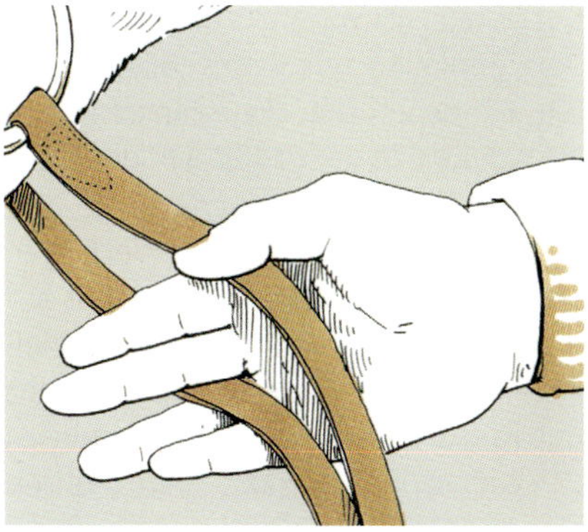

Beim Führen auf Trense werden 2 Finger zwischen die beiden Zügel genommen.

Einsatz einer Longe

Eine Longe anstelle von Führstrick oder Zügeln erlaubt das Führen eines Pferdes auf eine **größere Distanz**. Diese Option kann sinnvoll sein, wenn dem Pferd besonders viel **Spielraum für Bewegung** gegeben werden soll – zum Beispiel beim Führen über anspruchsvolle Bodenhindernisse. Die Longe kann aber auch für mehr **Sicherheit** und **Kontrolle** sorgen. Ein Pferd, das ausweicht, wegspringt oder zu flüchten versucht, kann sich von der Longe weniger leicht losreißen.

Zur Sicherheit

- Führstrick, Zügel oder Longe dürfen beim Führen nie um die Hand gewickelt werden. Leitseil oder Longe dürfen nur in großen Schlingen in die freie Hand genommen werden. Enge Schlingen um die Hand könnten sich beim möglichen Wegspringen des Pferdes festziehen und die Führperson mitreißen.

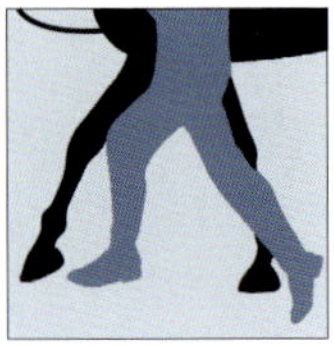

Im Überblick:

Ausrüstung zum Führen

- **Halfter:** passendes, korrekt verschnalltes Halfter aus Nylon oder Leder
- **Anbindestrick (mit Panikhaken):** nur in alltäglichen Situationen in sicher eingezäuntem Bereich
- **Führstrick (mit sicherem Haken):** für Bodenarbeit und zum Führen außerhalb des eingezäunten Bereiches – nicht zum Anbinden verwenden
- **Führkette:** kreuzt bei korrekter Verschnallung den Nasenriemen des Halfters – auf Dauer nicht als Alternative zum Führstrick einschnallen, nicht zum Anbinden verwenden
- **Knotenhalfter:** korrekt verschnalltes Seilhalfter mit Knoten zur Einwirkung auf Nervenaustrittspunkte – nicht zum Anbinden verwenden
- **Leitseil:** längerer Strick mit Karabinerhaken, erlaubt mehr Spielraum und verbesserte Kontrolle in der Bodenarbeit und beim Führen außerhalb des geschlossenen Geländes – nicht zum Anbinden verwenden
- **Trense mit heruntergenommenen Zügeln:** verstärkte Kontrolle über das Gebiss – nicht zum Anbinden verwenden
- **Longe (in Kombination mit Halfter oder Trense):** mehr Sicherheit durch vergrößerten Handlungsspielraum beim Führen in schwierigen Situationen – nicht zum Anbinden verwenden

Die jeweils am besten geeignete und zugleich sicherste Ausrüstung für das Führen ist abhängig von der konkreten Situation, der Erfahrung von Pferd und Führperson, von der Aufgabenstellung und den Einflüssen aus der Umgebung.

7.2 Grundlagen des Führens

Führen beziehungsweise sich führen zu lassen gehören zu den Grundpfeilern der Kommunikation zwischen Mensch und Pferd. Dennoch ist Führen eine Aufgabe, die gelernt und geübt werden muss. So wie ein Pferd einem ranghöheren Herdenmitglied **vertrauensvoll** folgt, lässt es sich von einem vertrauenswürdigen Menschen sicher führen. Dabei ist die Kontrolle über alle Bewegungsrichtungen gefragt: nach vorn bei der Bestimmung des Tempos, nach hinten beim Rückwärtstreten-Lassen, zur Seite beim Ausweichen und Wenden auf der Stelle.

Jede Führperson muss zur eigenen Sicherheit festes Schuhwerk und bei allen Führübungen beziehungsweise beim Führen außerhalb einer eingezäunten Umgebung Handschuhe tragen. Eine Gerte kann als verlängerter Arm für die Verständigung mit dem Pferd dienen. Sie ist daher bei allen Führübungen sinnvoll und in der Prüfung erlaubt.

Das umgängliche Pferd

Im Umgang mit dem Pferd entstehen zahlreiche Situationen, in denen sich ein Pferd genau nach den Vorgaben des Menschen bewegen lassen muss. Dazu gehören die tägliche Versorgung und Pflege genauso wie das Führen zur Koppel oder zum Reitplatz. Situationen wie die Begegnung mit anderen Pferden oder das Entlassen in die Koppel oder den Paddock erfordern, dass ein Pferd sich willig in eine bestimmte Richtung bewegen lässt.

Die Bereitschaft des Pferdes, sich führen zu lassen, kann durch Übung deutlich verbessert werden; das Ziel ist ein in jeder denkbaren Situation umgängliches Pferd.

Standardaufgaben beim Führen

- Herausführen aus der Box
- Anhalten an einem vorgeschriebenen Punkt
- Anbinden am Putzplatz
- Führen im Schritt auf gerader Strecke (von links und rechts)
- Veränderung des Tempos im Schritt
- Führen im Trab auf einer vorgegebenen Strecke
- Durchparieren am Punkt
- Wenden um einen Wendekegel
- Führen von Hufschlagfiguren
- Halten, Aufstellung
- Rückwärtstreten lassen
- Seitwärtsweichen lassen
- Führen zur Weide/Paddock
- Entlassen in die Weide/Paddock

Kommunikation beim Führen

Gezieltes Führtraining kann nur auf der Grundlage **gegenseitigen Vertrauens** gelassen und stressfrei absolviert werden. Das wichtigste Mittel, um ein Pferd davon zu überzeugen, sich gehorsam führen zu lassen, ist die **eigene Körpersprache.** Eine selbstbewusste, aufrechte Haltung und energisches, bestimmtes Auftreten veranlassen ein Pferd, sich in der Bewegungsrichtung und im Tempo der Führperson anzupassen.

Wenn ein Pferd dazu grundsätzlich bereit ist, können **Weg** und **Tempo** mit **leichten Signalen** kontrolliert werden. Dazu genügt in der Regel die Körpersprache oder ein feines Signal mit Strick oder Zügel. Dauerdruck oder -zug verfehlen die angestrebte Wirkung, weil das Pferd, geleitet durch seine Reflexe, Gegendruck aufbaut. Das **Ziel aller Führaufgaben** ist es, mit immer **weniger direkter Einwirkung** auf den Pferdekopf auszukommen. Das Pferd soll sich stattdessen mehr und mehr an der Körpersprache der Führperson orientieren. Im Idealfall hängen Führstrick oder Zügel ganz leicht durch.

Als **Hilfsmittel** können die Stimme und der Einsatz einer Gerte – sozusagen als verlängerter Arm – dienen.

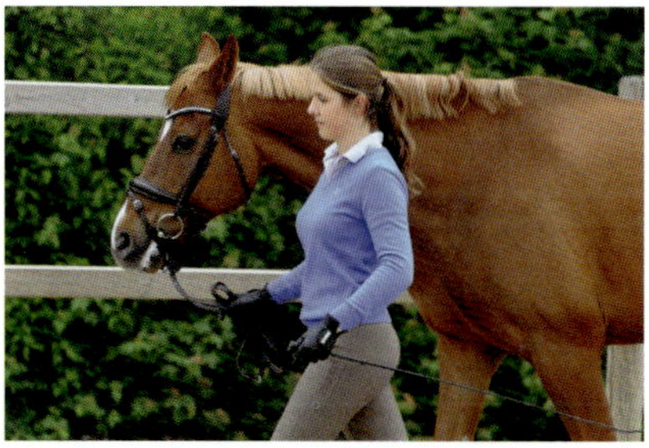

Das Pferd orientiert sich an der Körpersprache des Menschen; die Zügel hängen leicht durch.

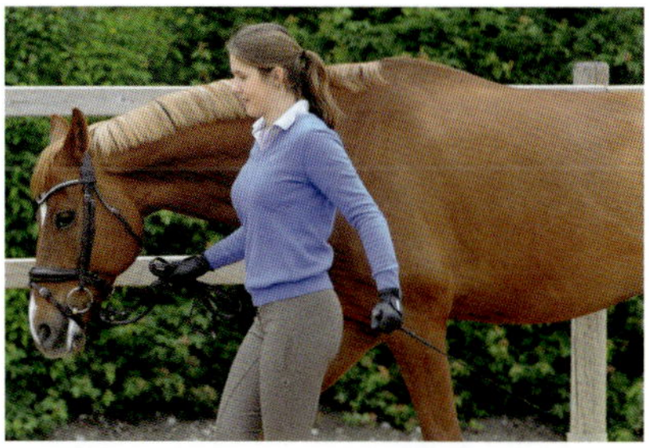

Die Gerte kann als verlängerter Arm dienen.

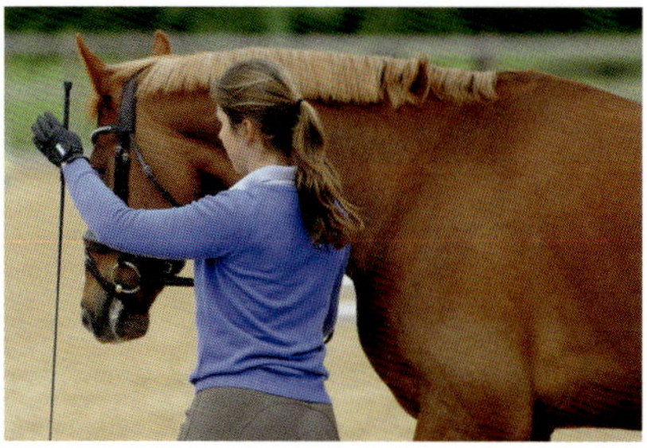

Hier dient die Gerte als zusätzliche optische Bremse.

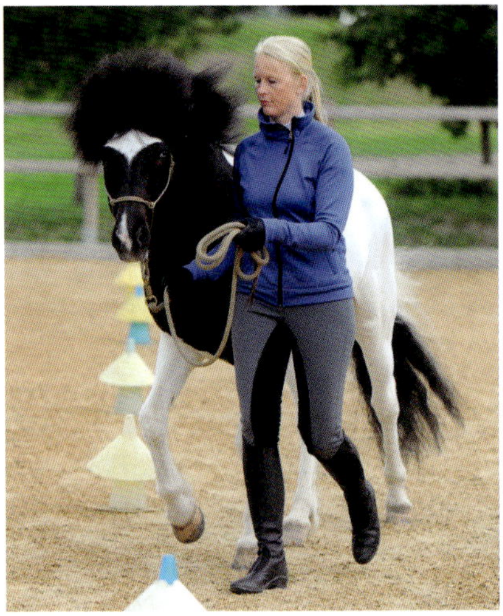

Führposition neben dem Pferd: zwischen Pferdeschulter und Kopf

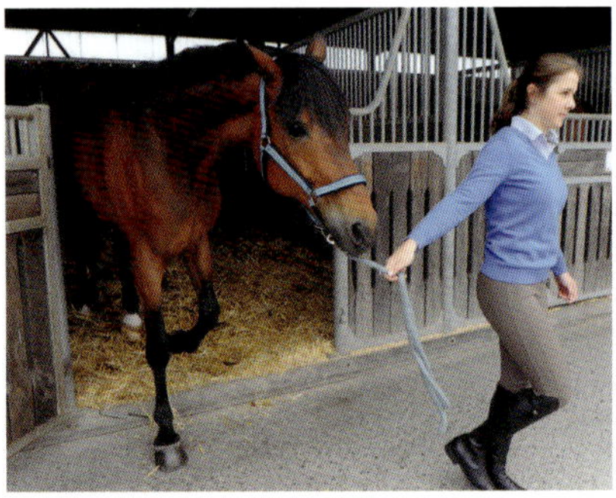

Führposition vor dem Pferd: beim Passieren eines engen Durchgangs

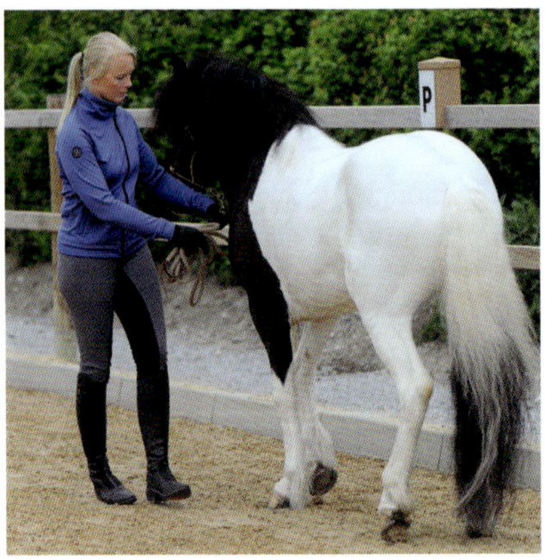

Führposition dem Pferd leicht schräg gegenüber: beim Halten und Rückwärtstreten-Lassen

Führpositionen

Die grundlegende Führposition **neben dem Pferd** ist der Bereich zwischen der Mitte der **Pferdeschulter** und dem **Pferdekopf.** Pferde orientieren sich in Bezug auf ihre Pferdenachbarn oder Konkurrenten grundsätzlich an der Position der Schultern. Daher geht der Mensch in dieser Führposition aus Pferdesicht vor ihnen, begrenzt also das Tempo nach vorn. Mit angewinkeltem führendem Arm kann der sichere **seitliche Abstand zum Pferd** eingefordert und bei Bedarf korrigiert werden.

Treibende Hilfen – gegebenenfalls mit der Gerte – signalisieren dem Pferd, dass auch kein Zurückfallen oder Ausweichen nach hinten gewünscht ist. Auf diese Weise kann man das Tempo sicher vorgeben. Zugleich kann die Führperson in dieser Position den Kopf und damit **Ohren- und Mienenspiel** des Pferdes **beobachten** und mögliche Reaktionen schneller vorhersehen.

Kurzzeitig kann es nötig sein, die **Führposition zu verändern** und direkt vor dem Pferd herzugehen: beim Passieren von Türen, Toren oder engen Durchgängen; beim Halten oder Rückwärtsrichten.

Um das Pferd mit dem eigenen Körper deutlich nach vorn zu begrenzen, dreht sich die Führperson zum Pferd hin und steht entgegen der Bewegungsrichtung. Muss ein Pferd auf sehr engem Raum seitwärts weichen oder gewendet werden, empfiehlt sich ebenfalls diese Ausgangsposition. Es sollte auf leichte Berührung am Körper Schritt für Schritt herumtreten. Bei unkontrollierten Drehbewegungen besteht Verletzungsgefahr für das Pferd.

In anspruchsvollen Aufgaben der Bodenarbeit sind weitere Führpositionen mit mehr Abstand zum Pferd möglich.

Das Tempo vorgeben

Damit sich das Pferd in Tempo und Richtung der Führperson anpassen kann, steht ihr **Stimme** und **Körpersprache** zur Verfügung. Die Stimmkommandos erfolgen mit ruhiger Stimme. Die gewünschte **Bewegungs-**

richtung muss die Führperson mit dem **eigenen Körper** deutlich anzeigen und geht, dem gewünschten Tempo entsprechend, mehr oder weniger energisch in der Führposition neben dem Pferd. Die gesamte Körperhaltung und -bewegung sollte **Sicherheit** ausstrahlen

Um dem Pferd zu signalisieren, dass es antreten soll, nimmt die Führperson den Oberkörper deutlich nach vorn, trägt den Kopf aufrecht, schaut in die gewünschte Bewegungsrichtung und läuft, in dem Vertrauen darauf, dass sich das Pferd ebenfalls in Bewegung setzt, zügig los. Reagiert das Pferd nicht gleich auf die Körpersprache, kann ein einmaliger, leichter Zug nach vorn am Führstrick dem Pferd die Bewegungsrichtung signalisieren.

Zügiges Vorwärtsgehen und Einfordern beziehungsweise Einhalten der Führposition (siehe unten) veranlassen das Pferd, sich im **Tempo anzupassen.** Bewegt sich das Pferd nicht fleißig genug nach vorn, kann die Gerte mit der freien Hand **nachtreiben.**

Versucht ein Pferd an der Führperson vorbeizudrängeln, ist es wichtig, sofort zu reagieren. Sobald das Pferd den Menschen mit der Schultermitte überholt hat, fühlt es sich nicht mehr sicher nach vorn begrenzt. Eine wirkungsvolle Korrektur ist es, das Pferd sofort anzuhalten, sich dem Pferd gegenüber mit dem Rücken zur ursprünglichen Bewegungsrichtung aufzustellen und es einige Tritte rückwärtstreten zu lassen (siehe Foto oben Seite 133).

Tempo verringern und Anhalten

Um das Tempo zu verringern und das Pferd anzuhalten haben **ruhige Stimmkommandos** und eine **entspannte Körpersprache** große Bedeutung. Bei einem erfahrenen Pferd erfolgt ein Verringern des Tempos auf der Grundlage dessen, dass es

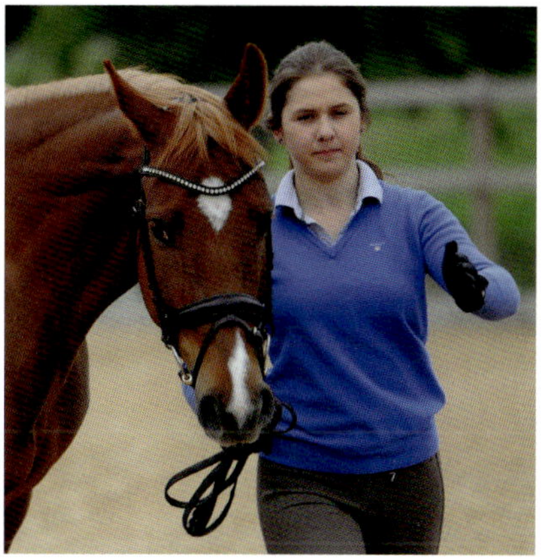

Aufnehmen mit der freien Hand Richtung Pferdeauge

sein **Tempo dem der Führperson anpasst.** Die Führperson verlangsamt das Tempo, macht kleinere Schritte und nimmt den Oberkörper zurück. Bei Bedarf kann zusätzlich die führende Hand zurückgeführt und dadurch kurzzeitig Druck auf die Pferdenase und das Genick ausgeübt werden. Um ein heftiges Pferd zu beruhigen und das Tempo zu verlangsamen wird bei gleichzeitigem Einsatz der Stimme der Druck und Zug auf den Pferdekopf jeweils nur kurzfristig verstärkt. Ein Dauerzug an Strick oder Halfter stumpft das Pferd dagegen lediglich ab. Als wirksames Signal zur Beruhigung wirkt auch ein leichtes Vorgehen und Anheben der linken Hand vor das linke Pferdeauge. Ergänzend kann das Pferd mit der Gerte an der Brust berührt werden.

Die Schrittlänge variieren

Bei der Arbeit an der Tempoanpassung soll das Pferd lernen, sich immer mehr an der Körpersprache der Führperson zu orientieren. Eine wichtige Technik ist dabei, sich im **Gleichschritt** mit den Vorderbeinen des Pferdes zu bewegen. Pferde können ihre Bewegungen sehr gut mit denen ihrer benachbarten Pferde synchronisieren - sie übertragen diese Bereitschaft auch auf Menschen. So orientieren sie

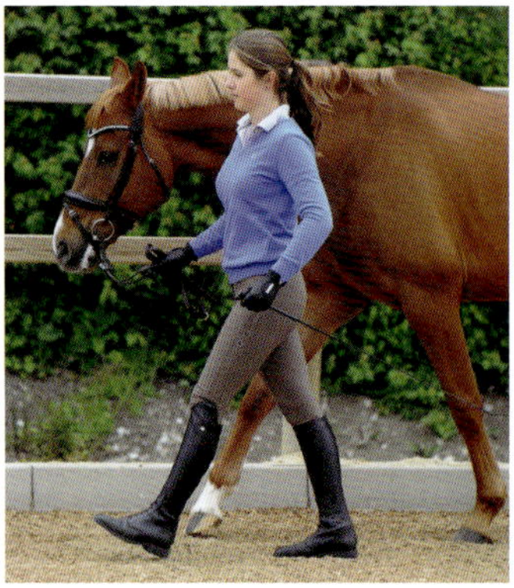

Im Gleichschritt: das Pferd passt sich an

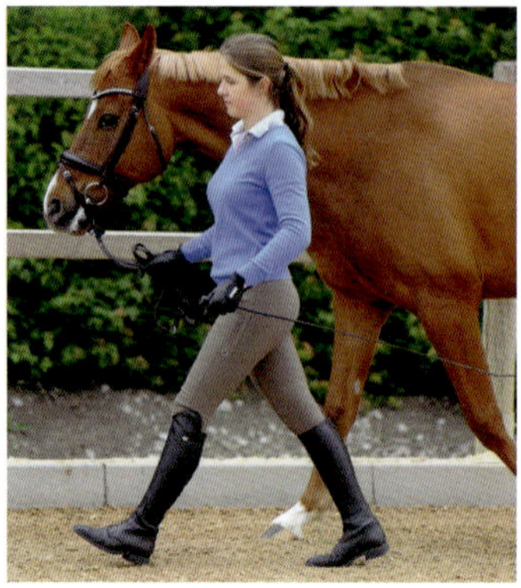

Große Schritte: das Pferd geht vorwärts

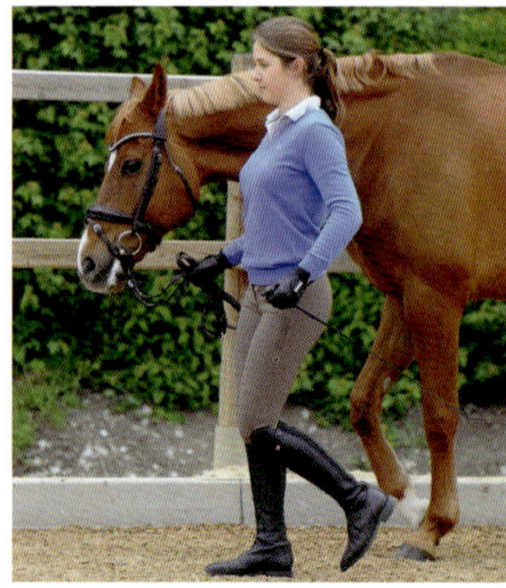

Kleine Schritte: das Pferd reduziert sein Tempo

sich problemlos an der Schrittlänge des Menschen. Der Einfluss von Zügeln, Führstrick oder Leitseil wird auf diese Weise nebensächlich.

Führen im Trab

Über kurze Strecken sollen sich Pferde auch im Trab führen und sicher kontrollieren lassen. Das ist zum Beispiel dann nötig, wenn Betrachter die Gangart des Pferdes beurteilen wollen. Das kann ein Tierarzt sein, der eine mögliche **Lahmheit diagnostizieren** will, oder ein Richter, der die **Qualität der Bewegung** einschätzen können muss. Für das **Antraben** und **Durchparieren** werden die gleichen Hilfen gegeben wie zum Anführen und zur Temporeduzierung, allerdings entsprechend deutlicher. Beim Üben soll sich das Pferd in den Übergängen zwischen Schritt und Trab mehr und mehr an der Körpersprache der Führperson orientieren, sodass keine Einwirkung auf den Pferdekopf nötig ist. Führen im Trab erfordert genügend Kondition der Führperson und einen guten grundlegenden Gehorsam des Pferdes.

Wenden

Wenn genügend Platz für das Wenden in Bewegung vorhanden ist, wird beim Führen immer **vom eigenen Körper weg** gewendet werden – das heißt beim Führen von links entsprechend nach rechts. Dabei muss das Pferd den Abstand zur Führperson weiterhin respektieren und die Schulter vom angewinkelten Arm kontrollieren lassen.

links: Sicheres Führen im Trab

rechts: Wenden nach rechts – vom eigenen Köper weg

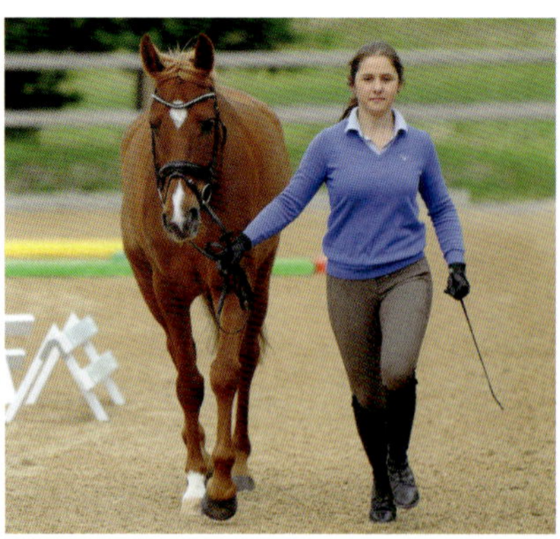

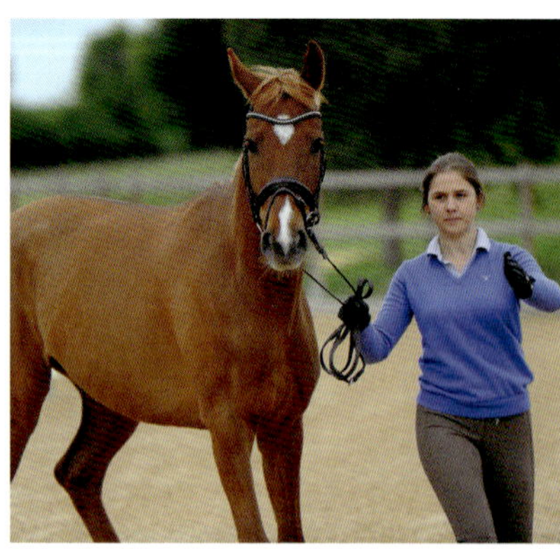

Bei der engeren Wendung nach innen – und somit nach links – besteht eine erhöhte Gefahr, dass sich die Richtungen der Pferdehufe und Menschenfüße kreuzen. Das heißt: Es kann leichter passieren, dass ein Pferd dem Menschen versehentlich auf den Fuß tritt.

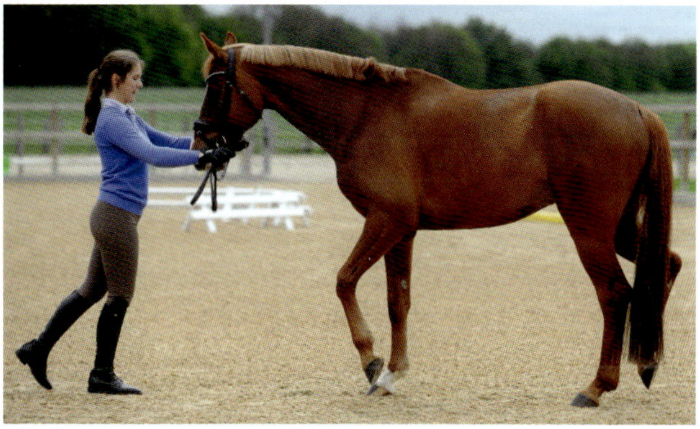

Rückwärtstreten lassen: dem Pferd gegenüber

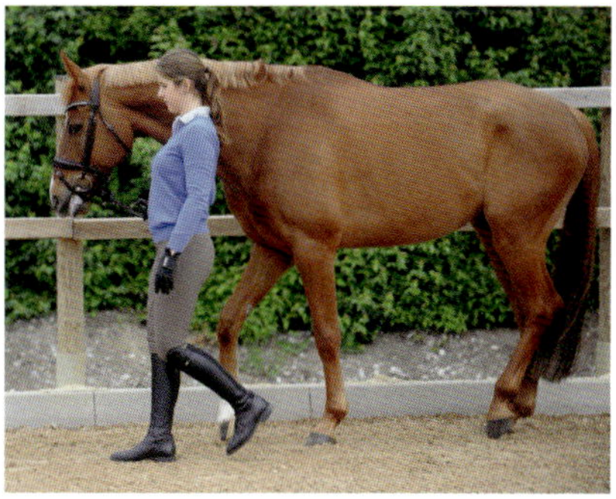

Rückwärtstreten lassen: neben dem Pferd

Rückwärtstreten lassen

Da es immer wieder Situationen gibt, in denen Pferde unbedingt rückwärtstreten müssen, sollte das Rückwärtsrichten an der Hand gründlich **geübt** werden. Ein Pferd, das nicht willig rückwärts etwa aus einem engen Waschständer oder einem Anhänger heraustritt, kann Probleme verursachen. Ein gut erzogenes Pferd tritt auf einen leichten **Berührungsreiz** in Verbindung mit einem **Stimmkommando** rückwärts.

Zu Beginn der Ausbildung oder als unterstützende Hilfe erfolgt ein leichter Zug in Rückwärtsrichtung an Strick oder Zügel. Außerdem kann für das Pferd, um die gewünschte Bewegungsrichtung leichter zu verstehen, ein leichter Druck mit einer Hand an der Brust hilfreich sein.

In der Regel können die Hilfen für das Rückwärtstreten schnell reduziert werden. Erhöhte Anforderungen an den Gehorsam stellt das Rückwärtstreten-Lassen aus der normalen Führposition neben dem Pferd.

Im Überblick:

Führpositionen und Hilfengebung

- **Normalposition:** zwischen Mitte der Pferdeschulter und Pferdekopf
- **Bei seitlich begrenztem Raum:** direkt vor dem Pferd
- **Im Halten und als Ausgangsstellung zum Rückwärtstreten- oder Seitwärtsweichen-Lassen:** dem Pferd gegenüber
- **Antreten lassen:** Oberkörper nach vorn nehmen, eventuell leichtes Signal am Strick oder Zügel, energisch loslaufen
- **Antraben:** wie Antreten-Lassen, bei Bedarf mit der Gerte nachtreiben
- **Vorwärtsgehen:** größere, deutliche Schritte; bei Bedarf mit der Gerte nachtreiben
- **Tempo verringern:** kleinere Schritte, Oberkörper zurücknehmen, leichtes Signal am Zügel, notfalls freie Hand vor das Pferdeauge
- **Halten:** wie Tempo verringern, deutlich selbst stehen bleiben, Erhöhen der Körperspannung
- **Stimmkommando:** in allen Situationen hilfreich

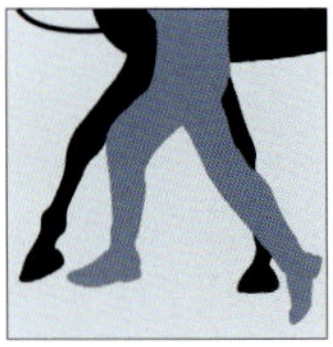

7.3 Bodenarbeit

Der Begriff Bodenarbeit umfasst das gesamte Spektrum des möglichen Pferdetrainings vom Boden aus. Hier werden im Folgenden drei zentrale Bereiche der Bodenarbeit beschrieben: gezieltes **Führtraining** unter Einbeziehung von speziellen Führ-Hindernissen, die Gewöhnung an optische und akustische Umweltreize **(Desensibilisierung)** sowie das fachgerechte Vorführen oder **Vormustern**.

Im Überblick:
Bodenarbeit

- **Führübungen:** Sichern und Verbessern des Kontakts zum Menschen und des grundsätzlichen Gehorsams beim Führen; Verbessern von Aufmerksamkeit, Gleichgewicht und Reaktionsschnelligkeit beim Pferd
- **Desensiblisierung:** Gewöhnung an unterschiedliche Außenreize, Umgang mit stressbehafteten Situationen
- **Vorführen:** Vormustern auf gerader Linie und Vorführen auf der Dreiecksbahn
- **Freiarbeit:** kontrolliertes, freies Laufenlassen; zirzensische Lektionen
- **Vorbereitung für Übungen unter dem Sattel:** zum Beispiel Seitwärtsweichen, Rückwärtsrichten
- **Longieren, Doppellonge:** Vorbereitung, Unterstützung und Ergänzung des Trainings für das Reiten/Fahren etc.
- **Arbeit am Langzügel:** Unterstützung und Verfeinerung dressurmäßiger Arbeit; auch Einsatz für Fahrpferde oder im Therapeutischen Reiten
- **Arbeit an der Hand:** Vorbereitung für höhere Dressurlektionen (Halbe Tritte, Piaffe), Erarbeitung von sogenannten „Schulen über der Erde"

Arbeit mit optischen Hilfsmitteln

Optische Hilfsmittel und **Hindernisse** in der Bodenarbeit stellen Pferde vor konkrete **Bewegungsaufgaben**. Sie müssen dabei einen vorgegebenen Raum genau einhalten (z.B. in einer Stangengasse), rasche Richtungswechsel vornehmen (etwa in einem Slalom) oder Stangen berührungsfrei, aber kontrolliert überwinden. Alle diese Aufgaben sind für Pferde leichter zu lösen, wenn sie sich am Menschen orientieren können. Im Gegenzug lernen Führpersonen, die **Kommunikation per Körpersprache** zu verbessern und zu verfeinern.
Bei einer Aufgabenstellung mit optischen Hilfsmitteln ist die richtige Lösung klar zu erkennen - auch für das Pferd. Es hat eine Chance, **selbstständig mitzuarbeiten** und die beste Lösung der gestellten Aufgabe zu erlernen. Pferde werden dabei nicht nur gehorsamer, sondern verbessern zugleich **Aufmerksamkeit, Trittsicherheit** und **Gleichgewicht**.

Arbeit an der Einzelstange

Bei der Arbeit an einer einzelnen Stange beispielsweise heißt die **Aufgabenstellung** zunächst, das Pferd genau über einer Stange anzuhalten, sodass sich Vorder- und Hinterbeine diesseits beziehungsweise jenseits der Stange befinden. Diese Aufgabenstellung kann variiert und im Schwierigkeitsgrad gesteigert werden: Anhalten vor, über und nach der Stange; Halten nach dem Vorsetzen jedes einzelnen Beines im Ablauf der Fußfolge.
Diese **verfeinerte Kontrolle** soll mit **möglichst wenig Einfluss** auf den Kopf des Pferdes möglich werden. Dafür muss sich die Führperson in ihrer eigenen Bewegung genau ausdrücken und das Anhalten und das erneute Antreten im eigenen Körper rechtzeitig und deutlich vorwegnehmen.

Hindernisse in der Bodenarbeit

Typische Hindernisse in der Bodenarbeit entsprechen oft Aufgabenstellungen, die vom Reiten über **Ge-**

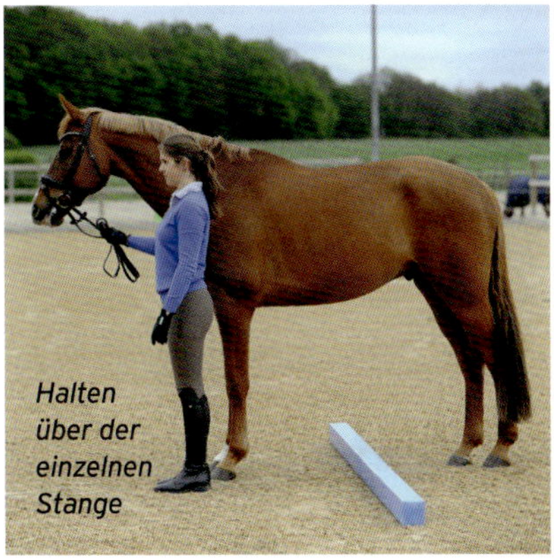

Halten über der einzelnen Stange

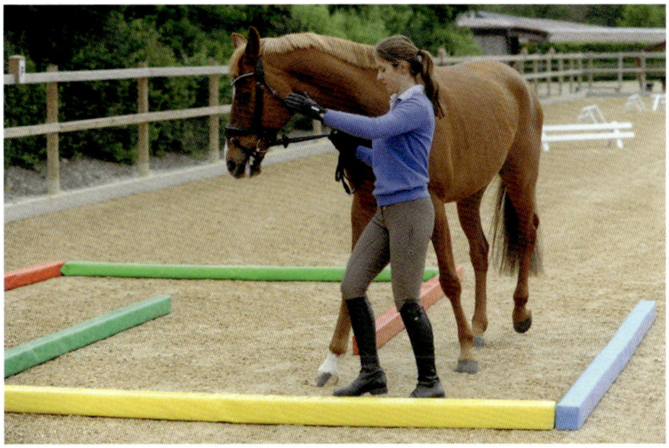

Aufnehmen und Wenden nach rechts im Labyrinth

schicklichkeitsparcours bekannt sind: Slalom, Stangengasse, Labyrinth oder Schritt-Cavaletti in unterschiedlicher Höhe. Für den Aufbau werden vor allem Stangen und Wendekegel gebraucht.
Schaumstoffstangen, wie hier auf den Fotos, haben den Vorteil, dass von ihnen **keine Verletzungsgefahr** ausgeht, wenn Pferde sie anstoßen oder versehentlich darauf treten. Reguläre Hindernisstangen sollten dagegen beim Aufbau durch Keile vor dem Wegrollen gesichert werden.

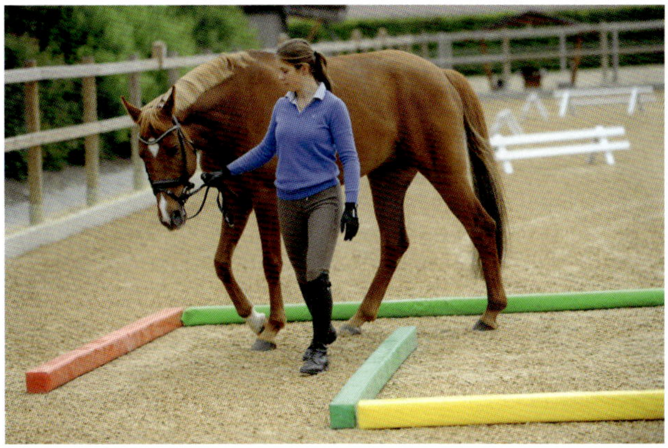

Wenden nach links im Labyrinth

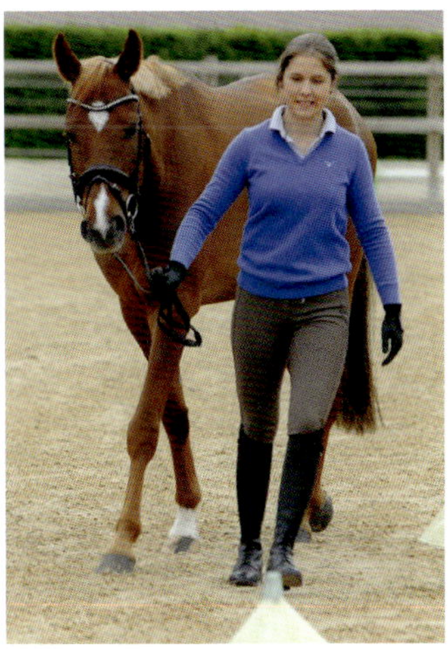

Körpersprache im Slalom: deutliche Gewichtsverlagerung in die Bewegungsrichtung

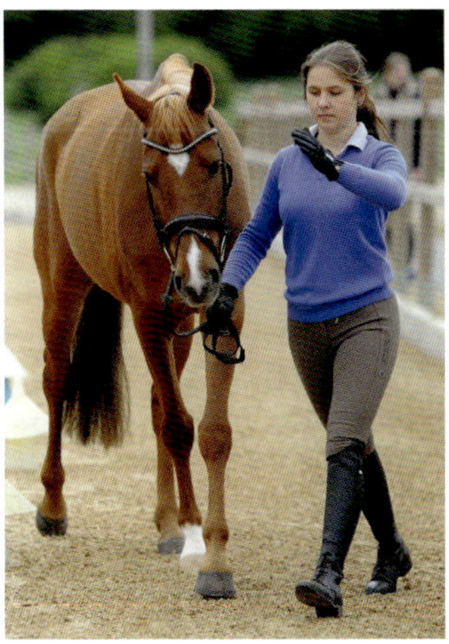

Körpersprache im Slalom: Begrenzung der Wendung durch den eigenen Körper

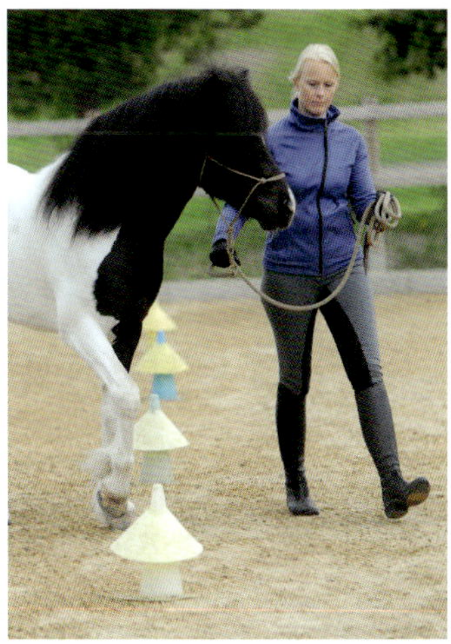

Körpersprache im Slalom: das Pferd folgt der gezeigten Bewegungsrichtung

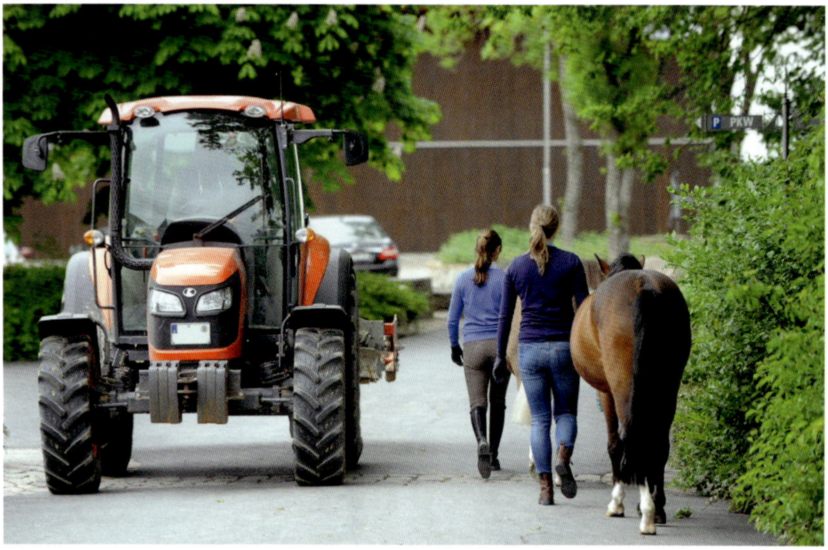

Begegnung mit dem Trecker – für diese Pferde eine gewohnte Situation

7.4 Gewöhnung und Desensibilisierung

Probleme beim Führen treten immer dann auf, wenn die **natürlichen Reaktionen des Pferdes** im Widerspruch zu den Forderungen des Menschen stehen. Ein unangenehmes Verhalten des Pferdes ist das Scheuen. Bei ungewohnten, plötzlich auftretenden Außenreizen würden Pferde aus eigenem Antrieb heraus eher flüchten oder zumindest eine sichere Distanz zur gefühlten Bedrohung suchen. Gezielte Übungen zur Desensibilisierung können helfen, solche Situationen zu vermeiden beziehungsweise ein Pferd auch dann sicher zu führen, wenn es erschrickt.

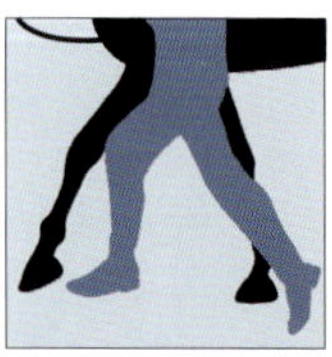

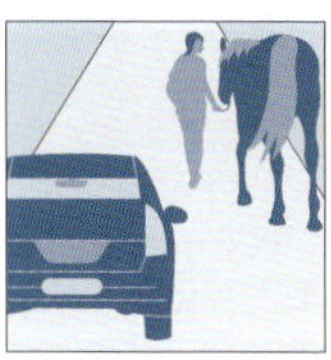

Gewöhnung

Das Scheuen der Pferde gehört zu ihrem natürlichen Verhalten; man kann es ihnen nicht völlig abgewöhnen (siehe Seite 19). Aber Pferde lernen vom **Fohlenalter** an, dass nicht jedes große, laute oder sich schnell bewegende Objekt gefährlich ist.
Von ihren Müttern schauen sie sich ab, dass plötzlich aufflatternde Vögel oder aufspringende Kaninchen keinen Grund zur Flucht darstellen. Beim Aufwachsen auf einem landwirtschaftlichen Betrieb lernen sie Traktoren und große landwirtschaftliche Maschinen kennen. Viele Weiden sind von Straßen begrenzt; so lernen Pferde beim Grasen, dass vom vorbeifahrenden Verkehr keine Bedrohung ausgeht; sie werden ganz selbstverständlich **verkehrssicher** und meistern angsteinflößende Situationen auch später vertrauensvoll.
Das Prinzip der **Gewöhnung** lässt sich in der Erziehung der Pferde am Boden aktiv einsetzen, zum Beispiel beim Umgang mit Straßenverkehr. Dabei kann ein ruhiges **Führpferd** unersetzliche Dienste leisten: Es signalisiert einem unerfahrenen Jungpferd, dass von einem Fahrzeug keine Gefahr ausgeht. Die Begegnung mit und das Vorbeifahren von Autos lässt sich mit wenig Aufwand systematisch üben: zunächst mit großem Sicherheitsabstand, später in realistisch gestellten Situationen.

Desensibilisierung

Das Prinzip der Desensibilisierung in der Bodenarbeit setzt darauf, Pferde

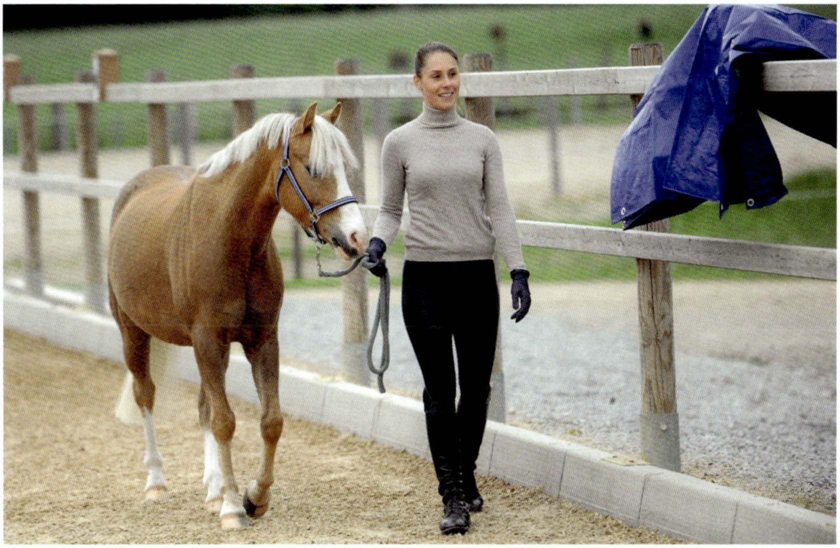

Die Führperson bleibt zwischen dem Pferd und dem beängstigenden Objekt.

gezielt Reizen auszusetzen, die ihnen unangenehm sind oder möglicherweise unheimlich erscheinen. Bei dieser Arbeit sind der Fantasie keine Grenzen gesetzt: Alles, was ungewöhnlich aussieht, sich möglicherweise bewegt oder Geräusche von sich gibt, kann aus Pferdesicht Anlass zum Scheuen bieten und lässt sich aktiv für die Desensibilisierung nutzen.

Beim systematischen **Abbau dieser Reize** wird das **Vertrauen** des Pferdes zur Führperson abgefragt und bestärkt. Dabei geht es nicht nur ausschließlich um die Gewöhnung an bestimmte Objekte wie Regenschirme, Fahnen, Planen oder einen rappelnden Sack, sondern auch um die Erarbeitung einer **Methode** zum Überwinden von Unsicherheiten und Ängsten und zum Aufbau von Vertrauen. Dies ist die Grundlage um sicher auf das Pferd einwirken zu können.

Oft genügt es schon, mit einem passenden **Sicherheitsabstand** an einem fremdartigen Objekt vorbeizuführen und diesen Abstand dann zu verkleinern. Die **Führperson** geht dabei immer **zwischen dem Anlass zum Scheuen und dem Pferd**, um bei einem möglichen Ausweichen nicht bedrängt zu werden. Im Ernstfall springt das Pferd von Mensch und Objekt weg und nicht auf den Menschen zu.

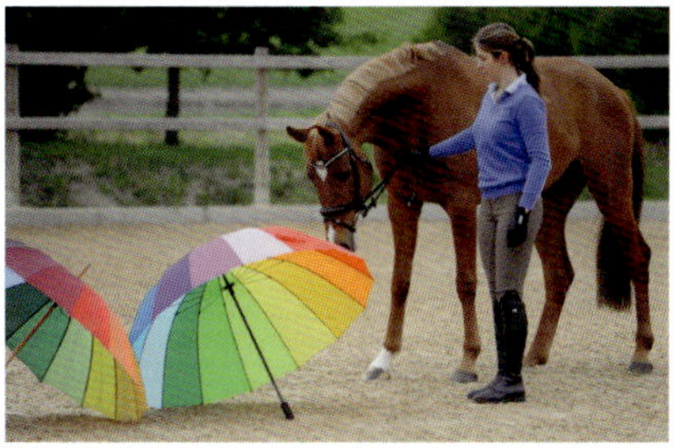

Erst Schnuppern lassen ...

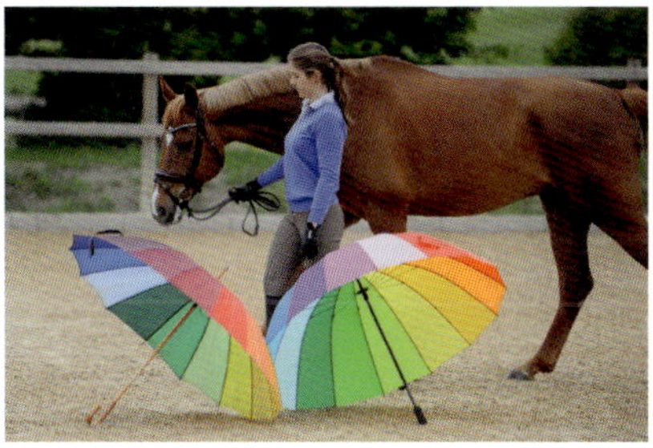

... dann entschlossen vorbeiführen.

Aus der Nähe betrachten

Vor einem beängstigenden Gegenstand dürfen Pferde anhalten – aber nicht sofort flüchten. Es ist entscheidend, sie **mit beiden Augen schauen** zu lassen, damit sie tatsächlich die

Erst schauen lassen ...

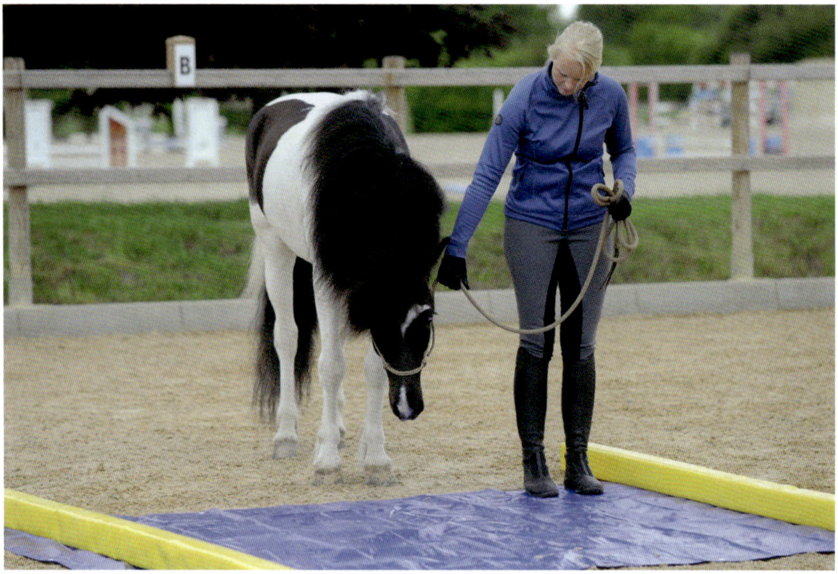

... dann zügig vorwärtsführen.

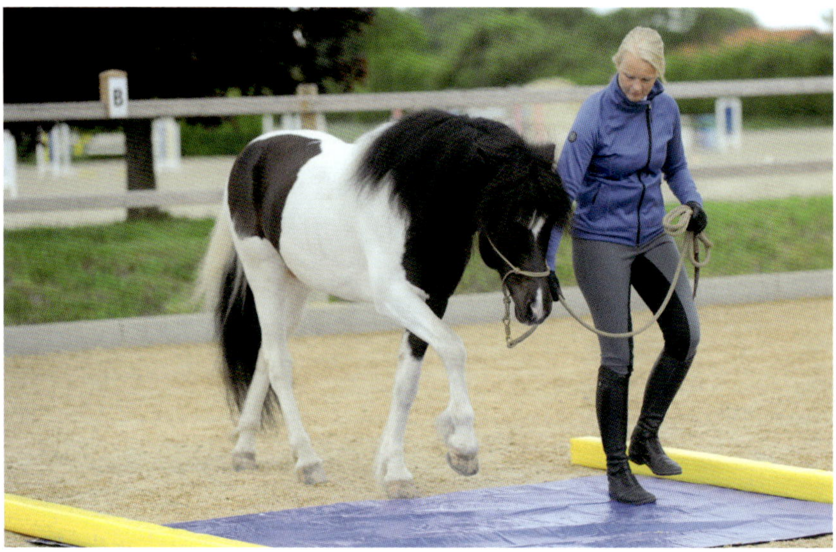

Chance haben, scharf zu sehen. Als Nächstes gilt es, ihr **Neugierverhalten** anzuregen. Um ein Objekt als ungefährlich einzustufen, müssen sie es aus der Nähe betrachten beziehungsweise beriechen können. Dabei gilt: Zögern ist erlaubt, Rückwärtsbewegung nicht.

Diese **Vorgehensweise** lässt sich später auf weitere Objekte und unterschiedliche **Situationen übertragen**. So wird ein Pferd, das gelernt hat, seine anfängliche Scheu vor der am Boden liegenden Plane zu überwinden, auch leichter den Respekt vor dem Betreten der Rampe des Anhängers verlieren.

Das gelingt allerdings nur dann, wenn das Pferd – wie hier deutlich sichtbar – die Plane **freiwillig** betritt. Jeder Zwang läuft dem Prinzip der Desensibilisierung zuwider.

Gewöhnung an Geräusche

Pferde scheuen nicht nur vor Gegenständen, sondern auch vor Geräuschen, die plötzlich auftreten (z.B. Schuss), nicht eindeutig zu erkennen sind (z.B. quietschende Geräusche) oder sehr laut sind (z.B. Motorsäge). Besonders beängstigend wirken Geräusche, die von einem beweglichen Objekt außer Sichtweite ausgehen. Auch hier kann behutsam eingesetzte Desensibilisierung helfen, anfängliche Schreckreaktionen zu überwinden und in Zukunft kleiner werden zu lassen.
Bei entsprechenden Aufgabenstellungen kann plötzlich einsetzende laute Musik, ein rappelnder Sack (z.B. voller Dosen), das Verschieben schwerer Gegenständen außer Sichtweite, Prellen eines Balles in Hörweite oder Ähnliches zum Einsatz kommen. Im Grundsatz geht es immer darum, dass ein Pferd mit der zunächst schwierigen oder unbekannten Situation gute Erfahrungen macht. Dieses **Vertrauen** wird sich dann auf **neue Situationen**, wie zum Beispiel eine Siegerehrung bei einem Turnier, **übertragen**.

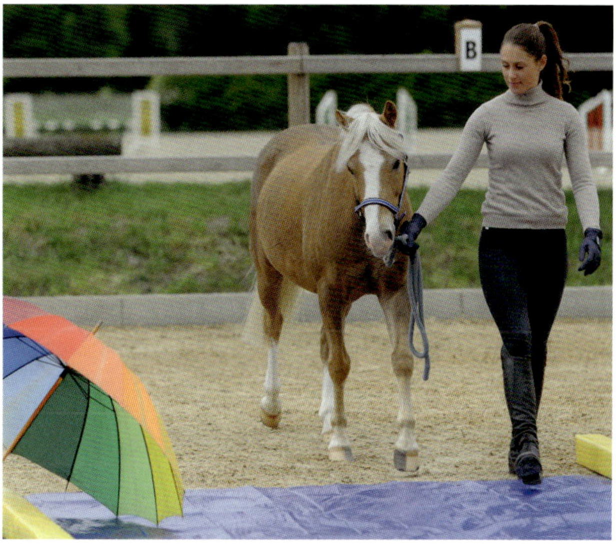

Noch verdächtig: der Schirm auf der Plane

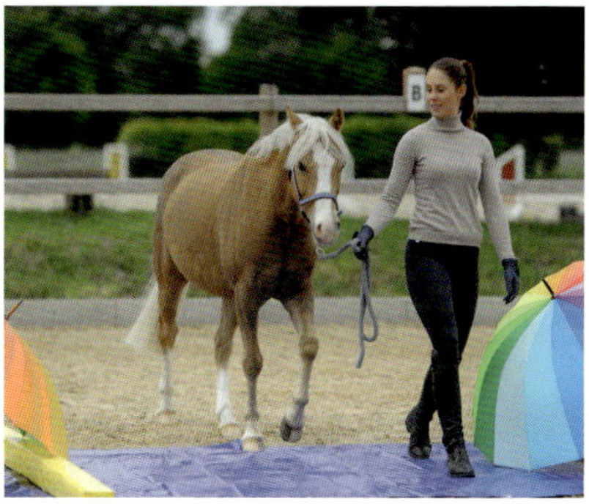

Vertrauen gefasst: beide Schirme sind ungefährlich

7.5 Vormustern und Dreiecksvorführung

Damit die Bewegungen eines Pferdes beurteilt werden können, muss sich ein Pferd auf vorgegebenen Linien im Schritt und Trab sowohl flüssig als auch gehorsam führen lassen. Ebenso muss das Pferd gelernt haben, anzuhalten und ruhig stehen zu bleiben. Für das Vorführen oder Vormustern gibt es feste Regeln.

Vorführen

Situationen, in denen ein Pferd vorgeführt oder vorgestellt wird, ergeben sich mehr oder weniger regelmäßig. Dazu gehören die Besuche des Hufschmiedes und des Tierarztes, aber ebenso die Teilnahme an Veranstaltungen (z.B. Zuchtschauen, Gelassenheitsprüfungen, bestimmte Turnierprüfungen). Je nach Anlass wird dem Pferd normalerweise ein Halfter mit

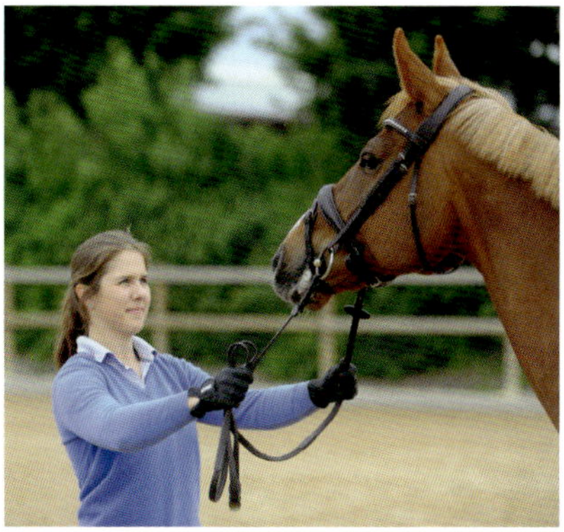

Zügelführung beim Halten

Ein Aufbau für fachgerechtes Vorführen

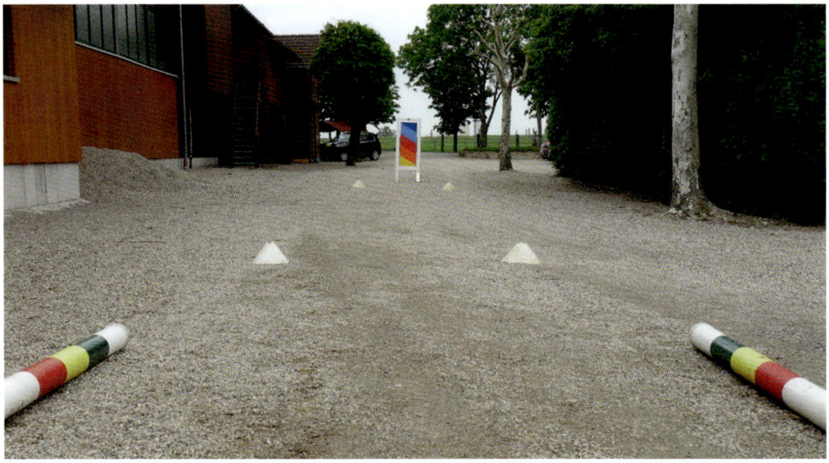

Führstrick oder eine Trense aufgelegt. Sehr hilfreich für das Vorführen ist es, wenn das Pferd bei der Bodenarbeit ebenfalls gelernt hat, sich sicher im Trab führen zu lassen.

Halten

Zum vorschriftsmäßigen Halten stellt sich die Führperson dem Pferd gegenüber auf. Die linke Hand fasst den gegenüberliegenden rechten Trensenzügel, die rechte Hand den gegenüber liegenden linken Trensenzügel; das zusammengelegte Zügelende liegt mit in der rechten Hand.

Im Halten sollen generell alle vier Beine des Pferdes gleichmäßig belastet sein. Es wird zwischen offener und geschlossener Aufstellung unterschieden: In der **geschlossenen Aufstellung** stehen Vorder- und Hinterbeine des Pferdes jeweils parallel nebeneinander. In dieser Position kann ein Pferd direkt von vorn beziehungsweise von hinten am besten beurteilt werden. In der **offenen Aufstellung** sollen für einen seitlichen Betrachter alle vier Beine gleichzeitig sichtbar werden. Daher steht das dem Betrachter zugewandte Vorderbein weiter vorn, das entsprechende Hinterbein weiter hinten als das gegenüber liegende Bein.

Vormustern auf der Dreiecksbahn

Bei offiziellen Anlässen, zum Beispiel auf Turnieren, Zuchtschauen oder Kö-

Auf der Dreiecksbahn: zum Betrachter hin offene Aufstellung

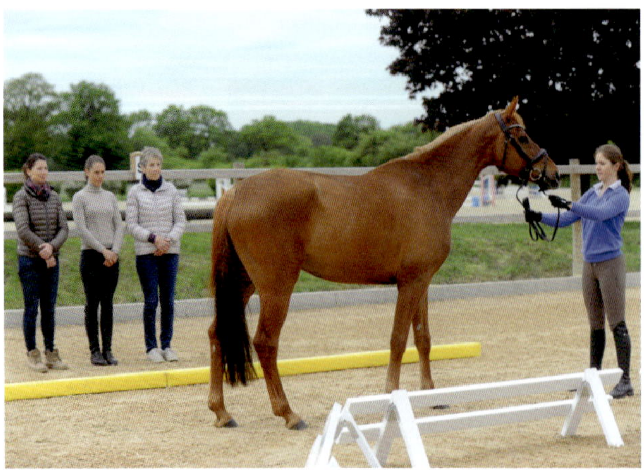

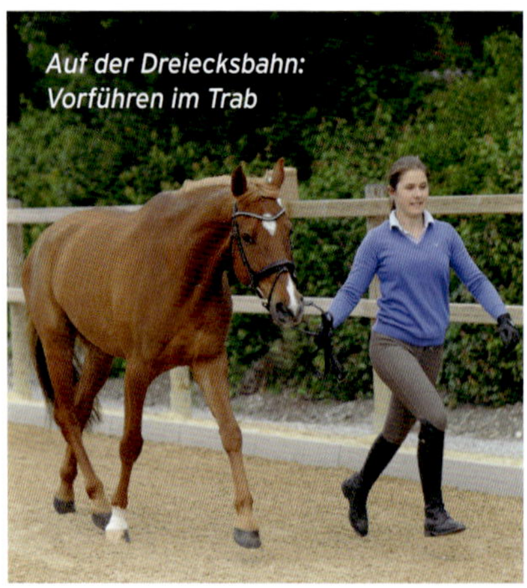

Auf der Dreiecksbahn: Vorführen im Trab

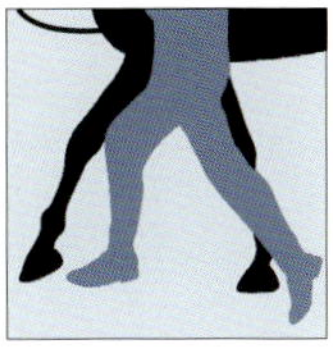

Im Überblick:

Vorführen und Vormustern

- **Ausrüstung:** Trense; geführt wird mit der rechten Hand (zusammengelegte Zügel); Aufstellung dem Pferde gegenüber (geteilte Zügel)
- **Geschlossene Aufstellung:** Beinpaare parallel, alle vier Beine gleichmäßig belastet
- **Offene Aufstellung:** inneres Vorderbein weiter vorn, inneres Hinterbein weiter hinten (aus der Sicht des seitlichen Betrachters)
- Alle **Wendungen** nach rechts ausführen
- **Vormustern auf gerader Strecke:** Vorführen im Schritt und Trab in beide Richtungen mit Gangartwechseln an vorgegebener (markierter) Stelle; Richtungswechsel durch Wendung nach rechts
- **Vormustern auf der Dreiecksbahn:** Aufstellung zum Betrachter offen (linke Pferdeseite sichtbar); Führen um ein markiertes Dreieck herum auf der rechten Hand (beide kurzen Seiten des Dreiecks im Schritt, lange Seite im Trab, Wendungen jeweils im Schritt); am Betrachter vorbeiführen, Wenden, offene Aufstellung in umgekehrter Richtung (rechte Pferdeseite sichtbar)

rungen, ist das Vormustern der Pferde auf einer **abgesteckten Dreiecksbahn** üblich. Geführt wird dabei auf Trense mit den Zügeln, zusammengelegt in der rechten Hand (siehe Seite 127).

Zur **Beurteilung im Stand** wird das Pferd zunächst mit der linken Pferdeseite zum Betrachter **offen aufgestellt.** Die Führperson stellt sich dem Pferd gegenüber auf und korrigiert die offene Aufstellung durch eine Vorwärtsbewegung des Pferdes; korrigieren durch Rückwärtstreten ist nicht erwünscht.

Nach einer **Wendung nach rechts** beginnt das Vormustern entlang der Dreiecksbahn. Zunächst wird im **Schritt** geführt, nach dem Wenden entlang der Längsseite des Dreiecks **getrabt** und vor der Ecke wieder durchpariert zum Schritt. Beim Führen auf der Dreiecksbahn wird ausschließlich nach rechts gewendet.

Abschließend wird das Pferd am Betrachter vorbeigeführt, nach rechts umgewendet und zum Abschluss wieder offen aufgestellt. Es steht jetzt in umgekehrter Richtung als zu Beginn der Vorführung, mit der rechten Pferdeseite zum Betrachter.

Auf der Dreiecksbahn: Wenden im Schritt

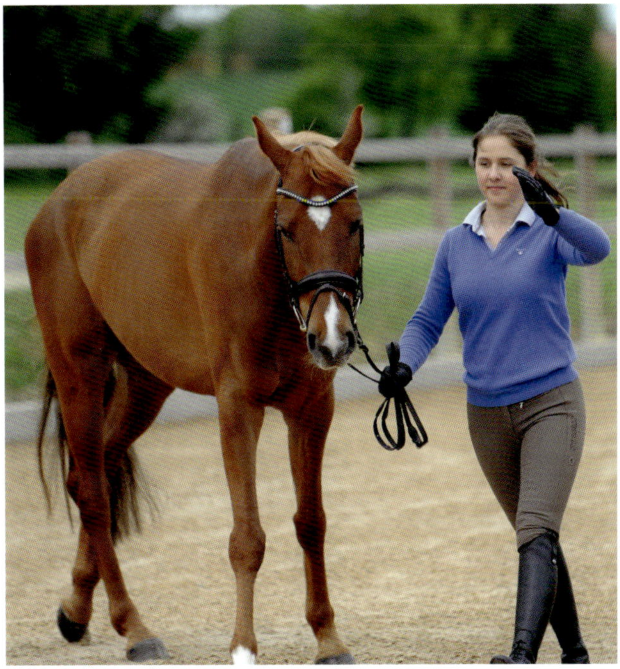

Zur Vorbereitung auf die Prüfung

Diese Themen werden an praktischen Beispielen vor Ort geprüft.

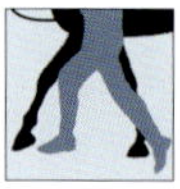
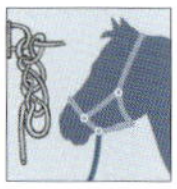
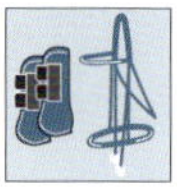

Bodenarbeit erfordert eine gute Kommunikation mit dem Pferd.

- Welche Bereiche/Techniken der Arbeit mit dem Pferd werden unter dem Begriff Bodenarbeit zusammengefasst?
- Welche unterschiedliche Ausrüstung ist beim Führen möglich?
- Wie unterscheiden sich die Varianten der Ausrüstung in ihrer Wirkung?
- Wie kann man sich beim Führen mit dem Pferd verständigen, welche Hilfen und Hilfsmittel gibt es?
- Welche unterschiedlichen Führpositionen gibt es?
- Welche unterschiedlichen Möglichkeiten der Handhabung des Führstricks, Leitseils oder der Zügel sind beim Führen möglich (in der Praxis zeigen)?
- Wie kann man die Trittlänge des Pferdes beim Führen beeinflussen und das Tempo sicher kontrollieren (in der Praxis zeigen)?
- Mit welchen Hilfen kann man beim Führen ein Pferd antraben und wieder durchparieren (in der Praxis zeigen)?
- Wie kann man ein Pferd an der Hand rückwärtsrichten (in der Praxis zeigen)?
- Mit welchen Signalen lässt man ein Pferd an der Hand seitwärtsweichen (in der Praxis zeigen)?
- Welche Möglichkeit zur Arbeit mit Bodenhindernissen sind denkbar (in der Praxis zeigen)?
- In welche Richtung wird beim Führen von links grundsätzlich gewendet?

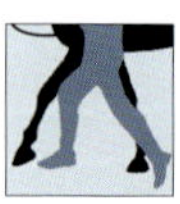
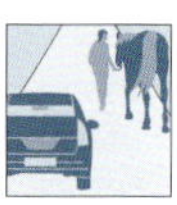
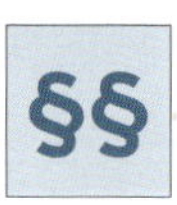

Für eine verbesserte Sicherheit beim Führen müssen Pferde lernen, mit verschiedenen Situationen umzugehen.

- Was versteht man unter Desensibilisierung?
- Welche praktischen Möglichkeiten sind dafür denkbar (ggf. in der Praxis zeigen)?
- Wie kann man Pferde an besondere Reize wie Straßenverkehr oder große Fahrzeuge gewöhnen?

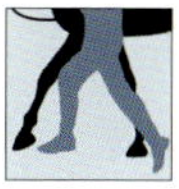

Für das Vorführen beziehungsweise Vormustern eines Pferdes vor einem Tierarzt oder Richter gibt es feste Regeln.

- Wie läuft das Vormustern auf gerader Linie korrekt ab (ggf. in der Praxis zeigen)?
- Wie wird ein Pferd korrekt auf der Dreiecksbahn vorgeführt (in der Praxis zeigen)?

Notizen

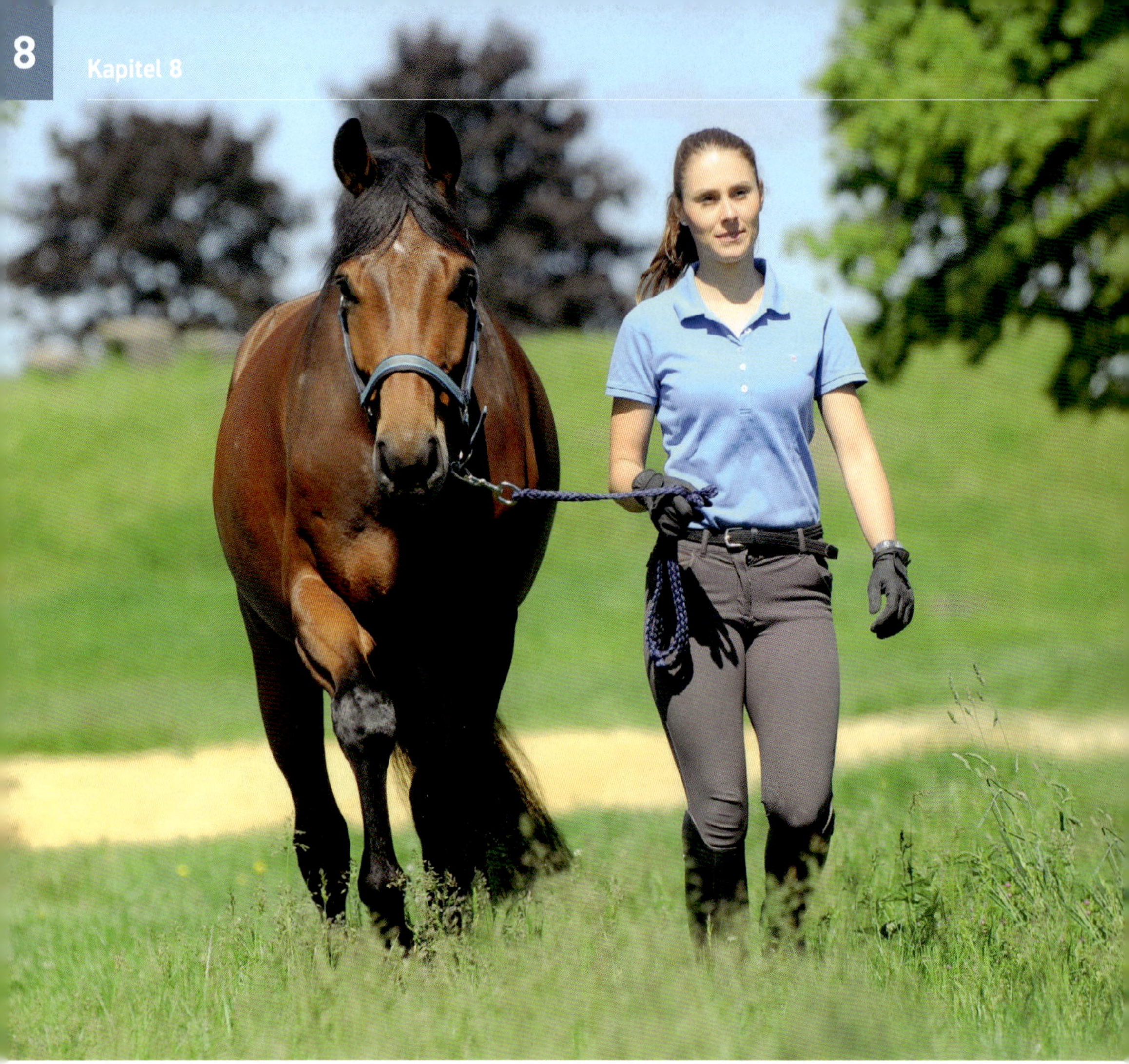

Ein Spaziergang im Grünen

8 Führen im öffentlichen Raum und Verladen

Die Haltung und das Bewegen von Pferden wären nicht möglich, ohne dass Pferde auch außerhalb eingezäunter Bereiche, also im öffentlichen Raum, geführt werden. Oft ist das Erreichen von Weiden oder angelegten Bewegungsflächen gar nicht möglich, ohne einen öffentlichen Weg oder eine Straße zu benutzen oder wenigstens zu überqueren. Unterwegs müssen möglicherweise Begegnungen mit Zwei- und Vierbeinern oder Fahrzeugen gemeistert werden.

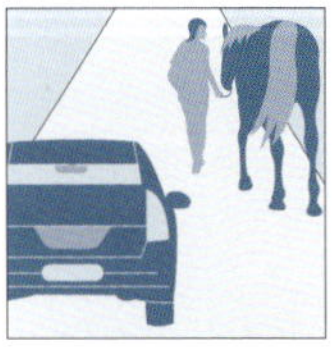

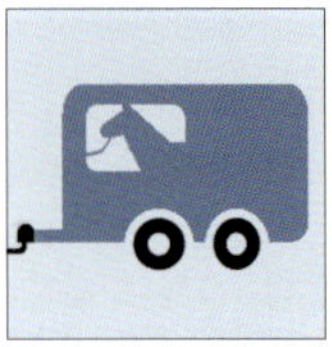

Bei aller Routine im Führen und bei allem gewachsenen Vertrauen zwischen Mensch und Pferd kommt es doch immer wieder zu herausfordernden Situationen im Umgang. Auch stets ausgeglichene Pferde können unerwartet reagieren, zum Beispiel auf andere Tiere auf der Weide oder auf große landwirtschaftliche Maschinen. Von vornherein mit **möglicher Aufregung** eines Pferdes – auch wenn es im Regelfall brav ist – muss man rechnen, wenn man ein Pferd an einen neuen, unbekannten Ort bringt, zum

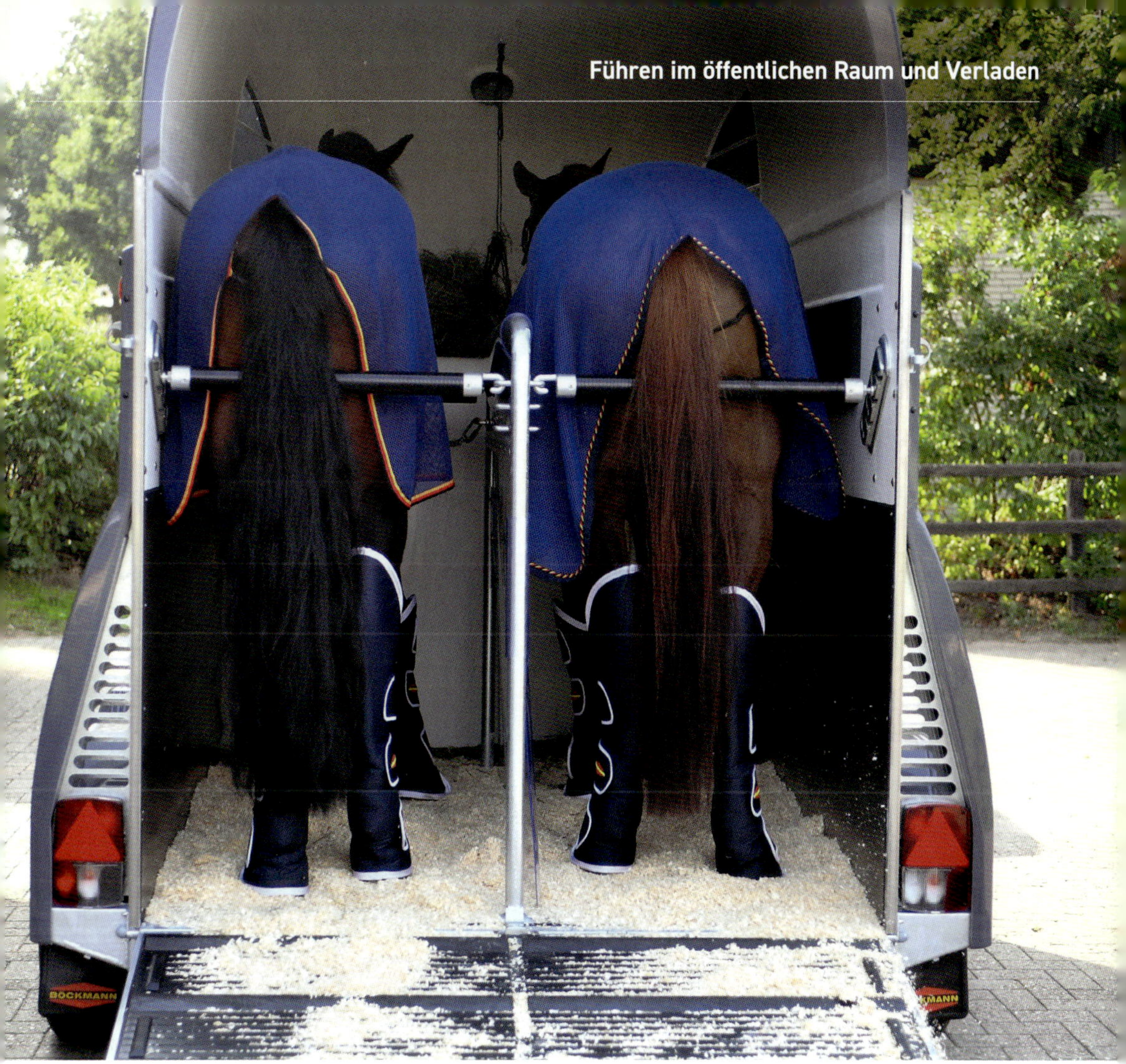

Klappe zu – und los!

Beispiel zum Tierarzt oder auf einen Turnierplatz.

Das **Verladen** und **Transportieren** von Pferden in speziellen Anhängern oder Transportern ist aus dem Alltag der Pferdehaltung nicht mehr wegzudenken. Für die Fahrt von einem Stall zum anderen, zur Fohlenschau, zum Training, auf den Turnierplatz, an den Ferienort oder im Notfall in die Tierklinik gibt es zum Transport im geschlossenen Fahrzeug meistens keine Alternative.

Unter öffentlichem Raum wird der nicht abgeschlossene Nahbereich des Hofes verstanden, in dem Begegnungen mit anderen Verkehrsteilnehmern (Fußgänger, Radfahrer, Auto- und Motorradfahrer etc.) wahrscheinlich sind. Der Prüfungsort für den Pferdeführerschein Umgang kann unter Beachtung von Sicherheitsaspekten eigenständig gewählt werden. Als geeigneter und abgesicherter Bereich für die Aufgabenstellungen aus dem Merkblatt für Lehrgangsleiter und Prüfer kann das Hofgelände genutzt werden. Es sollte, sofern möglich, verlassen und die unmittelbare Umgebung des Hofes genutzt werden.

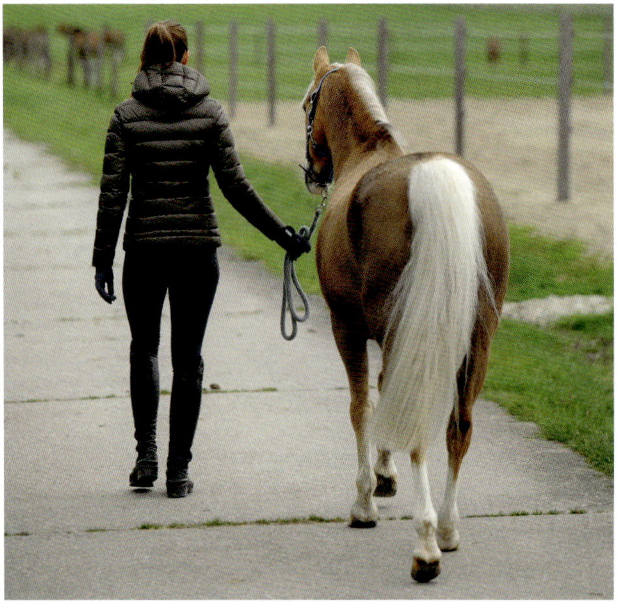

Der Weg zur Koppel – auch mit vierbeinigen Gefährten in Sichtweite – muss ruhig und kontrolliert absolviert werden können.

8.1 Führen außerhalb einer Reitanlage

Sobald Pferde außerhalb einer geschlossenen Umgebung geführt werden, unterliegen sie einer Reihe von **gesetzlichen Regelungen** und Bestimmungen. Grundsätzlich ist das Führen von Pferden auf öffentlichen Wegen und im Straßenverkehr erlaubt. Allerdings haben die einzelnen Bundesländer eine Reihe von Einschränkungen und speziellen Bestimmungen für das Reiten im öffentlichen Raum erlassen, die sinngemäß auch für geführte Pferde gelten. Grundsätzlich für Pferde **tabu** sind speziell ausgewiesene **Fußgängerwege** sowie **Lehr- und Erlebnispfade.** In Ballungsräumen gelten oft spezielle Regelungen.
Wer ein Pferd im öffentlichen Raum führen will, sollte sich über mögliche Vorgaben und Einschränkungen für die Benutzung von Wegen informieren. Die zuständigen **Landesverbände** der Deutschen Reiterlichen Vereinigung (FN) erteilen entsprechende Auskünfte (Adressen im Anhang).

Entlassen in Box, Paddock oder Weide

Soll ein Pferd nach dem Führen **freigelassen** werden – zum Beispiel in einer Box, in einem Paddock oder auf der Weide – dann ist es wichtig, das Pferd am Führstrick zu behalten, bis der Eingang hinter ihm geschlossen ist. Es muss lernen, sich ruhig durch Tür oder Tor führen und dann an der Hand umdrehen zu lassen, bis es mit dem Kopf zum Eingang steht. So kann die Führperson zunächst das Tor oder

Mit vorbildlicher Geduld wartet das Pferd, bis das Tor geschlossen ist und es entlassen werden kann.

§§

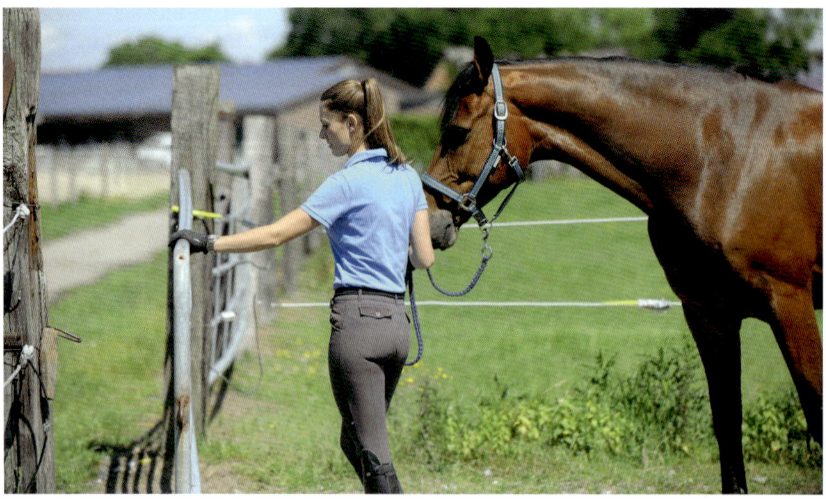

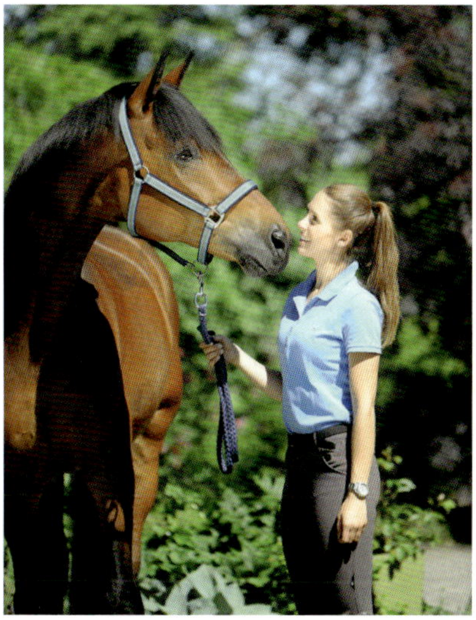

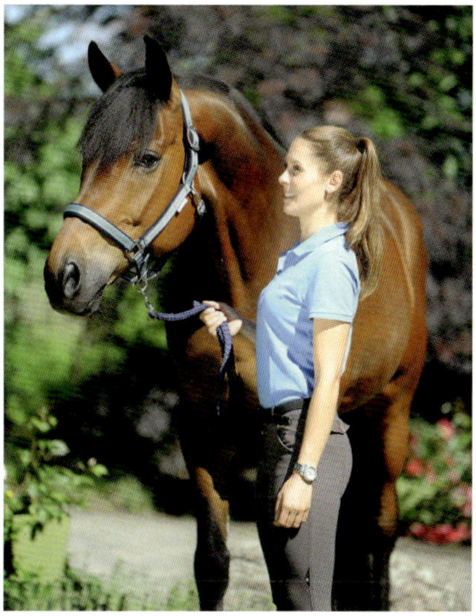

Nur auf der Grundlage einer guten Kommunikation...

...können Pferd und Führperson im Gelände neue Ziele ansteuern.

den **Zaun schließen** und erst danach **Strick und Halfter lösen**. Gerade beim Entlassen auf einen Paddock, in eine Weide oder zum Laufenlassen in der Reithalle neigen Pferde dazu, ihrer Begeisterung durch Bocksprünge Ausdruck zu verleihen. Da sie sich dabei in der Regel vorwärts - vom Ausgang weg - bewegen, kann die Führperson so vermeiden, in die Reichweite der Hinterhufe des Pferdes zu geraten.

Auf keinen Fall empfiehlt es sich, den Strick schon vor dem Passieren des Tores zu lösen - das wäre geradezu eine Einladung für das Pferd in die Weide, den Paddock oder in den Stall zu stürmen. Da solche Verhaltensweisen schnell zu **unerwünschten Angewohnheiten** werden, und sowohl für die Pferde als auch für die Menschen mit Risiken verbunden sind, muss möglichst schon beim ersten Auftreten eine Korrektur erfolgen. Eine Möglichkeit stellt hier das Voranführen eines ruhigen Begleitpferdes dar. Gegebenenfalls sollten alle weiteren **Maßnahmen** aber Menschen überlassen werden, die erfahren im Umgang mit Pferden und vergleichbaren, unerwünschten Verhaltensweisen sind.

Spazierengehen mit Pferden

Es gibt viele verschiedene Gründe dafür, ein Pferd außerhalb der umzäunten oder zumindest gewohnten Stall- oder Reitanlage zu führen. Der Weg zu weiter entfernt liegenden Koppeln kann ein Führen im Gelände erfordern; das Führen kann aber auch für Pferde, die zum Beispiel nicht geritten werden können, ein Teil des **Bewegungsangebotes** darstellen.

Jeder, der ein Pferd in einer ungewohnten Umgebung führen will, muss sich der besonderen **Verantwortung** bewusst sein. Wenn ein Pferd im freien Gelände außer Kontrolle gerät, kann es in Panik sich und andere, auch völlig unbeteiligte Personen, verletzen. Kein noch so starker Mensch, keine noch so spezielle Ausrüstung können hundertprozentig sichere Kontrolle über ein Pferd garantieren. Es ist eine Kombination aus verschiedenen Faktoren, die den Grad der **Sicherheit** oder des Risikos beim Spazierengehen bestimmen. Entscheidend ist die richtige, kompetent vorausschauende **Einschätzung der aktuellen Situation.**

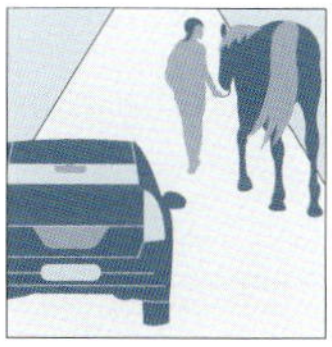

§§

Im Überblick:
Sicherheit beim Führen im Gelände

- **Gute „Kinderstube"** (fachgerechte Gewöhnung ans Führen im Fohlenalter)
- **Ausbildung** (Bodenarbeit mit Übungen zum Gehorsam und zur Desensibilisierung)
- **Übung und Routine** (Sicherheit durch gewohnte Abläufe)
- **Kenntnisse und Erfahrung** der führenden Person
- **Passende,** der Situation angemessene Ausrüstung
- **Voraussicht und Überblick** bei der Planung neuer Abläufe
- **Besonnenheit und Entscheidungssicherheit** bei auftretenden Schwierigkeiten
- **Ausreichender Versicherungsschutz** (mindestens Tierhalterhaftpflicht)

Trotz aller Vorsicht kann sich ein Pferd der Einwirkung der Führperson entziehen und dabei unter Umständen Personen oder andere Tiere verletzen, mit Fahrzeugen kollidieren oder Sachschäden verursachen. Daher sollte für jedes Pferd eine Tierhalterhaftpflichtversicherung abgeschlossen werden. Sie kommt für Schäden auf, die durch unvorhergesehenes arttypisches Pferdeverhalten (z.B. Scheuen, Ausschlagen, Flüchten) verursacht werden.

Routine oder Experiment

Die Frage nach Gewohnheit und Routine ist dabei besonders relevant. Pferde als **Fluchttiere** sind in neuen, ungewohnten Situationen stets weitaus mehr angespannt als in Routineabläufen. Es ist zum Beispiel ein entscheidender Unterschied, ob Pferde **zum ersten Mal** im Frühjahr auf eine Koppel geführt werden oder ob dieser Gang zur **täglichen Gewohnheit** geworden ist. Dabei sorgt eine gute Anfangsplanung dafür, dass sich ein reibungsloser Ablauf sicher einspielt. Im

Das Verlassen der gewohnten Umgebung verlangt erhöhte Aufmerksamkeit, bevor es zu einer gelungenen Abwechslung im Alltag wird.

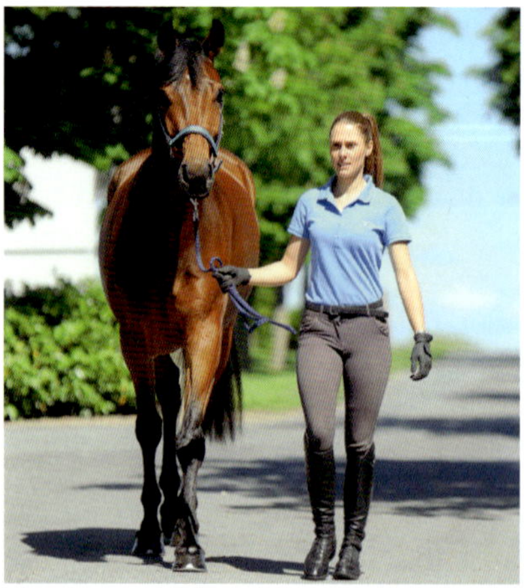

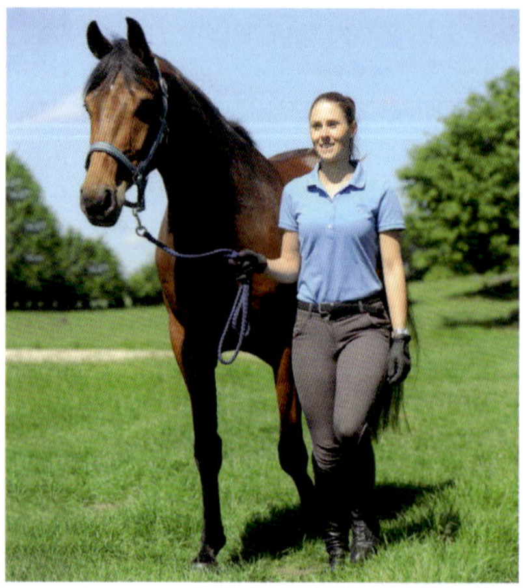

Gegenzug können sich Probleme, die spontan in einer neuen Situation auftreten, hartnäckig manifestieren.
Stürmen Pferde beim ersten Koppelgang in die lockende Freiheit, dann werden sie diesen Bewegungsspaß auch beim nächsten Mal einfordern oder selbstständig vorwegnehmen. Damit ein Pferd in jeder Situation umgänglich bleibt, lohnt es sich, jeden **neuen Ablauf gut zu planen** und möglichen Problemen durch rechtzeitige **Gegenmaßnahmen** zu begegnen.
Beim Gang auf die Koppel kann etwa das Voranführen eines gelassenen, zuverlässigen Führpferdes die Situation entschärfen. Generell sind alle neuen Aufgabenstellungen für ein Pferd in **Gesellschaft** zumindest eines weiteren ruhigen Artgenossen viel weniger aufregend und leichter zu lernen.

Die vollständige Kontrolle über ein Pferd kann es nicht geben. Aber eine Reihe von Faktoren können zur größtmöglichen Sicherheit beitragen. Ausschlaggebend dabei ist die Beurteilung der konkreten Situation. Erfahrene Pferde, ausgebildete Führpersonen und gewohnte Situationen bergen ein vielfach niedrigeres Risiko als unerfahrene Pferde, mangelhaft ausgebildete Führpersonen und neue, herausfordernde Situationen.

8.2 Begegnungen unterwegs

Im öffentlichen Gelände kann es jederzeit zu Begegnungen mit **Menschen, Tieren** oder **Fahrzeugen** kommen. Vor allem in Ballungsgebieten und im Einzugsbereich von Städten sind viele Erholungssuchende und Sportler draußen unterwegs: mit Fahrrad oder Walking-Stöcken, Kinderwagen oder Hund. Tiere auf der Weide oder Wildtiere reagieren auf ein geführtes Pferd und umgekehrt. Schließlich sind auch außerhalb des regulären Straßenverkehrs land- und forstwirtschaftliche Fahrzeuge unterwegs.
Bei allen Begegnungen muss sich die Führperson ihrer **Verantwortung** für größtmögliche Sicherheit bewusst sein.

Begegnung mit Menschen

Bei jeder Begegnung - auch mit Unbekannten - sollte eine aufmerksame **Kontaktaufnahme** durch Blicke, Gesten und einen freundlichen Gruß zur Selbstverständlichkeit gehören. Viele der Entgegenkommenden sind selbst unsicher: Die Bandbreite der Reaktion reicht von unbekümmertem Ignorieren eines Sicherheitsabstandes bis hin zu deutlichen Angstanzeichen. In jedem Fall muss die Führperson dafür sorgen, dass nicht nur der individuelle **Sicherheitsabstand** des Pferdes gewahrt bleibt, sondern auch der gefühlt nötige Sicherheitsabstand der entgegenkommenden Person.

Bei jeder Begegnung gilt: Führen so weit rechts am Wegrand wie möglich, Pferde nur hinter-, nicht nebeneinander führen, in allen unsicheren Situationen anhalten.

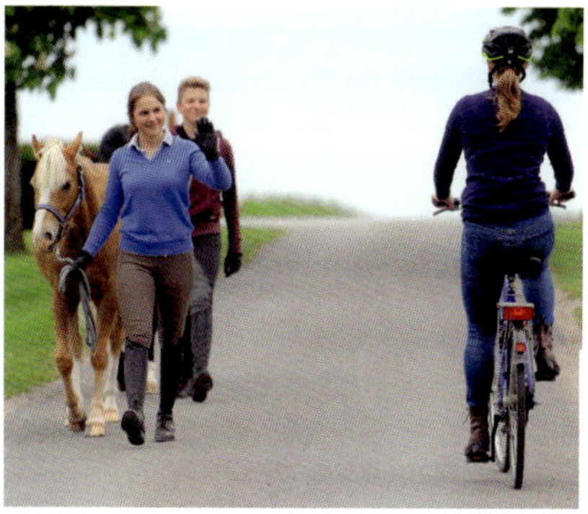

Aufmerksamkeit und freundliches Grüßen sollten jede Begegnung prägen.

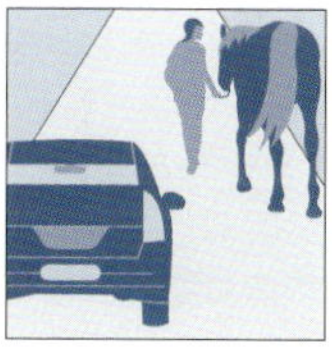

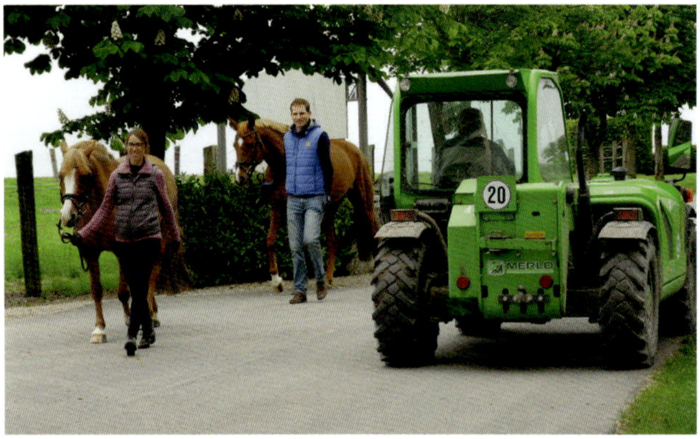

Erfahrene Pferde und Führpersonen mit genügend Sicherheitsabstand: So geht es sicher am Traktor vorbei.

Vorbeiführen an Pferde- und Viehkoppeln

Pferde an einer Koppel mit Artgenossen oder einer Viehweide vorbeizuführen erfordert eine gute Übersicht. Dabei gibt die **Reaktion der anderen Tiere** den Ausschlag.

Der **Herdentrieb** kann herausfordernde Situationen entstehen lassen: Fremde Pferde kommen neugierig an den Zaun galoppiert, überholen das vorbeigeführte Pferd und fordern es unmissverständlich zum Mitrennen auf. Wenn das eigene Pferd nicht abgeklärt auf die Artgenossen reagiert, sollte man lieber einen Umweg in Kauf nehmen.

Auch Vertreter anderer Tierarten können ängstlich bis neugierig auf Pferde reagieren; dabei sind vor allem von **Jungtieren** - zum Beispiel jungen Rindern - heftigere Reaktionen zu erwarten als etwa von Milchkühen. Schafe drängen sich in unsicheren Situationen eng zusammen. Für Pferde sind die Tiere dann nicht mehr einzeln wahrzunehmen; das kann zu großer Irritation führen. Es gehört zur genetischen Prägung der Pferde, unbekannte Vierbeiner als mögliche Feinde einzuschätzen. Daher reagieren sie unsicher und mit **erhöhter Fluchtbereitschaft** auf artfremde Tiere; schon eine unbekannte Witterung kann heftige Reaktionen auslösen.

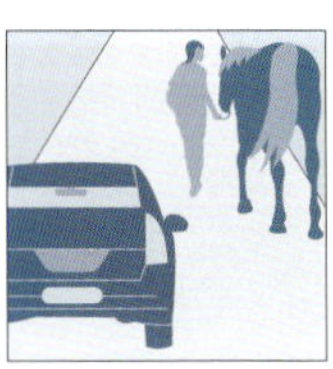

Begegnung mit land- und forstwirtschaftlichen Fahrzeugen

Land- und forstwirtschaftliche Maschinen können auch abseits des Straßenverkehrs im Gelände unterwegs sein. **Direkte Begegnungen** mit diesen Fahrzeugen sollte man möglichst **vermeiden** und rechtzeitig eine alternative Strecke wählen. Bauern und Forstmitarbeiter tun auf Feldern und im Wald ihre Arbeit; es liegt im Interesse von Pferdesportlern, dass sie Pferde nicht als Störung ihrer Tätigkeiten wahrnehmen.

Für alle Begegnungen unterwegs gilt: Pferde anhalten und mit beiden Augen schauen lassen, Reaktion einschätzen, nur bei genügender Ruhe und Übersicht mit möglichst großem Abstand vorbeiführen.

8.3 Pferde als Verkehrsteilnehmer

Einerseits dürfen Pferde im **Straßenverkehr** geführt werden, andererseits sollte man ihnen möglichst **keine komplexen Verkehrssituationen** mit mehreren Fahrzeugen, Schwerlastverkehr oder Motorrädern zumuten. Bewegungsgeschwindigkeit und Lautstärke herannahender Fahrzeuge können die Wahrnehmung sensibler Fluchttiere generell überfordern.

Jedes Pferd muss lernen, die Begegnungen mit Autos oder Zweirädern gelassen zu akzeptieren.

Die Straßenverkehrsordnung

Pferde, die im Straßenverkehr geführt werden, unterliegen der Straßenverkehrsordnung. Sie enthält eine Reihe von konkreten Regelungen für Pferde. In jedem Fall unterliegen sie den Grundregeln (§ 1 StVO) in den ersten beiden Abschnitten.

Straßenverkehrs-ordnung-Grundregeln § 1

Die Teilnahme am Straßenverkehr erfordert ständige Vorsicht und gegenseitige Rücksichtnahme.
Wer am Verkehr teilnimmt, hat sich so zu verhalten, dass kein anderer geschädigt, gefährdet oder mehr, als nach den Umständen unvermeidbar, behindert oder belästigt wird.

Daher dürfen Pferde nur von **Personen** geführt werden, die über entsprechende **Erfahrung, Geschicklichkeit** und **Kraft** verfügen, um ausreichend auf sie einwirken zu können. Dabei kommt es im Einzelfall natürlich genauso auf das **Pferd** an. Nicht nur das Größenverhältnis muss stimmen, sondern auch **Charakter, Temperament** und **Ausbildung** eines Pferdes sowie die **spezielle Situation.**
Wenn Pferdehalter, Eltern oder Ausbilder **Kinder und Jugendliche** mit dem Führen eines Pferdes im Straßenverkehr betrauen, müssen sie sich ihrer besonderen Verantwortung bewusst sein. Für alle beteiligten Erwachsenen bestehen hohe Aufsichts- und Sorgfaltspflichten.

Verkehrssichere Pferde

Im Sinne der Grundregeln in der Straßenverkehrsordnung müssen Pferde ihrerseits an fließenden Verkehr gewöhnt, also **verkehrssicher** sein, damit sie sich gefahrlos zwischen

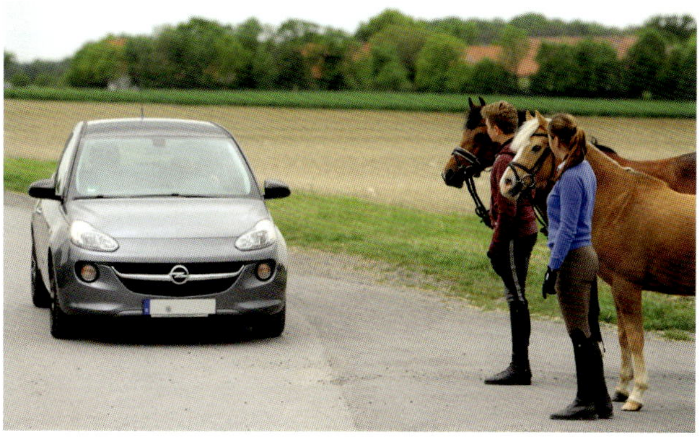

Vor dem Überqueren einer Straße halten – diese Routine müssen alle Pferde lernen.

Fahrzeugen aller Art führen lassen. Unerfahrene Pferde müssen gezielt mit diesen Situationen vertraut gemacht werden. Wie in so vielen Fällen ist das einfachste Mittel dafür die Begleitung eines verkehrssicheren **Führpferdes**, an dem sich ein jüngeres Pferd orientieren kann. Große, laute, schnelle Fahrzeuge sollten zunächst von einem **sicheren Abstand** aus beobachtet werden, bevor dieser Abstand schrittweise verkleinert werden kann. Situationen wie das Entgegenkommen oder Vorbeifahren eines Autos lassen sich auch mit wenig Aufwand nachstellen.

Auf derselben Landstraße, auf der eine ältere Zuchtstute täglich mit größter Selbstverständlichkeit zur Koppel geführt wird, kann das erstmalige Führen eines unerfahrenen und/oder jungen Pferdes große Unsicherheit und Aufregung auslösen.

Gesetzliche Regelungen für das Führen

Das Führen von Pferden im Verkehr ist in der Straßenverkehrsordnung (StVO § 28, II) ausdrücklich erlaubt. Dabei dürfen Pferde nur von einer Person **zu Fuß** geführt werden – weder vom Auto noch vom Fahrrad aus.

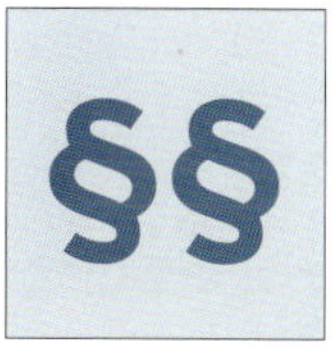

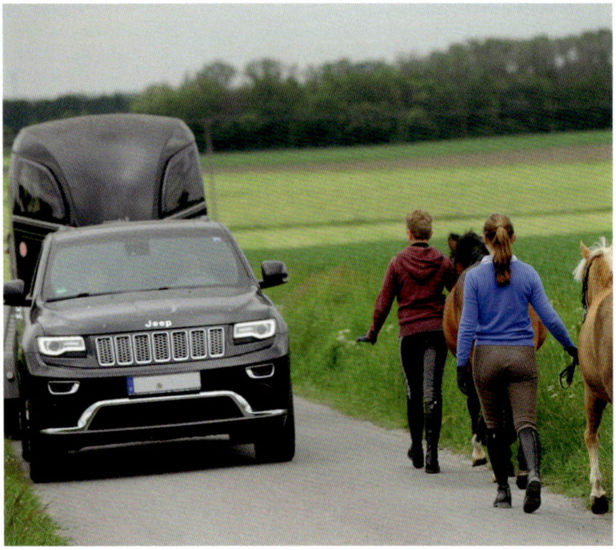

Eine solche Begegnung auf der Straße kann nur mit verkehrssicheren Pferden problemlos gemeistert werden.

Die Ausrüstung mit Strick und Halfter wird als nicht ausreichend für eine **sichere Kontrolle** im Straßenverkehr angesehen. Pferde, die an die Einwirkung eines Gebisses gewöhnt sind, sollten daher mit einer **Trense** geführt werden.

Bei Jungpferden, die noch keine Erfahrung mit einem Gebiss gemacht haben, muss die Ausrüstung entsprechend der Situation gewählt werden.

Im Sinne der Straßenverkehrsordnung werden **Pferde wie Fahrzeuge** behandelt; sie müssen also grundsätzlich die **Fahrbahn benutzen** und gehören weder auf den Radweg noch auf den Bürgersteig

Pferde sind sogenannten **„langsamen Fahrzeugen"** gleichgestellt (§ 2 Abs. 1 und 2 StVO). Gibt es für diese Fahrzeuge eine eigene, durch eine durchgezogene weiße Linie abgetrennte Spur, dann müssen Pferde ebenfalls diese Spur benutzen. Gibt es parallel zur Fahrbahn einen eigenen mit einem **Gebotsschild** gekennzeichneten Reitweg, dann müssen auch geführte Pferde diesen Weg benutzen. Andererseits gilt das **Verbotsschild** für Reiter auch für geführte Pferde.

Dagegen sind Pferde vom allgemeinen **Durchfahrts-Verbotsschild** (rundes Schild, weiß mit rotem Rand) ausdrücklich ausgenommen.

Mit einem geführten Pferd kurzfristig auf einen Radweg oder Bürgersteig auszuweichen ist nur zur **Abwendung einer größeren Gefahr** bei drohendem Kontrollverlust geboten. Ein größerer **Sicherheitsabstand** zur Gefahrenquelle kommt dem natürlichen Bedürfnis der Pferde nach einer sicheren Fluchtdistanz (siehe Seite 18) entgegen. Auf diese Weise kann eine gefährliche Situation möglicherweise entschärft werden.

Pflicht zur Beleuchtung

Während der Dämmerung und in der Dunkelheit sowie generell bei schlechten Sichtverhältnissen wie Nebel, Schnee oder Regen ist das **Mitführen einer Beleuchtung** vorgeschrieben (§ 17 StVO). Der Führende muss auf seiner **linken Körperseite** eine nach vorn und hinten gut sichtbare, nicht blendende **Leuchte mit weißem Licht** mit sich führen (§ 28 StVO).

§§

Gebotsschild für Reiter

Verbotsschild für Reiter

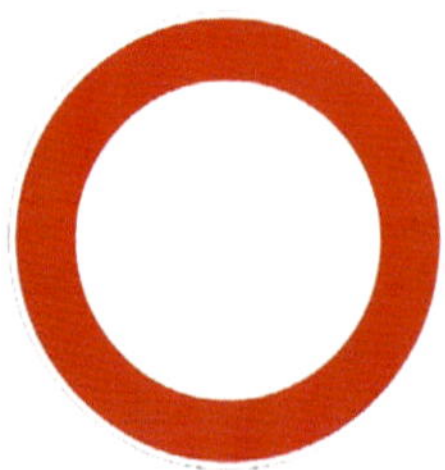

Durchfahrt verboten

Da es nur im eigenen Interesse sein kann, von allen übrigen Verkehrsteilnehmern rechtzeitig gesehen zu werden, empfiehlt die Deutsche Reiterliche Vereinigung e.V. (FN) die Ausrüstung mit **reflektierender Kleidung** und **Stiefelleuchte (links)** für den Führenden und reflektierende **Ausrüstung für das Pferd** (Leuchtgamaschen, Leuchtdecke).

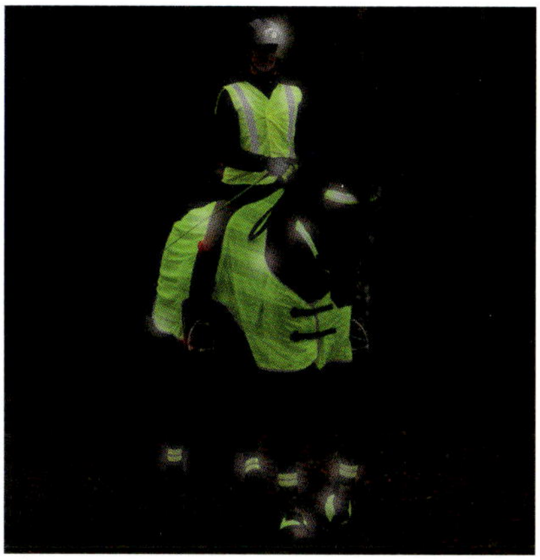

Reflektierende Ausrüstung für Pferd und Reiter

Rücksichtnahme anderer Verkehrsteilnehmer

Zwar fordert die Straßenverkehrsordnung auch die **Rücksichtnahme anderer Verkehrsteilnehmer** auf Pferde, aber auf pferdegerechtes Verhalten anderer darf sich kein Verantwortlicher für ein Pferd verlassen. Zum einen können viele Teilnehmer am Verkehr das mögliche Verhalten eines Pferdes und die davon ausgehenden Gefahren überhaupt nicht einschätzen. Zum anderen ist der gebotene Sicherheitsabstand von 1,5 m in der Praxis viel zu gering, um die Sicherheit aller Beteiligten zu gewährleisten.

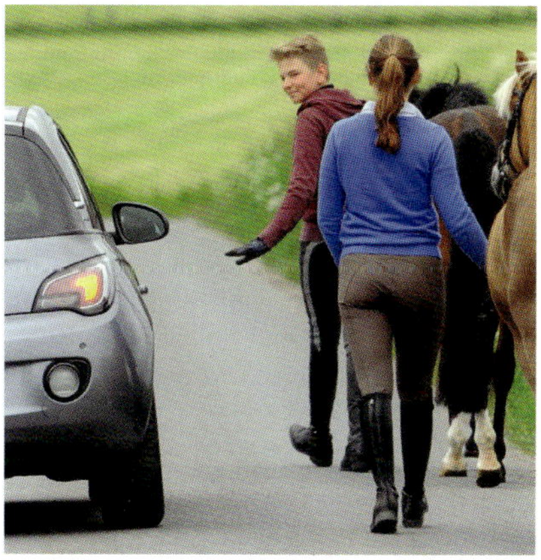

Handzeichen können dem Fahrer eines überholenden Autos die Bitte um Abbremsen und einen möglichst großen Sicherheitsabstand signalisieren.

Im Überblick:

Regelungen für das Führen im Straßenverkehr

- Pferde müssen an **Straßenverkehr gewöhnt sein.**
- Führende Personen müssen über **ausreichende Erfahrung, Überblick und Kraft** verfügen.
- Pferde sollten möglichst **mit Trense ausgerüstet** sein; Strick und Halfter genügen nicht.
- Pferde müssen **auf der Straße am rechten Fahrbahnrand geführt** werden.
- **Bürgersteig oder Radweg** dürfen generell **nicht benutzt werden.**
- **Führen ist nur zu Fuß erlaubt** – nicht vom Fahrrad oder Auto aus.
- Bei **schlechten Sichtverhältnissen** (Dämmerung, Dunkelheit, Nebel, Schnee, Regen) muss **links eine Beleuchtung** mitgeführt werden (**weiß**, nicht blendend, nach vorne und hinten gut sichtbar).
- **Gebots- und Verbotsschilder** für Reiter müssen beachtet werden; das allgemeine Durchfahrt-Verbotsschild gilt nicht für Pferde.
- Pferde sollten **versichert** sein **(Tierhalterhaftpflicht).**

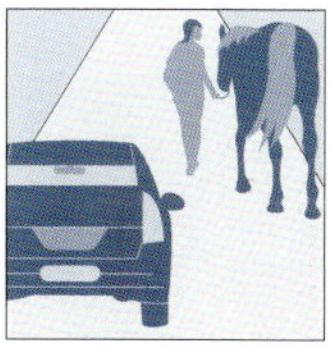

8.4 Verladen

Das **Verladen** und **Transportieren** von Pferden ist aus der heutigen Pferdehaltung nicht mehr wegzudenken. Dennoch sollte nie in Vergessenheit geraten, dass die Fahrt im Anhänger oder Transporter für **Fluchttiere** eine **besondere Situation** darstellt. Das Verladen sollte rechtzeitig und in Ruhe **eingeübt** werden. Mögliche Gefahrenquellen bieten mangelnde technische Sicherheit von Zugfahrzeug und Anhänger beziehungsweise unangepasstes, zu schnelles Fahren, besonders in Kurven.

Zur Sicherheit

➤ Der Pferdetransport sollte, wenn möglich, in Begleitung einer zweiten Person mit „Pferderfahrung" stattfinden. Dies gilt besonders für das Ein- und Ausladen. Aber auch herausfordernde Situationen unterwegs können zu zweit besser gelöst werden.

Technische Voraussetzungen

Das gängigste Transportmittel für Pferde ist der Anhänger für zwei Pferde mit Tandemachse. Alternativ gibt es Anhänger für ein einzelnes Pferd - diese werden wegen des Platzes für Stute und Fohlen auch „Anderthalb-Anhänger" genannt - sowie Übergrößen für sehr große Pferde. In jedem Fall muss das Zugfahrzeug über eine festmontierte oder mobile Anhängerkupplung verfügen und für die nötige zulässige **Anhängelast** konstruiert sein. Ebenso darf die zulässige **Stützlast** der Anhängerkupplung nicht überschritten werden. Maximale Anhängelast und zulässige Stützlast sind in der Zulassungsbescheinigung angegeben.

Als Orientierungsgröße für das Gewicht eines beladenen Anhängers gelten 2.000 kg beim Beladen mit zwei Großpferden, 1.500 kg beim Beladen mit nur einem Pferd. Im Zweifelsfall sollte man das Gewicht des beladenen Anhängers auf einer öffentlichen Waage prüfen.

Für besonders starke Zugfahrzeuge können **Sondergenehmigungen** für die Steigerung der generell zulässigen Höchstgeschwindigkeit von 80 auf 100 km/h beantragt werden. Nähere Auskunft dazu geben die jeweiligen **Fahrzeughersteller**.

In diesem Fall muss der Anhänger mit einem entsprechenden Schild versehen werden. Für das Fahren mit Anhänger ist ein zweiter (rechter) Außenspiegel gesetzlich vorgeschrieben. Ein passendes Reserverad mitzuführen ist sinnvoll. Reifenprofil und Luftdruck aller Reifen müssen in regelmäßigen Abständen überprüft werden.

Gesetzliche Regelungen

Anhänger sind zulassungs- und TÜV-pflichtig. Sie können als reine Sport-Anhänger mit einem grünen Kennzeichen steuer- und versicherungsfrei betrieben werden; in diesem Fall ist aber ausschließlich der Transport von Pferden erlaubt.

Der Abschluss einer Haftpflichtversicherung für Schäden, die möglicherweise vom rollenden Anhänger ausgehen, ist trotzdem ratsam.

Zur Sicherheit

➤ Generell gilt: Im Anhänger dürfen keine Personen transportiert werden - weder ohne noch mit eingeladenem Pferd.

Sichere Ausstattung

Zur sicheren Ausstattung gehört ein **rutschfester Belag** im Inneren und auf der Rampe. Eine hydraulische Hebevorrichtung erleichtert das Öffnen und Schließen der Rampe. Die **Verschlüsse der Rampe** sind zusätzlich durch eine Feder gesichert, deren korrekter Sitz vor jeder Abfahrt unbedingt geprüft werden sollte. Die eventuelle Verletzungsgefahr im Anhänger mindern gepolsterte Seitenwände und Befestigungsstangen. Für das Verladen und mögliche Probleme unterwegs sollte die **Trennwand** mit wenigen Handgriffen aus der Verankerung gelöst und quergestellt werden können. Manche Anhänger bieten zusätzlich eine Unterbringungsmöglichkeit für Sättel und weiteres Zubehör.

Anhängen und Abstellen

Der Anhänger ist nur dann sicher mit dem Fahrzeug verbunden, wenn die Kugelkopfkupplung des Anhängers richtig auf der **Anhängerkupplung** des Fahrzeugs aufliegt (gegebenenfalls einrastet). Beim Fahrbetrieb muss das **Stützrad** des Anhängers hochgekurbelt sein, und zwar parallel zur Fahrtrichtung. Beim Anhängen ist außerdem zu beachten, dass der Anhänger über ein **Sicherungsbremsseil** mit der Anhängerkupplung des Zugfahrzeugs verbunden sein muss. Löst sich aus irgendeinem Grund der Anhänger vom Fahrzeug, wird auf diese Weise die **Feststellbremse** des Anhängers mechanisch angezogen - der Anhänger kann nicht mehr rollen. Vor dem Anfahren muss die Feststellbremse gelöst werden, sonst blockieren die Räder des Anhängers.

Soll der Anhänger abgestellt werden, dann muss das Stützrad heruntergekurbelt und der Anhänger vor dem Wegrollen gesichert werden. Zusätzlich zur Feststellbremse empfiehlt es

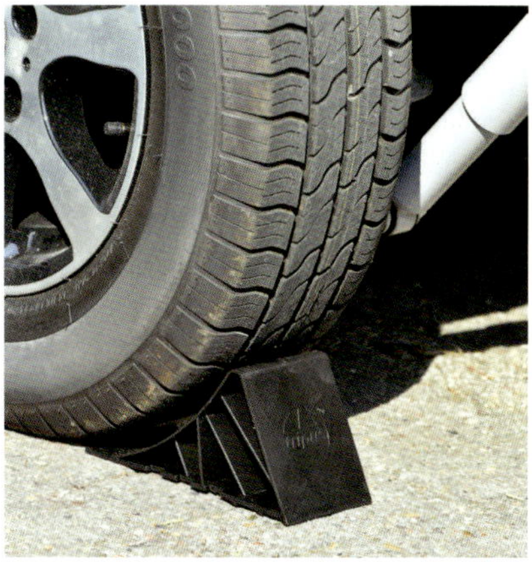

Mit untergelegtem Bremsklotz kann der Anhänger nicht wegrollen.

sich, **Bremsklötze** unterzulegen. Vorsicht bei der Betätigung der Bremse im Winter: Feststellbremsen können einrosten oder einfrieren und blockieren. Eine am Zugmaul des Anhängers angebrachte Diebstahlsicherung kann unerlaubten Gebrauch oder Diebstahl verhindern.

Zur Sicherheit

- Der Anhänger darf nur dann beladen werden, wenn er mit den Zugfahrzeug verbunden ist. Sollen Pferde auf dem abgestellten Anhänger verbleiben, darf der Anhänger nicht vom Zugfahrzeug getrennt werden.

Fahrtechnik

Für das Fahren eines Autos mit Anhänger im Straßenverkehr ist ein **Führerschein der Klasse BE** Voraussetzung. Fahren mit dem Anhänger erfordert sichere **Fahrpraxis** und umsichtige Verkehrsteilnahme. Unerlässlich ist es, wegen des verlängerten Bremsweges einen genügenden **Sicherheitsabstand** nach vorn einzuhalten. Vor jeder Kurve sollte behutsam abgebremst, die Kurve langsam durchfahren und erst wieder Gas gegeben werden, wenn der Anhänger geradeaus rollt. Alle **abrupten Fahrmanöver** können die **Balance der Pferde** ge-

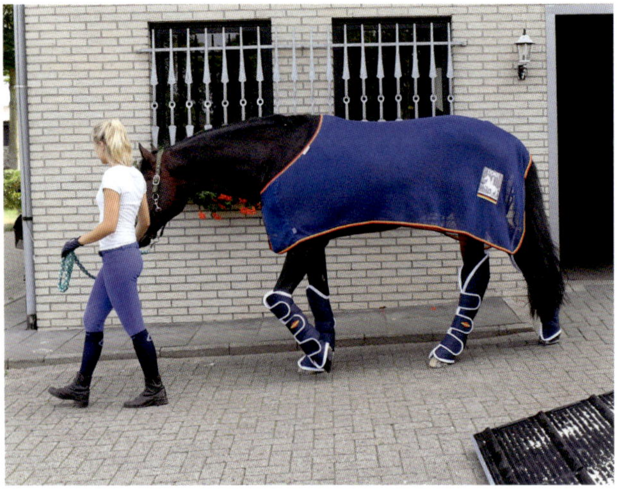

Mit Transportgamaschen und Decke ausgerüstet für die Fahrt im Anhänger

fährden; besonders gefährlich sind Vollbremsungen. Ein regelmäßiger Kontrollblick in beide **Außenspiegel** ist wichtig, weil viele Zwei-Pferde-Anhänger breiter sind als das entsprechende Zugfahrzeug – darauf muss der Fahrer besondere Rücksicht nehmen.
Besonders ungewohnt ist das **Rückwärtsfahren**, bei dem sich das Heck des Zugfahrzeugs und das Heck des Anhängers in gegensätzliche Richtungen bewegen. Es empfiehlt sich, das Rückwärtsfahren mit einem unbeladenen Anhänger gründlich zu üben.

Pferde vorbereiten

Beim Transport, insbesondere beim Ein- und Ausladen, besteht erhöhte **Verletzungsgefahr** für Pferde. Daher ist es sinnvoll, die **Pferdebeine** so weit wie möglich vor äußeren Verletzungen zu schützen. Im Fachhandel werden spezielle Transportgamaschen angeboten. Alternativ können auch Bandagen mit Polstern angelegt werden. **Transportgamaschen** sollten erst kurz vor dem Verladen angelegt und zeitnah nach dem Ausladen entfernt werden, damit sich die Hitze an den Pferdebeinen nicht staut.
Bei kühler Witterung und als Schutz vor Zugluft sollten Pferde auf dem Anhänger oder Transporter mit einer atmungsaktiven **Decke** eingedeckt werden. Im Sommer kann eine Fliegendecke die Pferde vor Insekten schützen. Bei jeder Art von Decke ist es wichtig, dass sie während des Transports gut liegen bleibt. Die Lage der Decke kann durch die Nutzung eines Schweifriemens und eventuell vorhandener Bauchgurte an der Decke selbst oder durch das Anlegen eines zusätzlichen Deckengurtes gesichert werden. Um den Verlust von Haaren an der Schweifrübe zu verhindern, kann man einen **Schweifschoner** anlegen oder den oberen Teil der Schweifrübe mit einer Bandage schützen.

Gesetzliche Vorschrift

§§

Der Pferdepass (Equidenpass) muss bei jedem Transport eines Pferdes mitgeführt werden.

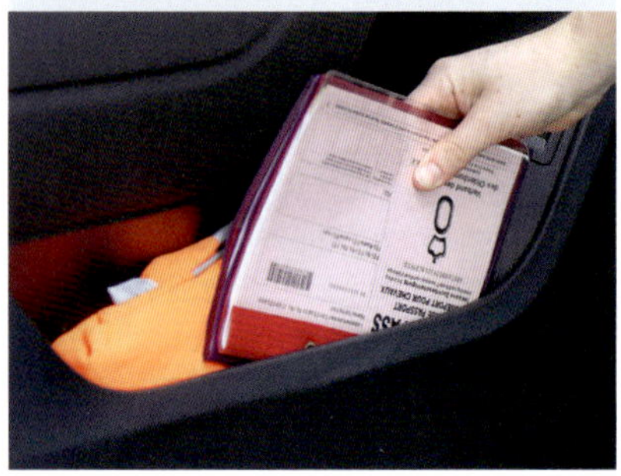

Der Equidenpass gehört zum Pferd – auch auf jeder Fahrt.

Den Anhänger vorbereiten

Der Platz zum Verladen sollte möglichst ruhig gelegen sein, um die Pferde nicht zusätzlich abzulenken. Im unmittelbaren Umfeld des Anhängers sollten sich keine möglichen **Gefahrenquellen** für ein Pferd (z.B. landwirtschaftliche Maschinen, andere Fahrzeuge) befinden.

Bei geöffneter Rampe dürfen die Riegel zum Schließen nicht seitlich vorstehen, damit das Pferd sich nicht daran verletzt, falls es neben die Rampe tritt. **Im Anhänger** selbst sollte es **hell** sein: entweder durch Öffnen der vorderen Ausstiegstür oder Einschalten der Innenbeleuchtung. **Stroh** oder **Späne** auf dem Boden des Anhängers signalisieren dem Pferd eine vertraute Umgebung. Auch fällt es Pferden meist leichter, auf saugfähigem Boden Wasser zu lassen, selbst wenn sie sich nicht in ihrer Box aufhalten.

Für längere Fahrten sollte ein frisch gefülltes **Heunetz** mitgeführt werden; eine Fütterungspause ohne Raufutter sollte 4 Stunden nicht überschreiten. Das Heunetz wird im vorderen Bereich des Anhängers so aufgehängt, dass das Pferd weder mit dem Halfter noch mit den Hufen darin hängen bleiben kann. Auf jeden Fall sollte zwischendurch **Wasser** angeboten werden. Wenn Pferde längere Zeit an einem fremden Ort bleiben - zum Beispiel für die Teilnahme an einer Veranstaltung - brauchen sie auch ihre gewohnte **Kraftfutterration.** Bei langen Transporten sind unbedingt Ruhepausen einzulegen, bei denen das Pferd sich auch bewegen kann.

Sicheres Einladen

Manche Pferde marschieren mit größter Selbstverständlichkeit in den Anhänger. Pferde, die mit dem Verladen keine schlechten Erfahrungen gemacht haben, entwickeln keine Abneigung dagegen. **Übung** macht den Meister: Gehört Verladen zur gewohnten Routine, gehen Pferde bereitwillig an ihren Platz.

In der Regel werden Pferde auf den Anhänger **geführt.** Vor dem Verladen eines Pferdes sollte die **vordere Begrenzungsstange** geöffnet werden, damit die Führperson nicht unter der Stange durchtauchen muss.

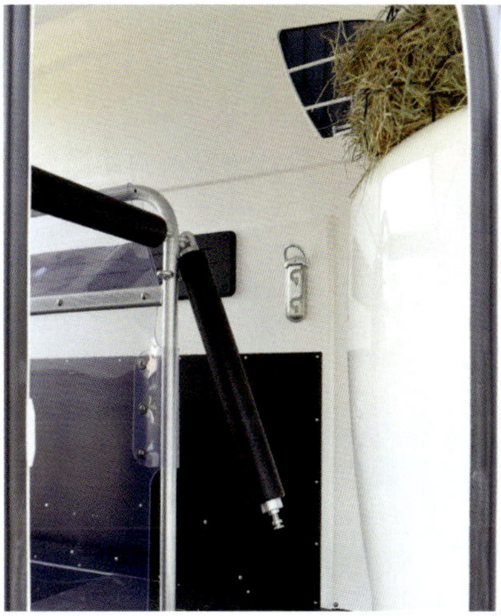

Vorbereitet für das Einladen: vordere Stange offen, Heunetz sicher angebracht

Beim Einladen sollte eine zweite Person auf der Seite neben der Rampe des Anhängers stehen und das Pferd möglichst **seitlich begrenzen**, sodass es nicht von der Rampe tritt. Sobald das Pferd auf dem Anhänger steht, schließt die Begleitperson die **hintere Stange.** Dabei steht sie immer neben, nie hinter dem Pferd. Anschließend wird die **vordere Stange** eingehängt, und dann erst wird das Pferd **angebunden.**

Damit die Schweifrübe während der Fahrt nicht von der hinteren Begrenzungsstange eingequetscht und möglicherweise verletzt wird, sollte vor dem Schließen der Rampe die Schweifrübe über die hintere Stange gelegt werden.

Zur Sicherheit

- Nach dem Einladen darf ein Pferd im Anhänger erst angebunden werden, nachdem die Begrenzungsstange hinter dem Pferd geschlossen ist. Zum Ausladen muss das Pferd erst losgebunden werden, bevor die hintere Sicherungsstange geöffnet wird.

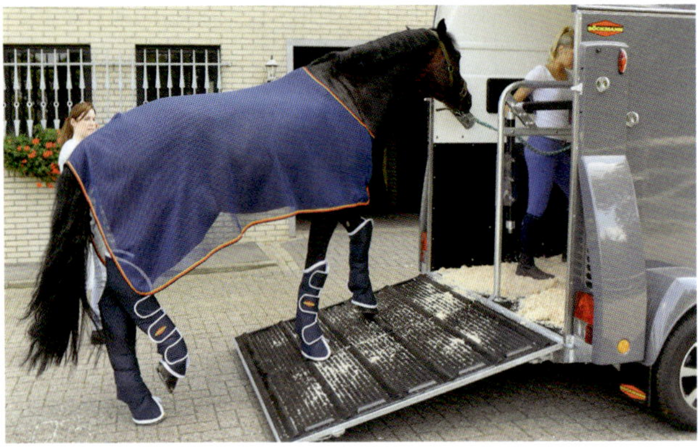

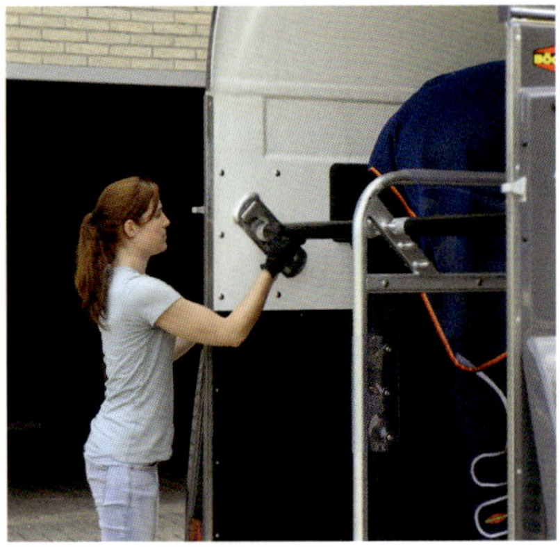

Am besten zu zweit auf den Anhänger führen und die Rampe seitlich sichern

Erst die hintere Begrenzungsstange schließen, dann das Pferd anbinden

Sicheres Ausladen

Beim Ausladen der Pferde von Anhänger oder Transporter geht man in **umgekehrter Reihenfolge** vom Einladen vor: erst **losbinden,** dann die **hintere Begrenzungsstange öffnen.** Ein Helfer sollte das Pferd **seitlich sichern,** damit es nicht versehentlich von der Rampe tritt.

Generell ist zu bedenken, dass ein einzelnes Pferd zunächst ungern allein im Anhänger zurück bleibt. An Turnierbesuche, bei denen das Ein- und Ausladen einzelner Pferde für verschiedene Prüfungen an der Tagesordnung ist, müssen junge Pferde behutsam gewöhnt werden. Ein unerfahrenes Pferd kann leicht Panik bekommen, wenn sein Fahrtgenosse ausgeladen und außer Sichtweite geführt wird. Im Zweifelsfall ist es besser, das zweite Pferd mit auszuladen. Es toleriert die Isolation leichter, wenn es nach einer Pause zur Beruhigung wieder allein auf den Anhänger zurückgeführt wird.

Das **Verladen in ungewohnter Umgebung** – etwa auf dem Turnierplatz oder in der Tierklinik – gestaltet sich bei einigen Pferden manchmal schwieriger als in der vertrauten Umgebung des Heimatstalles. Daher ist es ratsam, in jedem Fall mindestens eine Longe und Lockfutter mitzuführen und im Bedarfsfall sachkundige Hilfe zu organisieren. **Gegenseitige Unterstützung** bei schwierigem Verladen sollte eine Selbstverständlichkeit sein. Zur Unterstützung sollte man nur erfahrene Helfer einsetzen.

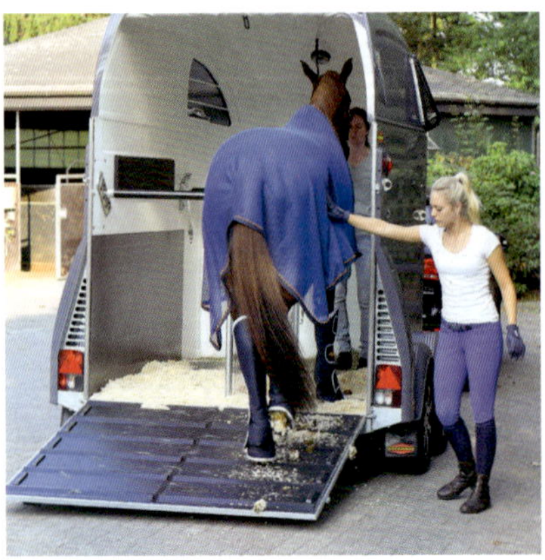

Sicheres Ausladen: mit seitlicher Begrenzung des Pferdes

Probleme vorhersehen und vermeiden

Soll ein **unerfahrenes Pferd** eingeladen werden, so ist es ratsam, den Anhänger so zu positionieren, dass dem Pferd möglichst **wenige Ausweichmöglichkeiten** geboten werden. Dazu können Zugfahrzeug und Anhänger mit einer Seite dicht abschließend an einer Mauer oder Wand geparkt werden – dann ist eine Seite als Ausweichmöglichkeit ausgeschlossen.

Wird ein Pferd allein oder als Erstes verladen, kann es hilfreich sein, die **Trennwand** eines Zwei-Pferde-Anhängers aus ihrer Halterung zu lösen und **schräg zu stellen**. Auf diese Weise wirkt der Anhänger weniger eng und damit einladender für das Pferd. Zusätzlich kann ein **Futtereimer** als Lockmittel dienen.

Zur Vermeidung möglicher Konflikte hilft am besten eine andere, einfache und pferdegerechte Strategie: ein sicheres **Führpferd**. Fast alle Pferde lassen sich verladen, wenn ein erfahrenes Pferd vorangeht. Für das Üben des Verladens mit jungen Pferden empfiehlt es sich immer, von vornherein mit einem Führ- und Begleitpferd zu arbeiten. Natürlich lässt sich diese Methode nur in einem Zwei-Pferde-Anhänger anwenden.

Zum Verladen mit Pferden, die möglicherweise Probleme machen, sollten immer mehrere **erfahrene Helfer** zur Stelle sein. Für das Verladen von unerfahrenen Pferden sind mindestens **drei Personen** nötig, die **innere Ruhe, Geduld**, und **Sachverstand** mitbringen. Grundsätzlich gilt: Pferde dürfen nicht für ihre Angst vor dem Anhänger gestraft werden.

Zur Sicherheit

- Beim Verladen immer feste Schuhe und Handschuhe tragen!

Die Zwei-Longen-Technik

Als weitere Möglichkeit ist die Zwei-Longen-Methode empfehlenswert - sie sollte aber nur von erfahrenen Helfern angewendet werden. Dabei werden zwei Longen jeweils seitlich oben am Anhänger befestigt und hinter dem Pferd auf die andere Seite geführt. Auf diese Weise wird dem Pferd ebenfalls **das Ausweichen zur Seite und nach hinten verwehrt** und der Gang nach vorn schmackhaft gemacht. Wichtig ist, dass die Longen ein mögliches Rückwärtstreten verhindern, aber keinen zusätzlichen Druck ausüben. Es macht keinen Sinn, ein Pferd gewaltsam in den Anhänger ziehen zu wollen - der Sinn der Longen ist eine Begrenzung der Ausweichrichtungen nach hinten und zur Seite. Ausschlaggebend für den Erfolg ist es, dass ein Pferd selbst den **Weg nach vorn in den Anhänger findet.**

Im Überblick:

Sicheres Verladen

- **Bodenarbeit** mit Führaufgaben etwa über ungewohntes Terrain (Plane) sichert den nötigen Gehorsam des Pferdes für das Verladen.
- Pferde müssen in Ruhe an das Einladen in den Anhänger und das Fahren **gewöhnt** werden.
- Für das Verladen wird das Pferd mit **Gamaschen** oder Bandagen und entsprechend der Witterung mit Decke ausgerüstet.
- **Probleme** beim Verladen können nur mit **sachkundiger Hilfe** gelöst werden.
- Mittel, um einem Pferd den Einstieg in Anhänger oder Transporter zu erleichtern, sind: **seitliche Begrenzung** (Parken an einer Wand), **Führpferd, Schrägstellen der Trennwand, Zwei-Longen-Methode, Vorsetzen der Hufe, Lockfutter.**
- **Fahren** mit dem Anhänger erfordert besondere **Vorsicht** und **Rücksicht.** Alle heftigen Beschleunigungs-, Brems- und Lenkmanöver müssen vermieden werden.

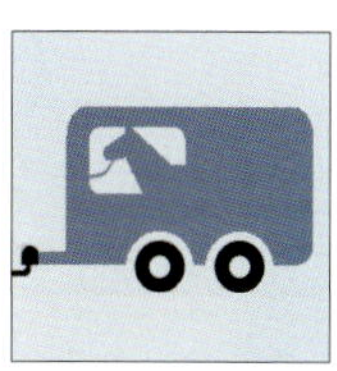

Zur Vorbereitung auf die Prüfung

Diese Themen werden an praktischen Beispielen vor Ort geprüft.

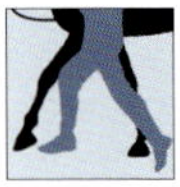
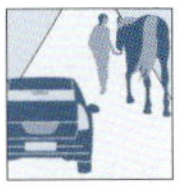

Wenn Pferde außerhalb ihrer gewohnten Umgebung geführt werden, tragen die Führenden eine besondere Verantwortung.

- Welche Maßnahmen können zur Sicherheit beim Führen im öffentlichen Raum beitragen?
- Was ist beim Führen eines Pferdes im Gelände zu beachten (in der Praxis zeigen)?
- Wie verhält man sich bei der Begegnung mit Fußgängern (ggf. in der Praxis zeigen)?
- Wie verhält man sich beim Annähern von Fahrzeugen (ggf. in der Praxis zeigen)?
- Wie verhält man sich beim Vorbeiführen an Pferde- oder Viehweiden (ggf. in der Praxis zeigen)?
- Wie entlässt man ein Pferd in eine Weide oder in einen Paddock (ggf. in der Praxis zeigen)?

Pferde, die auf öffentlichen Straßen geführt werden, unterliegen der Straßenverkehrsordnung.

- Wie werden geführte Pferde in der Straßenverkehrsordnung eingeordnet – als Fußgänger oder als Fahrzeuge?
- Welche Ausrüstung beim Führen im Straßenverkehr ist sicher und sinnvoll?
- Welche speziellen Verkehrszeichen sind beim Führen von Pferden besonders zu beachten?
- Ist es erlaubt, ein Pferd von einem Fahrrad oder einem Auto aus zu führen?
- Welche Ausrüstung ist beim Führen in der Dämmerung/Dunkelheit oder bei schlechten Sichtverhältnissen zu tragen?

Verladen ist häufig eine Alltagssituation im Umgang mit dem Pferd.

- Welche technischen Voraussetzungen müssen Zugfahrzeug und Anhänger erfüllen?
- Wie wird der Pferdeanhänger zum Verladen vorbereitet (in der Praxis zeigen)?
- Wie wird ein Pferd richtig zum Verladen vorbereitet (ggf. in der Praxis zeigen)?
- Wie wird ein Pferd sicher auf den Pferdeanhänger geführt (in der Praxis zeigen)?
- In welcher Reihenfolge erfolgen die Handgriffe für das Schließen der Begrenzungsstangen und das Anbinden des Pferdes beim Einladen?
- In welcher Reihenfolge erfolgen diese Handgriffe beim Ausladen?
- Wie wird ein Pferd sicher ausgeladen (in der Praxis zeigen)?
- Welche Möglichkeit gibt es, ein zögerndes Pferd besser zum Einsteigen in den Pferdeanhänger zu motivieren?

Notizen

Die Ethischen Grundsätze des Pferdefreundes

1. Wer auch immer sich mit dem Pferd beschäftigt, übernimmt die Verantwortung für das ihm anvertraute Lebewesen.

2. Die Haltung des Pferdes muss seinen natürlichen Bedürfnissen angepasst sein.

3. Der physischen wie psychischen Gesundheit des Pferdes ist unabhängig von seiner Nutzung oberste Bedeutung einzuräumen.

4. Der Mensch hat jedes Pferd gleich zu achten, unabhängig von dessen Rasse, Alter und Geschlecht sowie Einsatz in Zucht, Freizeit oder Sport.

5. Das Wissen um die Geschichte des Pferdes, um seine Bedürfnisse sowie die Kenntnisse im Umgang mit dem Pferd sind kulturgeschichtliche Güter. Diese gilt es zu wahren und zu vermitteln und nachfolgenden Generationen zu überliefern.

6. Der Umgang mit dem Pferd hat eine persönlichkeitsprägende Bedeutung gerade für junge Menschen. Diese Bedeutung ist stets zu beachten und zu fördern.

7. Der Mensch, der gemeinsam mit dem Pferd Sport betreibt, hat sich und das ihm anvertraute Pferd einer Ausbildung zu unterziehen. Ziel jeder Ausbildung ist die größtmögliche Harmonie zwischen Mensch und Pferd.

8. Die Nutzung des Pferdes im Leistungs- sowie im allgemeinen Reit, Fahr- und Voltigiersport muss sich an seiner Veranlagung, seinem Leistungsvermögen und seiner Leistungsbereitschaft orientieren. Die Beeinflussung des Leistungsvermögens durch medikamentöse sowie nicht pferdegerechte Einwirkung des Menschen ist abzulehnen und muss geahndet werden.

9. Die Verantwortung des Menschen für das ihm anvertraute Pferd erstreckt sich auch auf das Lebensende des Pferdes. Dieser Verantwortung muss der Mensch stets im Sinne des Pferdes gerecht werden.

Detaillierte Informationen zu diesen Themen stehen als Downloads bei der Deutschen Reiterlichen Vereinigung e.V. (FN) unter https://www.pferd-aktuell.de/shop/broschuren-formulare-vertrage-unterrichtsmaterial/verband.html zur Verfügung.

Fotos

Archiv der Deutschen Reiterlichen Vereinigung e.V. (FN), Warendorf (© Thoms Lehmann):
Seiten 5, 8 o., 12, 13, 18, 24, 25, 36 (2), 37 o., 38 u., 39, 42, 43, 44, 45 (5), 46, 47 (2), 48 o., 50, 51 (3), 52 (3), 54, 55 u., 56 (3), 57 (2), 58 (2), 59 (2), 60 (2), 62 (2), 77, 83 (2), 84, 100, 122, 123, 124, 125 (4), 126 (3), 127 (2), 129 (3), 130 (3), 131, 132 (5), 133 (2), 135 (6), 136, 137 (3), 138 (2), 139 (3), 140 (3), 141, 144, 146 (2), 147 (2), 148 (2), 149, 150, 151, 152, 153

Archiv der Deutschen Reiterlichen Vereinigung e.V. (FN), Warendorf (© Kiki Beelitz):
Seiten 145, 155, 156 (2), 157, 158 (3)

Jean Christen, Mannheim:
Seiten 20, 21 (entnommen aus „Wenn Pferde sprechen könnten... sie können!" von Isabelle von Neumann-Cosel, **FN***verlag*, Warendorf 2013)

Dr. med. vet. Beatrice Dülffer-Schneitzer, Steinbach/Ts.: Seite 108

Jeanne Kloepfer, Winterkasten:
Seiten 7, 27, 31, 34, 35, 48, 55 o. (2), 62 (3), 90, 95 u., 127 (entnommen aus „FN-Abzeichen. Basispass Pferdekunde" von Isabelle von Neumann-Cosel, Deutsche Reiterliche Vereinigung e.V. (Hrsg.), **FN***verlag*, Warendorf 2001)

Cornelia Koller, Dierkshausen:
Seite 61 (4) (entnommen aus „Richtlinien für Reiten und Fahren, Band 1: Grundausbildung von Reiter und Pferd", Deutsche Reiterliche Vereinigung e.V. (Hrsg.), **FN***verlag*, Warendorf 2019)

Anna Loog, Mannheim:
Klappe Umschlagrückseite

Privatarchiv Lisa Möller, Honings:
Seite 38 o. (entnommen aus „Das Geheimnis der unsichtbaren Hilfen. Gutes Reiten kann man lernen" von Isabelle von Neumann-Cosel, **FN***verlag*, Warendorf 2017)

© NRW-Landgestüt, Georg Frerich, Warendorf:
Seite 26

Peter Prohn, Barmstedt:
Seiten 104, 107 (2) (entnommen aus „Pferdegesundheitsbuch" von Dr. med. vet. Beatrice Dülffer-Schneitzer, **FN***verlag*, Warendorf 2019)

Ute Schmoll, Bad Schwalbach:
Seiten 72 (2), 95 o.

Wulf-Christian Schmoll, Bad Schwalbach:
Seite 119

Christiane Slawik, Würzburg:
Seiten 4, 8 u., 9 (4), 10 (4), 14, 15, 37 u., 66, 67, 71, 73, 74, 75 (2), 80, 81, 82 (2), 85, 88, 89, 92, 94, 97, 101, 102, 103, 105, 111, 113, 116

www.pxhere.com: Seite 72 (2)

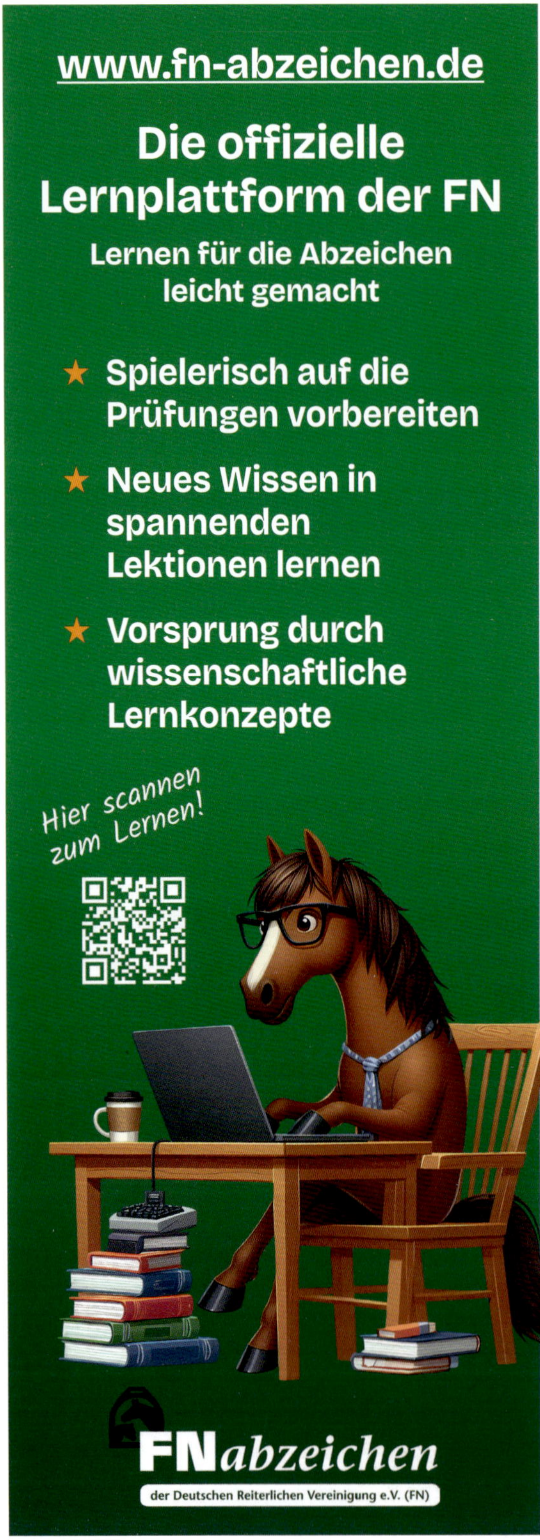

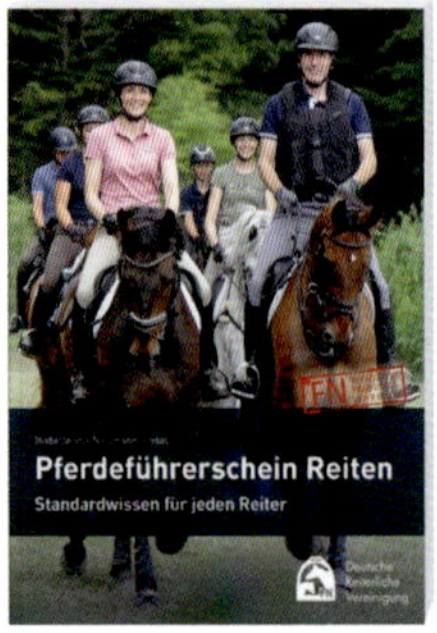

164 Seiten,
zahlreiche farbige
Fotos und Illustrationen
168 x 240 mm, kt.
ISBN: 978-3-88542-817-6

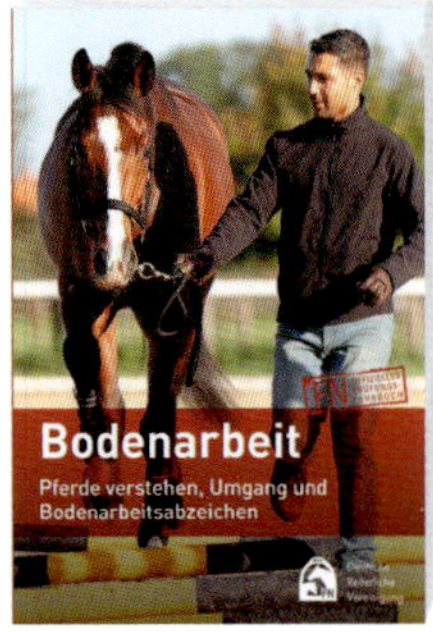

200 Seiten,
zahlreiche farbige
Fotos und Illustrationen
168 x 240 mm, kt.
ISBN: 978-3-88542-684-4

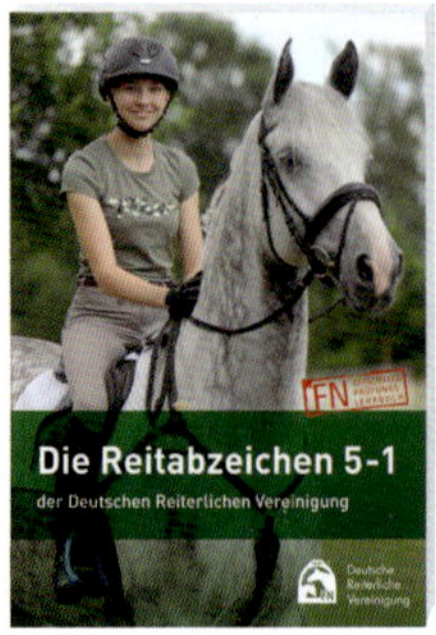

176 Seiten,
zahlreiche farbige Fotos,
Illustrationen, Grafiken
und Tabellen
168 x 240 mm, kt.
ISBN: 978-3-88542-878-7

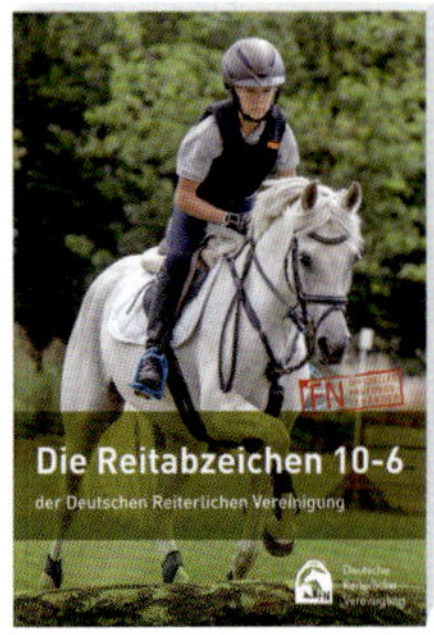

136 Seiten,
zahlreiche farbige Fotos,
Ilustrationen und
Grafiken
168 x 240 mm, kt.
ISBN: 978-3-88542-682-0

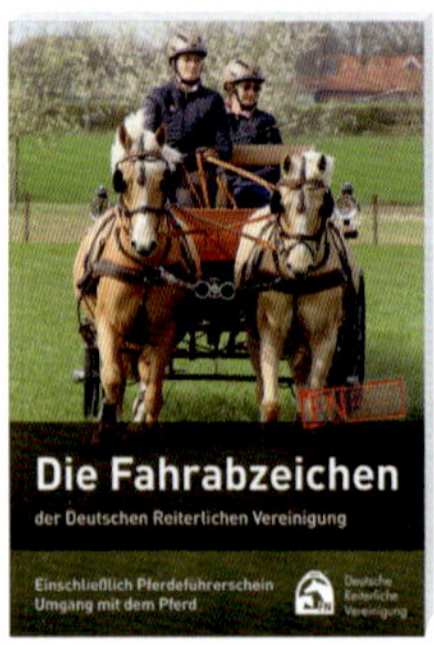

204 Seiten,
zahlreiche farbige
Fotos
148 x 210 mm, kt.
ISBN: 978-3-88542-708-7

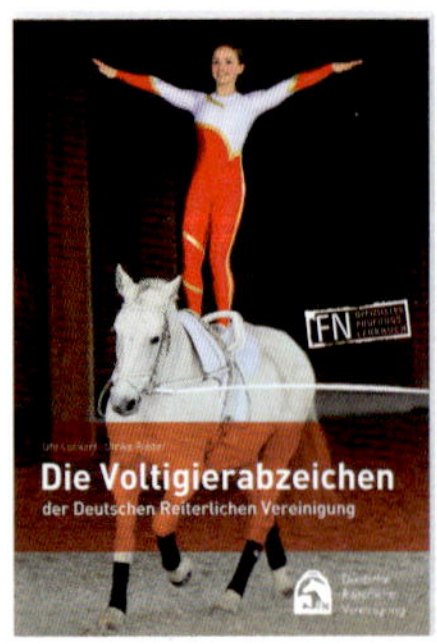

144 Seiten,
zahlreiche farbige
Fotos und Illustrationen
168 x 240 mm, kt.
ISBN: 978-3-88542-877-0